Das Treuhandwesen in der deutschen Volkswirtschaft

Von

Dr. Otto Hintner

1926

München, Berlin und Leipzig

J. Schweitzer Verlag (Arthur Sellier).

Druck: Dr. F. P. Datterer & Cie., Freising-München.

Vorwort.

An Literatur über Treuhandwesen herrscht kein Mangel. Zwar ist die Zahl der umfangreicheren Abhandlungen, welche sich mit diesem Gebiet in allen seinen Teilen befassen, gering; doch ist im Laufe der Jahre eine stattliche Reihe von Artikeln, die sich mit diesen oder jenen aktuellen Tagesfragen beschäftigen, in den verschiedensten Fachzeitschriften erschienen. Die Wissenschaft hat sich, wenn man von einigen im ersten Jahrzehnt dieses Jahrhunderts erschienenen Abhandlungen absieht, nur wenig mit den Problemen des Treuhandwesens befaßt. Die älteren der wissenschaftlichen Untersuchungen sind dadurch, daß die veränderten Wirtschaftsverhältnisse dem Treuhandwesen neue Aufgaben gebracht und dieses auf andere Grundlagen gestellt haben, in mancher Hinsicht veraltet. Vieles ist von interessierter Seite niedergeschrieben und bezweckt nicht objektive Feststellung von Tatsachen oder Erzielung wissenschaftlicher Ergebnisse, sondern Förderung der eigenen Interessen und Propagierung der diesen nützlichen Ziele.

All dies erschwert es sehr, aus dem Schrifttum einen befriedigenden Überblick über dieses für Praxis und Wissenschaft heute gleich bedeutungsvolle Gebiet zu erhalten.

Die vorliegende Abhandlung will nun keineswegs das ganze umfangreiche Gebiet des Treuhandwesens erschöpfend behandeln. Manches, so insbesondere die Darstellung der bestehenden Verhältnisse, ist bereits Gegenstand umfassender Darlegungen anderer Autoren gewesen. So erschien es zweckmäßig, hier nur kurz das Wesentliche in der Weise zur Darstellung zu bringen, wie es zum Verständnis des Späteren erforderlich sein dürfte.

Anlaß zu der vorliegenden Arbeit gibt der Umstand, daß zurzeit nachdrückliche Bestrebungen im Gang sind, das Treuhandwesen einer gesetzlichen Regelung zu unterwerfen. Dementsprechend sollen in erster Linie die hiermit zusammenhängenden Fragen einer Betrachtung unter wissenschaftlichen Gesichtspunkten unterzogen werden. Es mag daher manches andere vernachlässigt sein, was ebenfalls des wissenschaftlichen Interesses wert wäre, aber diesen Problemen ferner liegt. Allein um die bezüglich der Extensität notwendige Beschränkung zu wahren, wurde davon abgesehen, auf andere Sonderfragen näher einzugehen; dies zu tun, wäre Aufgabe von speziellen Untersuchungen.

Die Arbeit ist, soweit es tunlich war, auf Kenntnissen und Erfahrungen aufgebaut, die ich mir in einer mehrjährigen Tätigkeit bei einer der größeren Treuhandgesellschaften Bayerns sammeln konnte.

Nürnberg, im April 1926.

Otto Hintner.

Inhaltsverzeichnis.

Einleitung.

Das Treuhandwesen hat sich in Deutschland nur langsam die Anerkennung seiner Bedeutung für die Volkswirtschaft zu erringen vermocht. Noch 1911 steht Liefmann[1]) auf dem Standpunkt, daß den Treuhandgesellschaften — den wichtigsten Trägern des Treuhandwesens — eine große volkswirtschaftliche Bedeutung nicht zuerkannt werden könne.

Die Entwicklung der tatsächlichen Verhältnisse hat dieser Ansicht nicht recht gegeben. Das Treuhandwesen findet heute in allen Kreisen des Wirtschaftslebens eine weitgehende Beachtung und man erwartet viel von seiner Mitarbeit beim Wiederaufbau des durch Kriegs- und Nachkriegsfolgen zerstörten Wirtschaftslebens. Seine Entwicklung ist mit schnellen Schritten vorwärts gegangen und die großen deutschen Treuhandgesellschaften weisen eine erhebliche Leistungsfähigkeit auf, deren Bedeutung für die deutsche Volkswirtschaft heute keinesfalls mehr verkannt wird.

Die Entwicklung des deutschen Treuhandwesens auf seinen heutigen Stand, seine Funktionen und deren Nutzen für die Volkswirtschaft, die Organe, deren sich das Treuhandwesen bedient, darzustellen, wird daher unsere erste Aufgabe sein. Sodann werden eingehende kritische Betrachtungen festzustellen haben, inwieweit das deutsche Treuhandwesen in seiner heutigen Form allen Anforderungen gerecht werden kann. Liefmann meint, daß dessen volkswirtschaftliche Bedeutung wachsen würde, wenn Verbesserungen nach dem Vorbild Englands mit Hilfe der Gesetzgebung in die Wege geleitet würden; diese Ansicht entspricht den Vorschlägen, welche auch von anderer Seite gemacht wurden (Römer, Beigel, Burbaum). So wird nach einer Betrachtung des englischen Revisionswesens die Frage zu untersuchen sein, inwieweit dieses mit dem deutschen in Vergleich gesetzt werden kann, sowie weiterhin, ob eine Übertragung der englischen Einrichtungen auf Deutschland erfolgversprechend sein wird. Eine Besprechung der Vorschläge, welche einer Hebung des Treuhandwesens dienen sollen, wird den Abschluß unserer Untersuchungen bilden.

---

[1]) Handwörterbuch der Staatswissenschaften, 3. Auflage.

I. Das Treuhandwesen im englischen und amerikanischen Rechts- und Wirtschaftsleben.

Der trustee (Treuhänder) ist eine Institution des englischen Rechts, welche von altersher eine außerordentliche Bedeutung besitzt. Hervorgegangen aus dem alten germanischen Recht, ebenso wie der deutschrechtliche Treuhänder, spielt er in England bei Rechtsgeschäften eine bedeutsame Rolle; die Rechtsstellung des trustee ist durch eine Anzahl von Trustee Acts in eingehender Weise geregelt worden. Das Trust-Recht in seiner heutigen Gestalt ist festgelegt durch die Trustee Act von 1893, die Judicial Trustee Act von 1896, endlich ergänzt durch die Public Trustee Act von 1906.

Jede Art von Vermögen kann durch einen trustee verwaltet werden. Dieser trustee besitzt freie Verfügungsgewalt über das Treugut, sofern er sich keine Verletzung der Rechte des Destinatärs (Treugebers) zuschulden kommen läßt. Er muß bei der Verwaltung dieses Treugutes so sorgfältig verfahren, wie wenn es sich um sein eigenes Vermögen handeln würde (diligentia quam suis)[1]. Für alle seine Handlungen haftet der trustee dem Treugeber unbeschränkt mit seinem ganzen Vermögen[2]. Oberster Grundsatz ist hierbei, daß jede Art persönlicher Bereicherung oder Begünstigung eigener Interessen ausgeschlossen wird. Beschränkungen hinsichtlich der Art, wie das Trustvermögen angelegt oder verwaltet werden soll, können durch die Trusturkunde natürlicherweise vorgenommen werden; daneben bringt die Trustee Act von 1893 gewisse Beschränkungen, welche die Anlage des Trustvermögens in Spekulationswerten verhindern sollen. Nicht nur zur Verwaltung, sondern auch zur Auflösung und Veräußerung eines Vermögens mit nachfolgender Verteilung unter die Benefiziare wird ein trustee, der „trustee for sale“ bestellt, so vor allem bei Testamentsvollstreckungen.

Als trustee kann jeder im Besitz der bürgerlichen Ehrenrechte Befindliche, sofern er volljährig ist, bestellt werden. Für das gleiche Vermögen ist die gleichzeitige Beauftragung mehrerer trustees (co-trustees) möglich und, wegen der damit gegebenen gegenseitigen Kontrolle, vorteilhaft. Das Gesetz gibt dem trustee, wie schon erwähnt, wenig Einschränkungen, aber auch keine klaren Anweisungen, wie er die Trustverwaltung vorzunehmen hat; andererseits aber besteht eine strenge Haftung für Fehler oder gar Veruntreuungen seitens des trustee. Dementsprechend ist, wie Nachod[3]) feststellt, der trustee vom Gesetz zu ungünstig, mindestens zu unsicher gestellt. Dies erklärt es, daß der außerordentlich starken Nachfrage nach trustees — diese Rechtsinstitution erfreut sich solcher Beliebtheit, daß sich der größere Teil des in England vorhandenen Privatvermögens in den Händen von trustees befindet[4]) — allmählich nicht mehr genügend Privatpersonen gegenüberstanden, welche bereit waren, dieses verantwortungsreiche Amt zu übernehmen; denn selbstverständlich ist niemand gezwungen, die Bestellung zum trustee anzunehmen. Das führte zur

---

[1]) Vergl. Fischbach, „Treuhänder und Treuhandgeschäfte“ Seite 64.
[2]) Vergl. Nachod, „Treuhänder und Treuhandgesellschaften“ Seite 28.
[3]) a. a. O. Seite 38.
[4]) Vergl. Fischbach.

Schaffung des Judicial trustee (1896) und des Public trustee (1906), wodurch „jeder an einer Trusterrichtung interessierten Person behördlich ein trustee ernannt werden kann“[5]).

Die Bodies Corporate Act von 1899 schafft weiterhin die Möglichkeit, daß ein Trustvermögen gemeinsam von einer juristischen Person und einzelnen Individuen verwaltet werden kann[6]). Eine besondere Bedeutung konnten sich diese Trust-Companies offenbar nicht erringen[7]). Sie betreiben die Trustverwaltung neben dem Versicherungsgeschäft, welches ihre Haupttätigkeit bildet[8]).

Der Engländer führt alle erdenklichen Arten von Vermögensverwaltungen im weitesten Sinne unter Zuhilfenahme der Rechtsinstitution des trustee durch. Vormundschaften, Konkursverwaltungen, Pflegschaften, Stiftungen, Sammlungen, alle pflegen in dieser Form vor sich zu gehen. Ebenso gilt es als Regel, bei Eheschließungen das Vermögen der Frau einem trustee zur Verwaltung zu übergeben[9]); kurz, der Trust ist „eine der weitverbreitetsten, gewöhnlichsten Einrichtungen des englischen Rechts geworden. Beinahe jeder bemittelte Mensch wurde ein trustee“. (Fischbach[10]).)

Grundsätzlich ist das Amt des trustee ein Ehrenamt, so daß ein Anspruch auf festen Gehalt nicht besteht. Doch wird selbstverständlich vielfach vor Annahme des Amtes dem trustee eine Vergütung zugesichert[11]).

Das amerikanische Trustrecht stimmt mit dem englischen im wesentlichen überein[12]). Im Gegensatz zu England sind in den Vereinigten Staaten die korporativen Trusts vorherrschend. Hierfür gibt Nachod[13]) als ohne weiteres einleuchtenden Grund an, daß die stürmische Entwicklung des amerikanischen Wirtschaftslebens einesteils die Notwendigkeit, Privatvermögen durch Trusterrichtung sicherzustellen, erhöhte, andererseits dem Privatmann die Übernahme dieses Amtes sehr erschwerte. Dabei ging man so vor, daß das Recht, Trustverwaltungen zu übernehmen, schon bestehenden Corporationen mit entsprechender Vertrauenswürdigkeit verliehen wurde. Die Entwicklung, wie sie Nachod schildert, ist für Amerika charakteristisch. „Man übertrug diese viel Vertrauen erfordernde Funktion nicht Banken, sondern Versicherungsgesellschaften. Die amerikanischen Banken sind somit vom Beruf als trustee geradezu ausgeschlossen geblieben.“

Seit der Mitte des vorigen Jahrhunderts wurden aber mehr und mehr eigene Trust-Companies gegründet, welche sich ausschließlich der Durchführung treuhänderischer Geschäfte widmen sollten[14]). Die Gesellschaften unterstanden zunächst nicht der einzelstaatlichen Gesetzgebung, sondern wurden entsprechend den amerikanischen Rechtsgebräuchen durch Verleihung des Freibriefes, der Charter, privilegiert[15]). Diese Charter enthält regelmäßig auch darüber Bestimmungen, welche Geschäfte der Company untersagt sein

---

[5]) Fischbach (a. a. O. Seite 71); Näheres bei O. C. Kiep, „Das neue staatliche Treuhänderamt in England“ 1908.

[6]) Nachod, a. a. O. Seite 43.

[7]) Nachod, a. a. O. Seite 46.

[8]) Nachod, a. a. O. Seite 44.

[9]) Vergl. Rosendorff, „Treuhandgesellschaften und ihre Funktionen“.

[10]) a. a. O. Seite 60.

[11]) Nachod, Seite 32.

[12]) Vergl. hierzu Grünschild, „Die Treuhänderschaft“.

[13]) a. a. O. Seite 49.

[14]) Als erste derartige Gesellschaft entstand 1853 die United States Trust-Co. in New-York

[15]) Vergl. Nachod, Seite 69 und 70.

sollen. Das begünstigte einen Vorgang, der den amerikanischen Trust-Companies zu ihren heutigen wirtschaftlichen Funktionen verholfen hat.

Sieht man davon ab, daß der trustee eigennützige Interessen nicht verfolgen darf, so war die Aufgabe der Trust-Companies, fremde Vermögen zu verwalten, durchaus ähnlich derjenigen der Banken. Letztere unterlagen aber, entsprechend der Gesetzgebung der Einzelstaaten, bestimmten gesetzlichen Beschränkungen; die Trust-Companies waren hingegen nur an die Bestimmungen ihrer Charter gebunden. So lag es sehr nahe, daß die Trust-Companies ihre, aus ihrer Tätigkeit als trustees resultierenden, umfassenden finanztechnischen Kenntnisse und Erfahrungen und den großen Vorteil, in der Geschäftsführung durch gesetzliche Beschränkungen nicht behindert zu sein, dahin ausnützten, sich dem Bankwesen zuzuwenden, in welchem eine Betätigung durch keine Charter untersagt war[16]).

So blieb der späteren Gesetzgebung nur mehr die Aufgabe, die Betätigung der Trust-Companies als Banken anzuerkennen und hierfür Richtlinien zu geben. Die erste gesetzliche Regelung dieser Art erfolgte im Staate New-York durch ein Gesetz von 1887, das entsprechend dem vom Wirtschaftsleben geschaffenen Zustande als Teil des allgemeinen Bankgesetzes erschien. So ist rechtlich als Trust-Company anzusprechen „jede einheimische (domestic) Corporation, gebildet zu dem Zwecke, Trusts und Trustvermögen zu übernehmen, anzunehmen und zu verwalten, soweit solche Trusts ihr gesetzmäßig anvertraut werden, um als trustee in den vom Gesetz vorgeschriebenen Fällen zu handeln, ferner Gelder oder sonstiges bewegliches Vermögen als Depositen zu empfangen und Geld gegen unbewegliche und bewegliche Sicherheiten auszuleihen"[17]).

Demnach betreiben die Trust-Companies zwei Arten von Geschäften, welche im übrigen gesetzlich streng von einander zu trennen sind: treuhänderische und bankmäßige.

Was die treuhänderischen Funktionen betrifft, so ist neben der Tätigkeit des Individual-trustee[18]) immer mehr diejenige als Corporate-trustee[19]) bedeutsam geworden. Letztere Tätigkeit umfaßt nach Nachod die Durchführung folgender Aufgaben:

1. Die Pfandhalterschaft für eine andere Gesellschaft, welche eine Obligationen- oder Hypothekenschuld aufnehmen will; die Trust-Company erhält hierbei die Originalschulddokumente, die sie als Pfand in Verwahrung nimmt und zugunsten der Gläubiger auf ihre formelle und materielle Richtigkeit hin nachprüft.
2. Die Tätigkeit als Fiscalagent für auswärtige Corporationen aller Art, Staats- und Gemeindeverbände.
3. Das Amt des Registrars, welcher bei den Börsen für die emittierende Gesellschaft das Register führt, in welches alle zugelassenen Aktien und Obligationen eingetragen sein müssen.
4. Die Vermittlung von Eigentumsübertragungen von registrierten Zertifikaten über Aktien oder Obligationen (Transfer-Agent).

---

[16]) „Man hatte überhaupt an diesen Fall gar nicht gedacht," bemerkt Nachod (Seite 70).
[17]) Zitiert nach Nachod (Seite 53 und 54).
[18]) Zugunsten von Privatpersonen.
[19]) Zugunsten von Corporationen.

5. Die Tätigkeit als Manager der technischen Durchführung einer Konsortialemission.

6. Die Tätigkeit als Liquidator oder Reorganisator anderer Corporationen.

Bezüglich der bankmäßigen Geschäfte ist zu sagen, daß diese sich vor allem auf das Depositen- und Darlehensgeschäft, aber auch auf das Hypothekengeschäft beziehen.

Die Trust-Companies sind also im Laufe der Entwicklung zu Banken geworden[20][21].

In der geschilderten Form sind die amerikanischen Trust-Companies als Vorbild für Deutschland benützt worden, worüber Näheres untenstehend (S. 116 ff.) berichtet werden wird.

---

[20]) Nachod, Seite 74.

[21]) Späterhin ging man auch dazu über, Trust-Cos. bei Konzentrationsbestrebungen Aktienpakete der sich nähernden Unternehmungen zu übergeben, wofür dann den Eigentümern Zertifikate ausgestellt wurden. Dies war die beliebteste Form der hiernach benannten „Vertrustung", bis die amerikanische Anti-Trustgesetzgebung die Anwendung anderer Formen (Holding company, Community of interests) erzwang.

II. Das Treuhandwesen in Deutschland.

1. Der rechtliche Begriff des Treuhänders.

Im Gegensatz zum ausländischen Recht besitzt das deutsche Recht kein Spezialgesetz für Treuhänderschaften. Die Bezeichnung „Treuhänder" fand sich im deutschen Recht der Vorkriegszeit nur an zwei Stellen: im Hypothekenbankgesetz vom 13. Juli 1899 und im Reichsgesetz über die Sicherung von Bauforderungen[1]) vom 1. Juni 1909.

Im Jahre 1919 brachte dann der § 166 der Reichsabgabenordnung Vorschriften über die steuerrechtlichen Pflichten des „Treuhänders". Eine wesentliche Rolle spielt der „Treuhänder" im Gesetz über die Industriebelastung vom 30. August 1924. Endlich spricht auch das Gesetz über die Aufwertung von Hypotheken und anderen Ansprüchen vom 16. Juli 1925 wiederholt von „Treuhänder" bzw. „Treuhandverhältnis".

Soweit diese Spezialgesetze dem sogenannten Treuhänder besondere Rechte geben, dienen diese nur dazu, die Erfüllung vom Gesetz selbst vorgeschriebener Aufgaben zu ermöglichen.

Nicht dem Namen, wohl aber dem Wesen nach ist die Treuhänderschaft auch im deutschen Recht bei einer Anzahl von Rechtsverhältnissen vorhanden, die wesentliche Bedeutung besitzen.

So ist im § 1189 BGB. bestimmt worden, daß bei Eintragung einer Sicherungshypothek für Forderungen aus Schuldverschreibungen (§ 1187) für den jeweiligen Gläubiger ein „Vertreter" mit der Befugnis bestellt werden kann, mit Wirkung für und gegen jeden späteren Gläubiger bestimmte Verfügungen über die Hypothek zu treffen und den Gläubiger bei Geltendmachung der Hypothek zu vertreten. Diese Rechte können[2]) auch im eigenen Namen, aber für Rechnung des Gläubigers geltend gemacht werden.

Von besonderer Bedeutung für das Treuhandwesen ist das Gesetz betreffend die gemeinsamen Rechte der Besitzer von Schuldverschreibungen vom 4. Dezember 1899 geworden. Es bietet den Gläubigern die Möglichkeit, durch Zusammenschluß Einfluß auf die Maßnahmen des Schuldners zu gewinnen und sieht zu diesem Zweck die Bestellung eines Gläubigervertreters vor (§ 1, 2). Anläßlich der Aufwertung und Goldmarkumstellung ist in manchen Fällen zur Bestellung eines solchen Gläubigervertreters geschritten worden, um gefährdete Interessen zu schützen[3]). Auch sind die Vorschriften dieses Gesetzes ausdrücklich in das Industriebelastungsgesetz übernommen worden (§ 37 IndBelGes.), um die Interessen der Gläubiger der Industrie-Bonds und veräußerten Einzelobligationen in gleicher Weise zu schützen.

Bei allen diesen Fällen handelt es sich um sogenannte gesetzliche Treuhänderfälle.

Jedoch sind in unserem Rechtsleben noch weitere Fälle von Treuhänderschaft vorhanden, die sich aber unter anderen Bezeichnungen ab-

---

[1]) § 35.
[2]) Vergl. J. v. Staudinger, Kommentar zum BGB.
[3]) Vergl. Seite 28.

wickeln. So vor allem die Übernahme des Amtes eines Pflegschafters, Vormundes, Testamentsvollstreckers, Vermögensverwalters, Geschäftsaufsichters, Konkursverwalters u. a. Vor allem diese Arten von Treuhänderschaft sind für das deutsche Treuhandwesen bedeutsam geworden. Schließlich besitzt auch die sog. Sicherungsübereignung, welche unter Umständen ganze Unternehmungen betrifft, den Charakter einer Treuhänderschaft; hierher zählt schließlich das zu Inkassozwecken gegebene Vollgiro[4]).

Wie im angelsächsischen Recht, so entstammt auch im deutschen Recht der Begriff des Treuhänders dem altgermanischen Recht. So erklärt es sich, daß der Begriff „Treuhänder" rechtlich beiderseits im allgemeinen übereinstimmt.

Bei aller äußeren Verschiedenheit haben sämtliche Treuhändergeschäfte das gemeinsam, daß sie auf einem besonderen Vertrauensverhältnis beruhen. Schultze[5]) definiert als Treuhänder denjenigen, welcher Rechte als Eigenrechte empfangen hat mit der Bestimmung, sie nicht im eigenen Interesse zu gebrauchen.

Die Rechte, welche der Treuhänder von einem Dritten empfangen hat, macht er in eigenem Namen geltend; so unterscheidet er sich vom Vertreter. Allein niemals darf er diese Rechte für eigene Interessen gebrauchen; die Interessen, welche er wahrnimmt und wahrnehmen muß, sind nur die eines Dritten. Der Nichtgebrauch dieser Rechte im eigenen Interesse ist von wesentlicher rechtlicher Bedeutung. So stellt sich die Treuhänderschaft als ein Rechtsverhältnis von ganz besonderer Art dar, das unter dem Grundsatz von Treu und Glauben vor sich geht; denn der Treugeber muß darauf vertrauen können, daß der Treuhänder eigene Interessen bei Wahrung seiner — des Treugebers — Rechte, welche er als eigene geltend macht, nicht verfolgt; hierdurch würden sonst des Treugebers Interessen Schaden leiden können. Der Treuhänder darf eigene wirtschaftliche Interessen am Erfolg seines Handelns nicht haben, er muß sich vielmehr von dem idealen Ziel leiten lassen, dem anderen nach bestem Wissen und Gewissen förderlich zu sein. So erscheint er als treuer Sachwalter fremder Interessen. Die bewußte Ausschaltung eigennütziger Motive, welche für alle Handlungen des Treuhänders maßgebend ist, gibt diesem eine Ausnahmestellung im Rechtsleben, wie im Wirtschaftsleben[6]).

---

[4]) Vergl. Grünschild, Seite 3.
[5]) „Treuhänder im geltenden bürgerlichen Recht".
[6]) Vergl. Seite 47 f.

2. Die Entwicklung des deutschen Treuhandwesens.

In England und den Vereinigten Staaten erstreckt sich die wirtschaftliche Funktion des Treuhänders durchaus auf die Durchführung der durch das Recht des Trust vorgezeichneten Aufgaben. Die Übernahme des Amtes des trustee ist hierbei meist nebenamtliche Tätigkeit des Privatmannes. Soweit die Verwaltung von Trusts gewerbsmäßig durch eine Trust-Company vorgenommen wird, geschieht dies, ohne daß irgendwelche Nebenfunktionen übernommen werden, welche der private trustee nicht ausüben würde. Besonders in Amerika ist die Tätigkeit als trustee die eigentliche Hauptfunktion der Trust-Companies und spielt, trotzdem diese vielfach nebenbei das Bankgeschäft betreiben, noch immer eine große Rolle[7]); außerdem müssen die bankmäßigen Geschäfte nach den Gesetzen streng vom Trustgeschäft getrennt werden.

Insbesondere ist kein trustee verpflichtet, Arbeiten zu übernehmen, die gewöhnlich von einem Buchhalter und ähnlichen Organen geleistet werden. Ja, sogar wenn der trustee selbst Rechtsanwalt ist, braucht er, wenn berufsmäßige Arbeit zu leisten ist und er nicht dafür entlohnt wird, diese nicht selbst zu verrichten, sondern darf sich dazu eines anderen Rechtsanwaltes bedienen[8]).

Wird im Zusammenhang mit der Trustverwaltung demnach die Vornahme einer Buchprüfung u. dgl. notwendig, so wendet sich die Trust-Company an einen Accountant oder auch — in den Vereinigten Staaten — an eine Audit-Company, ebenso wie sie etwaige Rechtsstreitigkeiten von ihrem Rechtsanwalt durchführen lassen würde. Denn Trust-Company und Audit-Company betreiben ein durchaus verschiedenes Gewerbe.

Die treuhänderische Tätigkeit der Trust-Companies findet in Amerika bei der außerordentlich großen Verbreitung der Institution der Treuhänderschaft reichen Zuspruch. Die Verhältnisse in Deutschland sind hingegen durchaus anders gelagert. Das Fehlen einer einheitlichen, gesetzlichen Regelung der Treuhänderschaft bewirkt, daß man sich eines „Treuhänders" im allgemeinen nur in Sonderfällen bedient. Der dadurch hervorgerufene Mangel an Erfahrung in Treuhandgeschäften in weiteren Kreisen, sowie die wenig klare Stellung der Treuhänderschaft im deutschen Recht mußte in vielen Fällen, so besonders wo es sich um die Durchführung schwieriger Aufgaben handelte, die in England allgemein übliche Heranziehung nebenamtlich tätiger Privatleute unzweckmäßig erscheinen lassen. So erschien in Deutschland von vornherein nur die Tätigkeit eines Fachmannes, welcher Gelegenheit hatte, sich die entsprechenden speziellen Erfahrungen zu erwerben, Erfolg versprechend. Für die Übernahme treuhänderischer Funktionen kamen demnach in der Hauptsache entweder Banken oder Rechtsanwälte in Betracht.

Für den Rechtsanwalt spricht seine Vertrautheit mit allen vorkommenden juristischen Fragen, welche die sachgemäße Durchführung bestehender Verträge garantiert, sowie die Beitreibung außenstehender Forderungen und die Abwicklung schwebender Verbindlichkeiten erleichtert. Insbesondere vermag er den aus dem fiduziarischen Verhältnis resultierenden juristischen Zweifelsfragen in sachgemäßer Weise gerecht zu werden. Nachteilig ist hingegen, daß vielfach die mangelnde kaufmännische Erfahrung[9]) dem

---

[7]) Nachod, Seite 64.
[8]) Ders., Seite 33.
[9]) Vergl. hierzu Heymann: „Geschäftsanwälte und Treuhandgesellschaften".

Rechtsanwalte das wirtschaftlich richtige Disponieren über das verwaltete Vermögen erschwert und so unter Umständen Ursache von finanziellen Verlusten werden kann.

Im allgemeinen zog man es daher vor, sich eines Bankinstituts, dessen finanztechnische Erfahrung außer Frage stand, zu bedienen.

Durch die juristischen Mitarbeiter, über welche vor allem die Großbanken verfügen, konnte auch eine richtige Behandlung vorkommender Rechtsfragen als gesichert angesehen werden. Allein hier ist die Gefahr von Interessenkollisionen latent, welche dem inneren Wesen der Treuhänderschaft widersprechen. Nicht mit Unrecht weist Götz[10]) darauf hin, daß für ein Bankhaus die Vermögensverwaltung ein Mittel zum Zweck der Erzielung eigener Gewinne ist. Andererseits sind die Bankinstitute häufig nicht in der Lage, Treuhandgeschäfte schwierigerer Art durchzuführen. Diese erfordern neben juristischem Wissen oft weniger finanztechnische als kaufmännische Fachkenntnisse. Trotzdem verbleiben auch hierbei noch genügend Aufgaben bankmäßiger Natur, insbesondere solche, die sich auf den Geldverkehr, Anlage flüssiger Mittel u. ä., erstrecken. Diese oft lohnenden Geschäfte sich zu erhalten, lag im Interesse des einzelnen Bankinstitutes. Es entsprach auch in Deutschland einem allgemeinen Bedürfnis, solchen Personen, welche aus besonderen Gründen ihr Vermögen nicht selbst verwalten konnten oder wollten (im Ausland oder auf längeren Reisen befindliche oder wenig geschäftserfahrene Personen), die Möglichkeit zu bieten, ihr Vermögen von sachkundiger und gleichzeitig finanziell nicht selbst interessierter Seite nutzbringend und sicher anlegen zu lassen.

Gerade für die in Ländern englischer Zunge umfangreichste Tätigkeit des trustee, Vermögensverwaltungen und Testamentsvollstreckungen, waren in Deutschland die Voraussetzungen nicht sehr günstig. Vor allem fehlte hier eines, was dort im weitesten Ausmaß gegeben war: die altgewohnte Sitte, sich der Treuhänderschaft zu bedienen. Es kommt weiter hinzu, daß das Treuhandwesen nur dort größere Bedeutung wird erlangen können, wo größere Privatvermögen in reichlichem Ausmaß und demgemäß ein entsprechender Volkswohlstand vorhanden sind. Denn dies erst schafft die Voraussetzungen für das Vorhandensein einer größeren Anzahl von nicht im Erwerbsleben stehenden Personen (Rentner, Gelehrte, Beamte u. a.), die im Besitz größeren Vermögens sich befinden und für dieses infolge eigener Geschäftsunkundigkeit einer sachgemäßen Verwaltung bedürfen. Weiterhin ist die Entwicklung des Treuhandwesens von der Richtung der Gesetzgebung abhängig, was aus den Beispielen Englands und der Vereinigten Staaten zu ersehen ist.

Größere Privatvermögen waren in Deutschland zur Zeit der Gründung der ersten Treuhandgesellschaften längst nicht in dem Ausmaß vorhanden wie in England und die Gesetzgebung schuf, wie wir berichteten, lediglich die Grundlagen für das Treuhandwesen, ohne aber der Treuhänderschaft durch ein Spezialgesetz eine feste Stellung im Rechtsleben zu geben.

Das erste deutsche Treuhandinstitut, die Deutsche Treuhand-Gesellschaft in Berlin, ist in Anlehnung an das amerikanische Vorbild der „Trust-Companies" („Treuhand-Gesellschaften") geschaffen worden. Dementsprechend sollte es die Funktionen als Individual-trustee und als Corporate-trustee[11]) übernehmen. Vor allem aber auch waren ihm von seinen Grün-

[10]) „Treuhandwesen und Wirtschaft" Seite 12.
[11]) Vergl. Seite 9.

dern, der Deutschen Bank und eines dieser nahestehenden Privatbankhauses, Aufgaben bankmäßiger und finanztechnischer Natur großen Umfanges zugedacht[12]). Endlich sollte die Deutsche Treuhand-Gesellschaft noch den Schutz der Inhaber ausländischer Wertpapiere übernehmen; auch derartige „Schutzvereinigungen" sind ihrem Wesen nach Treuhänder, mit der Aufgabe, dem Schuldner gegenüber die Interessen der Gläubiger zu wahren[13]). Die umfangreichste treuhänderische Tätigkeit hat in den Jahren 1890 bis 1902 die Deutsche Treuhand-Gesellschaft durch die Übernahme des Schutzes zunächst von Gläubigern des Auslandes, dann aber auch von Aktionären und Obligationären inländischer Unternehmungen entfaltet. Insbesondere auch das Gesetz vom 4. November 1899, betreffend die gemeinsamen Rechte der Besitzer von Schuldverschreibungen, gab der Gesellschaft hierzu des öfteren Gelegenheit. Die wirtschaftlichen Schwierigkeiten um die Jahrhundertwende bewirkten dann, daß die Deutsche Treuhand-Gesellschaft zur Wahrung des Interesses der Obligationäre oder sonstigen Gläubiger (Pfandbriefbesitzer) bzw. Aktionäre von Gesellschaften in umfangreichem Maße Sanierungen und Liquidationen durchzuführen hatte.

Dagegen konnte aus den oben aufgezeigten Gründen[14]) Tätigkeit als Vermögensverwalter oder Testamentsvollstrecker anfänglich nur in bescheidenem Umfang entfaltet werden. Von der in dieser Hinsicht der Gesellschaft zustehenden Befugnis wurde vom großen Publikum, das, wie die Deutsche Treuhand-Gesellschaft selbst feststellt, in diesen Dingen Unkenntnis besaß, nur zögernd Gebrauch gemacht. Auch den späterhin ins Leben getretenen Treuhandgesellschaften ging es in dieser Hinsicht zunächst nicht besser. Erst nach und nach begann sich offenbar auch dieser für Deutschland neuartige Geschäftszweig der Treuhandgesellschaften einzubürgern; besonders die Geschäftsberichte der Treuhandgesellschaften aus den Jahren unmittelbar vor dem Weltkrieg berichten, daß sich die Aufträge zu Vermögensverwaltungen und Testamentsvollstreckungen jedes Jahr beträchtlich mehrten. Allein diese erfreuliche Entwicklung ist durch die Inflation vollständig unterbrochen worden; diese hat die größeren Privatvermögen und zwar gerade diejenigen, welche sich in den Händen nicht geschäftserfahrener Personen befanden, fast ausnahmslos vernichtet und so gut wie nichts übrig gelassen, was die Treuhandgesellschaften verwalten könnten. So sind zurzeit Vermögensverwaltungen und Testamentsvollstreckungen für die deutschen Treuhandinstitute wieder von geringerer Bedeutung.

Sanierungen, welche die Deutsche Treuhand-Gesellschaft, wie erwähnt, in den Jahren nach 1900 in bedeutsamem Umfange ausführte, konnten vielfach nur unter Mitwirkung tüchtiger Bücherrevisoren, welche oftmals erst feststellen mußten, ob Aussicht auf Erfolg bestand, zweckentsprechend durchgeführt werden. Im besonderen Ausmaß war dies bei der Tätigkeit der Deutschen Treuhand-Gesellschaft, welche sie in ihrer Eigenschaft als Vertreterin der Pfandbriefgläubiger anläßlich der Rekonstruktion der Mecklenburg-Strelitzschen Hypothekenbank im Jahre 1901 entfaltete, der Fall. Um den Zusammenbruch dieses Unternehmens zu vermeiden, wurde seitens der Pfandbriefgläubiger eine Stundung ihrer Zinsforderungen

[12]) Näheres hierzu siehe Seite 115 ff.

[13]) Als Vorbild konnte hier der englische „Council of foreign bondholders" (1868) dienen, welcher die Gläubigeransprüche gegenüber fremden Staaten vertreten bezw. unterstützen sollte. Näheres hierzu: Sartorius v. Waltershausen, „Das volkswirtschaftliche System der Kapitalanlage im Ausland" 1907 (Seite 295 ff.).

[14]) Auch Nachod (Seite 102) betont, daß „infolge Fehlens oder Zurücktretens einer Rechtsinstitution sich auch ein wirtschaftliches Organ nicht recht hat entwickeln können".

unter bestimmten Bedingungen gewährt. Die Einhaltung dieser Bedingungen[15]) seitens der Schuldnerin hatte die Deutsche Treuhand-Gesellschaft zu überwachen und mußte zu diesem Zweck, wozu sie seitens der Pfandbriefbesitzer beauftragt wurde, jährlich eine Prüfung des Jahresabschlusses, der Bücher und der Bestände vornehmen.

Die Deutsche Treuhand-Gesellschaft war leicht in der Lage, sich eine brauchbare Revisionsabteilung für derartige Zwecke heranzubilden. Insbesondere konnten aus den ihr nahestehenden Banken befähigte Kräfte mit guter Vorbildung übernommen werden. Um wirklich tüchtige Kräfte zu gewinnen, wurden den Beamten der Gesellschaft Gehälter von relativ beachtenswerter Höhe bezahlt[16]).

Mit der Besserung der Wirtschaftslage wurden Sanierungen, die einige Jahre ein Hauptarbeitsfeld der Gesellschaft gewesen waren, zur Ausnahme; auch das Bedürfnis nach Schutzvereinigungen ließ nach. Die Entwicklungsaussichten des Geschäftes in Vermögensverwaltungen und Testamentsvollstreckungen waren, wie bereits erwähnt, nach wie vor gering. Andererseits wäre es unwirtschaftlich gewesen, das gutgeschulte und durch die Sanierungsarbeiten außerordentlich erfahrene Revisionspersonal der Gesellschaft nur für einige wenige Spezialaufgaben benützen zu wollen. Auch lag der Gedanke nahe, eine genaue Kontrolle nicht erst dann vorzunehmen, wenn man endlich erkannt hatte, daß der Zusammenbruch unmittelbar bevorstand, sondern rechtzeitig die Geschäftsführung eines Unternehmens zu überwachen; denn die Kontrolltätigkeit der eigenen Organe der Unternehmungen hatte sich anläßlich der Krisenerscheinungen vielfach als unzureichend erwiesen[17]).

So ging im Jahre 1902 die Deutsche Treuhand-Gesellschaft dazu über, ihre Revisionskräfte allgemein dem Wirtschaftsleben zur Verfügung zu stellen und diesem Geschäftszweig, je mehr sich die Ertragsaussichten ihrer anderweitigen Tätigkeit verringerten, besondere Pflege angedeihen zu lassen. Der Erfolg war ein ausgezeichneter: 1903 wurden 27 Prüfungen, 1904 70, 1907 über 400 verlangt[18]). Das zeigt, daß ein Bedürfnis nach sachgemäßen Revisionen im Wirtschaftsleben vorhanden war. Sicher war es nicht nur der Zwang gewesen, neuen Wein für alte Schläuche zu suchen, wie Lansburgh

---

[15]) Eine revisionsmäßige Kontrolle erforderten vor allem folgende Bedingungen:
Es wurde vereinbart, daß die Ueberschüsse, welche sich nach der jährlichen Gewinn- und Verlustrechnung ergeben würden, zur Deckung der Zinsrückstände aufzusammeln seien, etwaige weitere Ueberschüsse nach Zahlung aller rückständigen Zinsen mußten einer Reserve für die Pfandbriefe zugeführt werden. Alle Eingänge aus der Verwertung von Hypotheken auf unbebautem Grundbesitz sollten zum Ankauf von Pfandbriefen verwendet werden; für den Fall, daß von den umlaufenden Pfandbriefen bis zum 31. Dezember 1909 nicht eine Mindestsumme (Mk. 16 450 000.—) würde zurückgekauft sein, sollte der daran fehlende Betrag durch Rückzahlung eines entsprechenden Teiles dieser Pfandbriefe aus dem Verkehr gezogen werden. Die Höhe der jeweils gewährten Stundungen sollte von der Vertretung der Pfandbriefbesitzer nach Maßgabe des Zinsenbedarfes und des Zinseneinganges abzüglich der Verwaltungskosten bemessen werden. Von der vorhandenen Ueberdeckung der Pfandbriefe durfte die Schuldnerin nur eine bestimmte Summe (Mk. 1 000 000.—) herausnehmen. Der Gegenwert hatte zur Tilgung von Verbindlichkeiten an Dritte und als Betriebskapital zu dienen.

[16]) Vergl. Nachod, Seite 137/138.

[17]) So bemerkt Hecht (Schriften des Vereins für Sozialpolitik 111) bezüglich der Katastrophe der Mecklenburg-Strelitzschen Hypothekenbank: „Die Tätigkeit des Aufsichtsrates hat .... vollkommen versagt, nicht minder die Tätigkeit der aus der Mitte des Aufsichtsrates gewählten Revisionskommission“.

[18]) Nach Lansburgh („Die Bank“ II. 1908, Seite 856).

meint[19]), welcher die Deutsche Treuhand-Gesellschaft zur Aufnahme dieses in seiner selbständigen Form neuartigen Tätigkeitszweiges führte. Die wirklichen und maßgeblichen inneren Beweggründe, welche zu dieser Umstellung geführt haben und weiterhin bewirkten, daß im Anschluß an diesen Schritt der Deutschen Treuhand-Gesellschaft, an welcher sich neben der Deutschen Bank bald noch weitere Großbanken interessierten, Treuhandgesellschaften auch von anderen Großbanken gegründet wurden, die in erster Linie das Revisionsgeschäft betrieben, sollen im Laufe dieser Arbeit noch eingehender dargelegt werden.

So kam seit dem Jahre 1902 das deutsche Treuhandwesen in engen Zusammenhang mit dem Revisionswesen; diese Verbindung verstärkte sich im Laufe der Jahre durch Gründung weiterer Treuhandgesellschaften, welche sich neben der Übernahme von Treuhandgeschäften vor allem der Bücherrevision zuwendeten. Diese Entwicklung ist umso bemerkenswerter, als Deutschland das erste Land war, wo sich eine derartige enge Verbindung von Treuhandwesen und Revisionswesen vollzog. Insbesondere in den Ländern, wo Treuhandwesen wie Revisionswesen einen besonderen Hochstand erreicht haben, in England und den Vereinigten Staaten, ist eine derartige Verbindung, wie wir ausführten, nicht eingetreten. Auch in Deutschland hatte sich bis dorthin das Revisionswesen durchaus selbständig entwickelt. Die Träger des Revisionswesens waren zunächst allein die Bücherrevisoren gewesen. Freilich hatte der Einzelrevisor in Deutschland und damit das von ihm allein vertretene kaufmännische Revisionswesen[20]) bis dorthin nur eine sehr bescheidene Rolle gespielt[21]). Die Funktion als Revisionsinstanz stand nach einigen Jahren nicht nur im Mittelpunkt der Tätigkeit der Deutschen Treuhand-Gesellschaft[22]), sondern insbesondere auch der nach dem Jahre 1904 in laufender Reihenfolge gegründeten anderen Treuhand- (und Revisions-) Gesellschaften. Die Betätigung auf den Gebieten des Revisionswesens ist heute der wichtigste Geschäftszweig der deutschen Treuhandgesellschaften geworden. So wird dem Revisionswesen besondere Beachtung im Laufe unserer Untersuchungen gewidmet werden müssen.

Das Revisionswesen bedarf in der Hinsicht einer Unterscheidung, als die Arbeitsgebiete, auf denen Revisionen vorgenommen zu werden pflegen, und damit die Objekte, welche der Revision unterworfen werden, ihrem inneren Wesen nach verschieden sind.

So ist zu unterscheiden:

1. Das technische Revisionswesen, welches die Prüfung von Arbeitshandlungen vom Standpunkt des Technikers aus zur Aufgabe hat.

2. Das behördliche (staatliche und kommunale) Revisionswesen. Hierunter fallen alle die Einrichtungen, welche der Revision des behördlichen Kassen- und Rechnungswesens dienen. Ausführende Organe sind hier regelmäßig Beamte der betreffenden Behörden.

3. Das kaufmännische Revisionswesen, dessen Aufgabe die Prüfung der kaufmännischen Buchführung ist.

Nur die Gebiete des Revisionswesens können Gegenstand unserer Untersuchung sein, auf welchen private Revisionskräfte sich betätigen können.

---

[19]) „Die Bank" 1908, Seite 853.

[20]) Über das genossenschaftliche Revisionswesen, für das der private Revisor praktisch nur in Ausnahmefällen in Betracht kommt, vergl. Seite 51.

[21]) Vergl. Nachod, Seite 128.

[22]) Vergl. Rosendorff a. a. O.

So scheidet die behördliche Revision, für welche in Deutschland in der Regel private Revisoren nicht verwendet werden, aus.

Hauptsächlich werden wir unsere Betrachtungen dem kaufmännischen Revisionswesen zu widmen haben, innerhalb dessen jedoch auch wiederum zwei Teilgebiete festzustellen sind, auf welchen eine freie Betätigung privater Revisionsstellen nicht ohne weiteres ermöglicht ist:

a) Das steuerliche Revisionswesen.

Dieses hat sich in Deutschland erst in der jüngsten Zeit herausgebildet und zwar auf Grund der Vorschriften der Reichsabgabenordnung, welche bestimmt, daß bezüglich der vom Steuerpflichtigen durch seine Geschäftsbücher zu führenden Nachweise Nachprüfungen durch besondere Revisoren vorgenommen werden können. Als solche Revisoren können die Finanzämter entweder Sachverständige zuziehen oder Prüfungsbeamte, die ihnen zugeordnet sind, verwenden (§ 206 RAO.). Gegenwärtig hat man sich für das letztere Verfahren entschieden, so daß steuerliche Revisionen nur durch Staatsbeamte vorgenommen werden und der private Revisor von diesem Tätigkeitsgebiet ausgeschlossen ist. Ob dieser Zustand freilich noch lange wird beibehalten werden, erscheint fraglich, nachdem in der allerjüngsten Zeit der derzeitige Reichsfinanzminister Dr. Reinhold die Absicht ausgesprochen hat, die steuerlichen Revisionen in der Folge nicht mehr durch staatliche Organe, sondern durch private Revisionsstellen ausführen zu lassen.

b) Das genossenschaftliche Revisionswesen.

Das Gesetz über die Erwerbs- und Wirtschaftsgenossenschaften vom 1. Mai 1889 erlegt den Genossenschaften die Verpflichtung auf, ihre Einrichtungen und die Geschäftsführung in allen Zweigen der Verwaltung in jedem zweiten[23]) Jahre revidieren zu lassen (§ 53 GenGes.); nur bei den Genossenschaften, welche einem Revisionsverband nicht angehören, wird der Revisor durch das Gericht bestellt (§ 61 GenGes.). Praktisch ist daher den privaten Revisionsstellen die Vornahme von Revisionsarbeiten bei Genossenschaften fast vollständig entzogen. Denn Hildebrand[24]) stellt fest, daß nur 12% der eingetragenen Genossenschaften keinem Verband angehören.

Auf die Entwicklung des kaufmännischen Revisionswesens sind zwei Faktoren von wesentlichem Einfluß: die volkswirtschaftliche Struktur und der Stand der Gesetzgebung.

Das Bedürfnis nach Revisionen wird sich erst dann einstellen, wenn in gewissem Ausmaß die kapitalistische Entwicklung in der Volkswirtschaft sich durchgesetzt hat. Erst dann wird die Revision notwendig, wenn Inhaber des Kapitals, Leiter der Unternehmung und ausführende Organe verschiedene Personen sind. Solange diese, wie beim Handwerk, in einer Person erscheinen, fehlt jedes Bedürfnis nach Revision. Die kapitalistische Wirtschaftsform führt zur Notwendigkeit, daß der Arbeiter und Angestellte vom Unternehmungsleiter, dieser wieder vom Kapitalisten überwacht werden muß. Damit erst ist für das Revisionswesen der Boden bereitet[25]).

Die ersten Revisionen finden sich dort, wo ein großes Rechnungswerk vorhanden ist, bei den großen städtischen Verwaltungen. Schon aus dem 13. Jahrhundert sind Revisionsberichte über die Revisionen der städtischen

[23]) Laut Verordnung über die Revision der eingetragenen Genossenschaften v. 27. Dez. 1923 (RGBl. I, Seite 1252) ist diese Frist für Genossenschaften, die einem Revisionsverband angehören, auf drei Jahre verlängert worden.

[24]) Landwirtschaftliches Genossenschaftsblatt 41. Jahrgang Nr. 14.

[25]) Hierzu vergl. auch Seite 121.

Buchhaltung von Pisa und von London erhalten und das englische Schatzamt hatte bereits frühzeitig einen eigenen Beamtenstand für die Rechnungskontrolle[26]). Naturgemäß kann hier von einem Revisoren-Beruf noch nicht gesprochen werden, da es sich nicht um die freie Ausübung eines Gewerbes handelt.

Italien war das Land, wo der Buchhaltung am frühesten besondere Beachtung, in wissenschaftlicher wie in praktischer Hinsicht, geschenkt wurde. In den großen italienischen Handelszentren Venedig, Mailand, Florenz, Pisa u. a. Städten bestanden bereits im 12. und 13. Jahrhundert kaufmännische Unternehmungen bedeutenden Umfanges. So finden sich auch hier die ersten berufsmäßigen Rechnungsführer und Rechnungsrevisoren[27]).

Ebenso zeigen sich auch in Schottland und England frühzeitig Berufsrevisoren. Diese betätigen sich erstmalig dort, wo große und vielseitige[28]) Betriebe vorhanden waren, nämlich in der Landwirtschaft[29]). Allmählich wuchs auch der Umfang der kaufmännischen Betriebe und mit dem ersten Einsetzen kapitalistischer Entwicklung finden sich 1811 im Londoner Adreßbuch bereits 24 „Accomptants"[30]), um 1840 107[31]).

Deutschland kannte zu dieser Zeit im Privatbetrieb noch keine Großunternehmungen, zumal noch überwiegend Landwirtschaft, aber nicht im kaufmännischen Stil der englischen Landlords, betrieben wurde. Erst nach den 70er Jahren tauchen nach und nach Bücherrevisoren auf, denen die inzwischen einsetzende kapitalistische Entwicklung, welche die Gründung zahlreicher Aktienunternehmungen zur Folge hatte, Arbeitsmöglichkeit bot.

Schafft so der Kapitalismus dem Revisionswesen erst das Arbeitsfeld, so ist es eine Folgeerscheinung des Kapitalismus, welche in besonderem Maße anregend auf die Nachfrage nach Revisionen wirkt. Die Krisenjahre haben mit Regelmäßigkeit den Anstoß zu einer neuen Vorwärtsentwicklung des Revisionswesens gegeben. „Die Bücherrevisoren machen ihr Glück durch das Unglück anderer"[32]). Die Krisenjahre von 1815 und 1825 brachten in England ein Anschwellen der Zahl der Accountants mit sich: Die Zahl der Londoner Accountants, welche 1811 noch 24 betragen hatte, war 1822 z. B. bereits auf 73 gestiegen[33]). Die bekannte Bankkrise der Jahre 1836/37 erhöhte die Zahl der Bücherrevisoren auf 107.

In Deutschland rief nicht nur das Gründungsfieber, sondern auch die darauffolgenden Zusammenbrüche in den Jahren 1870/73 die ersten Berufsbücherrevisoren auf den Plan. Die Krisenjahre 1901—1903 gaben, wie schon berichtet, der Deutschen Treuhand-Gesellschaft eine umfangreiche Betätigungsmöglichkeit, nicht zuletzt auf dem Gebiete des Revisionswesens.

[26]) Schmidt, Seite 5.

[27]) Näheres vergl. Schmidt, Seite 43 ff.

[28]) Bekanntermaßen pflegten bereits in früherer Zeit schon ebenso wie heute die englischen Großgrundbesitzer nicht nur mit Landesprodukten und Vieh aller Art Handel zu treiben, sondern vielfach auch Gruben auszubeuten und ähnliche wirtschaftliche Tätigkeit zu entfalten.

[29]) Vergl. Römer, „Die Bücherrevisoren-Praxis".

[30]) Frühere Schreibweise für Accountants (Bücherrevisoren). Das Wort führt nach Schmidt auf das lateinische computare und das französische compter (zählen, rechnen) zurück.

[31]) Nach Römer bezw. nach Beigel.

[32]) „Accountants make their fortunes by the misfortunes of others" ein bekanntes Wort eines englischen Geschäftsmannes im Hinblick auf die Erscheinungen anläßlich der englischen Krise von 1815.

[33]) Nach Beigel.

Gerade auch die Krisenjahre 1924/1926 bringen dem Revisionswesen reiche Inanspruchnahme, die freilich durch die herrschende Knappheit an flüssigen Mitteln geschmälert wird.

Diese Erscheinung ist nicht schwer zu erklären. Bei Zusammenbrüchen müssen den Gläubigern entsprechende Aufstellungen über den Stand des Unternehmens übergeben werden, deren Anfertigung man natürlich nicht dem Schuldner, sondern dem unparteiischen und sachkundigen Bücherrevisor überträgt; Sanierungen und Liquidationen werden entweder von Fachleuten durchgeführt oder gehen unter deren Mithilfe vor sich; die Gläubiger lassen die Geschäftsführung ihres z. Zt. zahlungsunfähigen Schuldners überwachen; andere wieder, vor allem auch Unternehmer selbst, wollen, geängstigt durch die Zusammenbrüche, Gewißheit über den Stand des Unternehmens haben und nachprüfen lassen, ob keine Fehler oder Unregelmäßigkeiten unterlaufen sind und was dergleichen Gründe mehr sind. Gerade nach Krisenjahren pflegt die Inanspruchnahme von Revisionskräften eine regere als vorher zu sein: Man erkennt anläßlich der wirtschaftlichen Schwierigkeiten die Vorteile einer sachgemäßen Revision und will diese daher auch in günstigen Zeiten nicht missen, lieber dem Zusammenbruch rechtzeitig vorbeugen, als den Bücherrevisor erst zu Hilfe rufen, wenn das Unglück bereits geschehen ist; gerade schwierige wirtschaftliche Verhältnisse lehren den Unternehmer den Wert ordnungsmäßiger Buchführung und fachmännischer Kontrolle, die ihm erst genaue Kenntnis von der Vermögenslage seines Unternehmens vermitteln.

Was den Einfluß der Gesetzgebung auf die Entwicklung des Revisionswesens betrifft, so ist selbstverständlich, daß entsprechende gesetzliche Vorschriften, welche die Vornahme von Buchprüfungen begünstigen oder gar obligatorisch machen, die Arbeitsmöglichkeiten wesentlich verändern werden.

Die englische Companies Act von 1844 schrieb die Bestellung von Auditors zur Vornahme von regelmäßigen Buchprüfungen vor, diejenige von 1862 ordnete dies an, falls die Company keine eigenen Satzungen aufstellte, und seit der Companies Act von 1900 ist die Ernennung von Auditors wiederum obligatorisch. Durch die Bankruptcy Act wird 1869 der Accountant als Konkursverwalter zugelassen.

Dem Revisionswesen derartig günstige Vorschriften enthält allgemein das deutsche Handelsrecht nicht; für Genossenschaften ist, wie schon hervorgehoben, die regelmäßige Bestellung eines Revisors Pflicht, was aber privaten Revisionsstellen nicht allzuviel Arbeitsmöglichkeiten bietet, nachdem diese Revisionen in der überwiegenden Mehrzahl mit Hilfe von eigenen Revisionsverbänden durchgeführt werden[34]).

Wenn auch das deutsche Handelsrecht von einer allgemeinen zwangsweisen Revision der Handelsbücher bei Aktiengesellschaften absieht, so bieten seine Vorschriften trotzdem dem Revisor ein reiches Tätigkeitsfeld.

Die Aktiennovelle vom 11. August 1884 brachte, verursacht durch die Ereignisse in den Jahren des Gründungsschwindels, Vorschriften, welche zur genauen Kontrolle des Gründungsherganges dienen sollten. Art. 209 h schrieb vor, daß besondere Revisoren zur Prüfung des Gründungsherganges zu bestellen sind, wenn

1. Mitglieder des Aufsichtsrates oder Vorstandes Gründer der Aktiengesellschaft sind, oder

[34]) Vergl. S. 51.

2. Sacheinlagen in die Gesellschaft eingebracht haben oder
3. den Gründern besondere Vorteile zugestanden werden.

Es sei bemerkt, daß diese zwangsweise Revision deshalb unmöglich eine erhebliche praktische Bedeutung für die Aktionäre gewinnen konnte, weil sie für Rechnung der Gründer vorgenommen wurde, welche in der Lage waren, durch entsprechende Bemessung des Revisionshonorars den Revisor mehr oder weniger zu beeinflussen; sicherlich fanden sich viele, die bei entsprechender Bezahlung es vermieden, den Gründern durch ihren Revisionsbericht Schwierigkeiten zu bereiten. Jedenfalls mußten aber dank dieser Vorschrift bei einer großen Anzahl von Gründungen Revisoren bestellt werden.

Die Vorschrift wurde in das neue Handelsgesetzbuch vom 10. Mai 1897 in verbesserter Form übernommen (§§ 192/194 HGB.). Die Stellung der Revisoren ist dadurch gestärkt worden, daß die zuständige Handelskammer bzw. das Gericht bei Meinungsverschiedenheiten mit den Gründern zu entscheiden hat und auch die Vergütung von sich aus festsetzt.

Von besonderer Bedeutung für das Revisionswesen sind die Vorschriften der §§ 246 und 266 HGB. geworden. Letzterer bestimmt, daß die Generalversammlung mit einfacher Stimmenmehrheit Revisoren zur Prüfung der Bilanz, des Gründungsherganges oder der Geschäftsführung bestellen kann[35]). Die Revisoren haben durch § 267, 1 HGB. weitgehende Vollmachten erhalten, dahingehend, daß sie insbesondere alle Bücher und Schriften, die ihnen von Interesse scheinen, zur Einsichtnahme verlangen können[36]). Bei Ablehnung des Revisionsantrages kann unter bestimmten Voraussetzungen schon eine Minderheit, welche Aktien in Höhe von 10% des Grundkapitals besitzen muß, die Bestellung von Revisoren durch das Gericht herbeiführen.

Daß die Stellung derartiger Anträge geeignet ist, das Vertrauen in den Vorstand und den Aufsichtsrat auf Jahre hinaus zu erschüttern und dadurch auch den Kredit der Gesellschaft selbst zu schädigen, bedarf keiner näheren Erläuterung. Gerade hierdurch führt aber, wie man in der Praxis beobachten kann, das Gesetz vielfach die Erteilung von Revisionsaufträgen herbei: Um derartigen Anträgen seitens der Generalversammlung von vornherein zu begegnen, geben Aufsichtsrat oder Vorstand von sich aus einer Stelle, deren Neutralität und Zuverlässigkeit nicht bezweifelt werden kann, freiwillig Auftrag, die der Generalversammlung vorzulegenden Bilanzen usw. zu prüfen und über das Ergebnis Bericht zu erstatten.

§ 246 HGB. handelt von der Überwachungspflicht des Aufsichtsrates[37]). Die Angriffe, welche Beigel im „Lehrbuch der Buchführungs- und Bilanz-

[35]) Gemäß § 299 HGB. gilt dies auch für liquidierende Gesellschaften.

[36]) Vergl. Staub, Kommentar zum HGB.

[37]) § 246 HGB. lautet:

„Der Aufsichtsrat hat die Geschäftsführung der Gesellschaft in allen Zweigen der Verwaltung zu überwachen und sich zu dem Zwecke von dem Gange der Angelegenheiten der Gesellschaft zu unterrichten. Er kann jederzeit über diese Angelegenheiten Berichterstattung von dem Vorstande verlangen und selbst oder durch einzelne von ihm zu bestimmende Mitglieder die Bücher und Schriften der Gesellschaft einsehen sowie den Bestand der Gesellschaftskasse und die Bestände an Wertpapieren und Waren untersuchen. Er hat die Jahresrechnungen, die Bilanzen und die Vorschläge zur Gewinnverteilung zu prüfen und darüber der Generalversammlung Bericht zu erstatten.

Er hat eine Generalversammlung zu berufen, wenn dies im Interesse der Gesellschaft erforderlich ist.

Weitere Obliegenheiten des Aufsichtsrates werden durch den Gesellschaftsvertrag bestimmt.

Die Mitglieder des Aufsichtsrates können die Ausübung ihrer Obliegenheiten nicht anderen übertragen.

revision" sowie auch an anderen Stellen gegen die Institution des deutschen Aufsichtsrates richtet, der sich „in den wenigsten Fällen der Wichtigkeit und Schwere seines Amtes bewußt sei", mögen im Einzelnen übertrieben sein, das eine steht fest, daß das Gesetz hier dem Aufsichtsrat Pflichten auferlegt, welche er auch beim besten Willen in vollkommener Weise nicht erfüllen kann. Man bedenke, welche außerordentliche Sachkenntnis und welcher Arbeitsaufwand notwendig ist, um nur kurze Zeit die Tätigkeit irgendeiner Abteilung eines modernen Großbetriebes zu kontrollieren! Dabei ist auch der tüchtigste Aufsichtsrat nicht dagegen gefeit, daß während seiner Kontrolle nicht etwa gerade bei einer anderen Abteilung die verhängnisvollsten Fehler gemacht werden, Unterschlagungen vorkommen usw. Die Revision des Rechnungswerkes einer Aktiengesellschaft von mittlerem Umfange für den Zeitraum eines Geschäftsjahres beschäftigt, unter der Voraussetzung, daß sich die Prüfungen nicht übermäßig auf Einzelheiten erstrecken, im Durchschnitt zwei geübte und erfahrene Revisoren 3—4 Wochen lang. Dazu kommt, daß der Organismus der modernen Aktienunternehmung so kompliziert gestaltet ist, daß es der ganzen Aufmerksamkeit des geübten Revisionsfachmannes bedarf, um sich in allen Einzelheiten vollständige Klarheit über die Hergänge zu verschaffen.

Daß solche Aufgaben die Fähigkeiten und die Arbeitskraft der nur im Nebenamt tätigen Aufsichtsräte meist übersteigen werden, unterliegt daher keinem Zweifel. So wird es bei Aktiengesellschaften mehr und mehr üblich, anläßlich des Jahresabschlusses durch Revisionsfachleute eine eingehende Buchprüfung vornehmen zu lassen. Zwar kann nach § 246, 4 HGB. der Aufsichtsrat seine Revisionsfunktionen nicht einem anderen übertragen. Allein bei der heutigen Entwicklung des Wirtschaftslebens wird man diese Vorschrift nicht zu eng auslegen dürfen. Auch Staub[38]) betont ausdrücklich: „Nicht untersagt sollte ...... sein, daß der Aufsichtsrat für die Ausübung seiner Tätigkeit sich sachverständiger Hilfe bedient. Dabei ist zwischen Zuziehung und Vertretung wohl zu unterscheiden. Zu den Revisionen der Bücher einen Bücherrevisor oder ..... eine Treuhand- oder Revisionsgesellschaft zuzuziehen, ist erlaubt." Auf alle Fälle wird dem Aufsichtsrat durch das Vorhandensein eines eingehenden Prüfungsberichtes der revidierenden Stelle die zweckentsprechende Erfüllung seiner Revisionspflicht ermöglicht bzw. erleichtert.

Ist bei einer Gesellschaft mit beschränkter Haftung ein Aufsichtsrat vorhanden, so besteht für diesen die nämliche Prüfungspflicht, wie sie bei der Aktiengesellschaft gegeben ist. Ebenso können die Gesellschafter einer G. m. b. H. durch Mehrheitsbeschluß die Revision der Geschäftsführung und die Einsichtnahme in die Bücher zur Prüfung der Bilanz an Hand der Bücher und Unterlagen herbeiführen[39]).

Auch Personalgesellschaften steht die Verpflichtung zu, ihre Handelsbücher und Geschäftspapiere zur Einsichtnahme bestimmten Personen vorzulegen. Bei der Gesellschaft des Bürgerlichen Rechts sind nach § 716 BGB. die Gesellschafter, auch wenn sie von der Geschäftsführung ausgeschlossen sind, berechtigt, die Geschäftsbücher und Papiere der Gesellschaft einzusehen und sich aus ihnen eine Übersicht über den Stand des Gesellschaftsvermögens anzufertigen; entsprechendes gilt für die offene Handelsgesellschaft

---

[38]) Kommentar zum HGB.

[39]) Vergl. Staub, Komm. zum G. m. b. H. Gesetz.

(§ 118 HGB.). Die Einsichtnahme usw. kann auch durch einen Bevollmächtigten des Berechtigten vorgenommen werden[40]). Ebenso kann der Kommanditist einer Kommanditgesellschaft die Richtigkeit der ihm vorgelegten jährlichen Bilanz durch Einsichtnahme der Bücher und Papiere prüfen (§ 166 HGB.). Die gleiche Berechtigung steht nach § 338 HGB. dem Gesellschafter der stillen Gesellschaft zu. Die Bedeutung dieser Vorschriften für das Revisionswesen ist naturgemäß geringer als diejenige der die juristischen Personen betreffenden.

Erwähnt sei hier weiterhin noch, daß die Reichshaushaltungsordnung vom 31. Dezember 1922 vorsieht, daß Gesellschaften, an welchen das Reich mit mindestens 1/3 beteiligt ist, oder wenn es sonst das Interesse des Reiches erfordert, satzungsgemäß verpflichtet werden sollen, das Unternehmen von einer durch den Aufsichtsrat der Gesellschaft beauftragten, dem zuständigen Reichsminister genehmen Treuhandgesellschaft prüfen zu lassen (§ 48).

Demnach beruht ein wesentlicher Teil des Tätigkeitsgebietes des Revisionswesens auf rechtlichen Vorschriften.

Die Tätigkeitsgebiete des deutschen Revisionswesens haben in den Jahren der Entwicklung manche Änderungen erfahren. Das Übergreifen der ursprünglich reine Treuhändertätigkeit ausübenden Treuhandgesellschaften auf das Revisionswesen hat nicht nur jene enge Verbindung von Treuhandwesen und Revisionswesen herbeigeführt, wie sie heute in Deutschland vorhanden ist, sondern auch es dahin gebracht, daß heute die Treuhandgesellschaften einerseits die maßgebenden Organe des Treuhandwesens sind, andererseits innerhalb des Revisionswesens die umfassendste und vielseitigste Tätigkeit ausüben; denn die Verwendung vorzüglich geschulten Personals setzte die Treuhandgesellschaften bald in die Lage, eine maßgebende Stellung im Revisionswesen einzunehmen, nachdem der deutsche Bücherrevisor eine irgendwie bedeutungsvolle Position dort nicht hatte erlangen können[41]).

So entsprechen heute die Tätigkeitsgebiete der deutschen Treuhandgesellschaften den Funktionen des Treuhandwesens in Deutschland überhaupt.

Hierbei darf nun nicht übersehen werden, daß die Statuten einiger älterer Treuhandgesellschaften die Durchführung von Finanzgeschäften auf eigene Rechnung erlauben. Es widerspricht durchaus dem rechtlichen Begriff des Treuhänders, wenn dieser spekulative Geschäfte betreibt, wodurch ihm die Stellung eines unparteiischen Sachwalters genommen und die Interessen seiner Auftraggeber geschädigt werden. So sprechen gegen eine derartige Betätigung der Treuhandgesellschaften wesentliche Momente, die durch Bedenken praktischer Art[42]) sehr verstärkt werden.

Bei der übergroßen Mehrzahl der deutschen Treuhandgesellschaften ist daher heute in der Tat die Übernahme von Geschäften auf eigene Rechnung statutarisch nicht mehr gestattet. Für die wenigen älteren Gesellschaften, welche zum Betrieb von Finanzgeschäften berechtigt sind, ist diese Erlaubnis durchaus gegenstandslos, da ihr Aktienkapital nach vollzogener Goldmarkumstellung viel zu gering ist, um solche Geschäfte überhaupt in den Bereich der Möglichkeit zu rücken. Dort, wo auch heute noch Geschäfte auf eigene Rechnung vorgenommen werden, so bei der Deutschen Treuhand-Gesellschaft, deren Aktienkapital auch heute noch relativ hoch ist, dienen

[40]) Vergl. Staudinger, Komm. zum BGB.
[41]) Vgl. Seite 17.
[42]) Vergl. Seite 26.

sie vor allem der ertragreichen Anlage des Eigenvermögens und lassen den spekulativen Charakter zurücktreten.

So wird man die Funktionen des Treuhandwesens wie folgt aufzählen können:

A. Treuhandtätigkeit:

1. Treuhänderische Vermögensverwaltungen und Testamentsvollstreckungen.
2. Übernahme von Pfandhalterschaften.
3. Interessenvertretungen aller Art, insbesondere Gläubigerschutz.
4. Durchführung von Sanierungen aller Art.
5. Durchführung von Liquidationen.
6. Übernahme von Konkursverwaltungen.
7. Alle sonstigen Arten treuhänderischer Tätigkeit.

B. Revisionstätigkeit:

1. Revision von Büchern und Bilanzen, Durchführung von Organisationen.
2. Steuer- und Wirtschaftsberatung.

So umfaßt das deutsche Treuhandwesen heute alle die Institutionen des Wirtschaftslebens, welche zur Aufgabe haben, sowohl die rechtlichen und materiellen Interessen Dritter uneigennützig wahrzunehmen, als auch Bücherrevisionen und die damit zusammenhängenden Hilfsgeschäfte durchzuführen.

Es befaßt demnach heute[43]) jedes Treuhandinstitut sich auch mit der Buchrevision, hingegen nicht jedes Revisionsunternehmen mit treuhänderischen Arbeiten. So wird es nicht zu billigen sein, wenn sich der einzelne Bücherrevisor „Treuhänder" nennt. Damit würde eine völlige Abänderung des rechtlichen Begriffes des „Treuhänders" herbeigeführt werden, die keinesfalls der allgemeinen Verkehrsauffassung oder gar der deutschen Tradition entsprechen würde; vielmehr ist der wirtschaftliche Begriff „Treuhänder" lediglich weiter, nicht aber völlig anders geartet, wie der rechtliche. Insbesondere hat sich auch das Reichsgericht in dem Sinne ausgesprochen[44]), daß Treuhandtätigkeit außer den in den besonderen Gesetzen erwähnten Fällen nur die Übernahme und Verwaltung fremder Vermögen in eigenem Namen sei, die nur vorliege, wenn Vermögen „zu treuen Händen" übergeben werden. Außer dieser eigentlichen Treuhandtätigkeit läßt das Reichsgericht die Fürsorge für bedrängte Gläubiger durch Schutzvereinigung, durch Sanierung und Pfandhalterschaft nur als Nebentätigkeit des Treuhänders gelten.

Nachfolgend soll nun eine kurze Besprechung der einzelnen Tätigkeitszweige des Treuhandwesens vorgenommen werden, soweit diese allgemein von Bedeutung sind.

---

[43]) Es wäre sehr wohl denkbar, daß sich wieder Treuhandgesellschaften herausbilden, welche nur Treuhandgeschäfte ausführen. Ob vielleicht die für Spezialzwecke ins Leben gerufenen Treuhandgesellschaften, wie die Deutsche Treuhand-AG. für Warenverkehr (Berlin) und die Deutsche Waren-Treuhand-AG. (Hamburg) einen Typus derartiger Unternehmungen heranbilden werden, kann bei dem relativ kurzen Bestehen dieser Unternehmungen heute noch nicht beurteilt werden.

[44]) Reichsgerichtsentscheidung vom 23. April 1920 (RGZ. 99 S. 23).

3. Die Funktionen des deutschen Treuhandwesens.

A. Treuhandtätigkeit.

Der Ausgangspunkt der Tätigkeit der deutschen Treuhandgesellschaften war Durchführung von Treuhandgeschäften. Vor allem handelt es sich hierbei um Vermögensverwaltungen und Testamentsvollstreckungen, Pfandhalterschaften, Sanierungen aller Art, Liquidationen und Interessenvertretungen. Hierher gehört auch die Tätigkeit als Konkursverwalter.

Alle diese Tätigkeiten sind auch rechtlich als Treuhänderschaften anzusprechen. Gemeinsam ist ihnen, daß Rechte und Interessen fremder Personen in uneigennütziger Weise mit der Sorgfalt wahrgenommen werden, die der Beauftragte seinen eigenen Angelegenheiten angedeihen lassen würde. Bei den Treuhandgeschäften im engeren Sinne ist es rechtlich von Bedeutung, daß die Rechte als Eigenrechte in eigenem Namen geltend gemacht werden; hierher gehört vor allem Testamentsvollstreckung sowie die Vermögensverwaltung, welche, obwohl für fremde Rechnung und in fremdem Interesse, in eigenem Namen geführt wird. Dort, wo es rechtlich nicht von Belang ist, ob die zu vertretenden Rechte als eigene oder fremde, im eigenen oder fremden Namen geltend gemacht werden (Treuhandgeschäfte im weiteren Sinne), kann die Tätigkeit auch in der Form der Vertretung, also nicht im eigenen Namen zur Durchführung kommen. Hier sind zu nennen die Fälle „gesetzlicher" Treuhänderschaft (Pfandhalterschaft, Vertretung der Besitzer von Wertpapieren nach dem Schuldverschreibungsgesetz) sowie die Tätigkeit als Interessenvertreter u. ä.

Das Merkmal der uneigennützigen Tätigkeit des Treuhänders besteht äußerlich darin, daß er für seine Bemühungen lediglich ein im voraus bestimmtes Honorar erhält, nicht aber sonstige finanzielle Vorteile aus seiner Tätigkeit erzielt. Darin liegt ein wesentlicher Unterschied gegenüber der Betätigung von Erwerbsunternehmungen auf gleichen Gebieten. So beziehen beispielsweise Bankinstitute für ihre Tätigkeit als Vermögensverwalter gleichfalls eine feste Gebühr, aber ihr Hauptverdienst entsteht durch die Gewinne, welche ihnen anläßlich der Vornahme bankmäßiger Transaktionen, welche für das verwaltete Vermögen notwendig werden, zufallen.

1. Vermögensverwaltungen und Testamentsvollstreckungen.

Die Tätigkeit des Vermögensverwalters und Testamentsvollstreckers ist ein verantwortungsvolles Amt und besonders dort schwierig, wo die zu verwaltenden Werte in geschäftlichen Unternehmungen investiert sind. Notwendig ist einerseits juristische Vorbildung (für Abwicklung oder Durchführung laufender Verträge u. ä.), während andererseits die Verwaltung und Beaufsichtigung von Unternehmungen, welche zur Vermögensmasse gehören, die Veräußerung bestimmter Objekte, Anlage flüssiger Gelder u. ä. in richtiger Weise nur von einem vielseitig erfahrenen Kaufmann, der nicht nur eine ausgezeichnete Schulung, sondern auch finanztechnische und oft spezielle Branchenkenntnisse besitzen muß, vorgenommen werden kann. Eine Einzelperson wird diese vielseitigen Kenntnisse und weitgehenden praktischen Erfahrungen nur selten aufzuweisen haben. Weiterhin ist zu beachten, daß (wenigstens vor dem Kriege) Vermögenswerte vielfach langfristig (Renten) angelegt werden. Es wird daher sehr oft zweifelhaft sein, ob die beauftragte Einzelperson in der Lage sein wird, den erteilten Auftrag auch zu Ende zu führen oder, bei Testamentsvollstreckungen, das bei Errichtung des Testaments zugedachte Amt überhaupt einstmals zu übernehmen.

Schon allein durch die unbeschränkte Dauer[45]) der juristischen Person bietet daher die Treuhandaktiengesellschaft einen großen Vorteil gegenüber der physischen Person als Vermögensverwalter und Testamentsvollstrecker. Weiterhin aber gibt das bei den Treuhandgesellschaften übliche enge Zusammenarbeiten von verschiedenartig vorgebildeten Personen, insbesondere von juristisch ausgebildeten Kräften und erfahrenen Kaufleuten[46]) Gewähr, daß alle notwendig werdenden Arbeiten vom jeweiligen Fachmann vorgenommen werden und daher eine Schädigung der Interessen des Auftraggebers lediglich aus Unkenntnis rechtlicher Bestimmungen oder Unerfahrenheit in wirtschaftlichen Angelegenheiten u. ä. ausgeschlossen ist.

Die Übernahme von Vermögensverwaltungen und Testamentsvollstreckungen ist ebenso wie die anderen Treuhandgeschäfte, wie schon erwähnt, eine sehr verantwortungsvolle Tätigkeit; der Treuhänder kann durch seine Handlungen oft große Vermögenswerte gefährden. Dementsprechend wird der Frage besondere Beachtung beigelegt werden müssen, ob Schäden, welche durch fehlerhaftes Versehen des Treuhänders entstehen, von diesem auch gedeckt werden können. Die Frage der Haftsumme ist gerade bei den Treuhandgesellschaften dadurch befriedigend gelöst worden, daß diese mit einem relativ hohen Aktienkapital ausgestattet wurden. So betrug vor dem Kriege das Aktienkapital der:

Deutschen Treuhand-Gesellschaft	Mk.	2 000 000.—
Revisions- und Vermögensverwaltungs-A.-G.	„	1 000 000.—
Treuhand-Vereinigung A.-G.	„	1 000 000.—
Bayerischen Treuhand-A.-G.	„	1 500 000.—
Rheinischen Treuhand-A.-G.	„	1 500 000.—

Daß das hohe Aktienkapital in erster Linie dem Auftraggeber als Garantiesumme dienen soll, geht daraus hervor, daß es im Treuhandwesen üblich ist, das Aktienkapital nur zu 25% einzufordern.

Wenn oben davon die Rede war, daß es dem Wesen der Treuhänderschaft entgegenstehe, wenn der Treuhänder sich auf eigene Rechnung in Spekulationsgeschäften betätigt, so müssen hier noch Bedenken anderer Art geltend gemacht werden. Um dem Treugeber wirklich Garantie bieten zu können, ist es erforderlich, daß das Vermögen der Gesellschaft sofort greifbar und insbesondere sicher angelegt wird. Denn sonst steht die Haftsumme nur auf dem Papier und der Treugeber kann hier die unangenehmsten Überraschungen erleben. Des weiteren sind aber spekulative Geschäfte geeignet, der Treuhandgesellschaft einen ihrer wesentlichsten Vorteile, die unbegrenzte Lebensdauer, zu nehmen. Denn durch eine verfehlte Spekulation kann die Existenz des Treuhänders jederzeit gefährdet werden[47]). Auch diese Gründe sprechen also dagegen, daß Treuhandgesellschaften auf eigene Rechnung Geschäfte tätigen.

Zum Schluß sei noch darauf verwiesen, daß die Treuhandgesellschaften, von den ersten Bankinstituten Deutschlands gegründet, stets in der Lage waren, über ausgezeichnete Informationen zu verfügen. Dies brachte selbstverständlich den verwalteten Vermögensmassen erhebliche Vorteile.

---

[45]) Auch die etwaige Auflösung einer juristischen Person muß bekanntlich unter bestimmten Bedingungen vor sich gehen, die ein plötzliches Aufhören der Tätigkeit, wie es bei schwerer Erkrankung oder Tod des Einzeltreuhänders eintritt, verhindern werden.

[46]) Vgl. Seite 87 ff.

[47]) Vgl. Bernhard im „Plutus" 1906, Seite 220/221.

Es ist daher erklärlich, daß die Inanspruchnahme der Treuhandgesellschaften für derartige Aufträge immer mehr zunahm. Dieser Entwicklung wurde durch die Inflation und die dadurch bedingten bekannten Vorgänge ein jähes Ende bereitet. Bei entsprechendem Fortschreiten der Vermögensbildung in Deutschland wird aber wohl auch dieser Tätigkeitszweig wieder zur alten Bedeutung gelangen.

2. Pfandhalterschaften.

Die Pfandhalterschaft tritt im Regelfall zusammenhängend mit der Ausgabe von Obligationen ein. Der bekannteste Fall ist die Bestellung eines Gläubigervertreters nach den Vorschriften des § 1189 BGB.[48]). Dieser Vertreter hat für die Besitzer der Schuldverschreibungen grundbuchmäßige, hypothekarisch gesicherte Rechte wahrzunehmen. Hierbei ist erwähnenswert, daß ein direktes Auftragsverhältnis dieses Pfandhalters weder zum Eigentümer, noch zu den Obligationären besteht[49]). Der Treuhänder ist nicht Vertreter einer bestimmten Partei, sondern Vertreter der Beteiligten. Der Grundsatz der absoluten Unparteilichkeit des Treuhänders hat hier eine besondere Bedeutung[50]).

Der Vorteil, welchen die Übertragung eines solchen Amtes an eine juristische Person hat, wird klar, wenn man bedenkt, daß nach der geltenden Rechtsprechung[51]) bei einem Wechsel in der Person des Treuhänders zur Bestellung eines neuen Vertreters die Gesamtheit der Obligationäre **und** des Schuldners zusammenwirken muß. Eine notwendig werdende Änderung in der Person des Vertreters führt daher immer zu gewissen Unzuträglichkeiten.

Die Vorschriften des Gesetzes über die gemeinsamen Rechte der Besitzer von Schuldverschreibungen führen gleicherweise des öfteren zur Bestellung von Pfandhalterschaften (vgl. insbesondere § 16 Gläubig.-Schutzges.). Auch solche Pfandhalterschaften, die auf Grund des Emissionsvertrages im Interesse der Gläubiger zu bestellen sind, sind hier zu erwähnen.

Im engen Zusammenhang mit der Pfandhalterschaft stehen vielfach

3. Interessenvertretungen.

Der Pfandhalter vertritt meistens auch gleichzeitig die Rechte und Interessen der Gläubiger. Interessenvertretung übt auch der Vertreter im Sinne des Schuldverschreibungsgesetzes aus, welcher die Rechte der Gläubiger wahrzunehmen hat (§ 1, 2). Er ist demgemäß befugt, Gläubigerversammlungen einzuberufen, im Rechtsstreit die Gesamtheit der Gläubiger zu vertreten und sonstige Handlungen, soweit er anläßlich seiner Bestellung dazu beauftragt worden ist, im Interesse der Gläubiger vorzunehmen.

Der Schutz von Pfandbriefgläubigern, Obligationären und Aktionären von Unternehmungen, sowie von Gläubigern fremder Staaten gehörte zu den ursprünglichsten Aufgaben der Deutschen Treuhand-Gesellschaft. Diese vertrat zunächst vor allem ausländischen und überseeischen Aktiengesellschaften und ausländischen Staaten gegenüber die Interessen der deutschen oder oft überhaupt europäischen Aktionäre bzw. Gläubiger. Daß der Zusammenschluß in der Form solcher Schutzvereinigungen unter geschäftserfahrenem Vorsitz wesentliche

---

[48]) Vgl. Seite 11.

[49]) Vgl. Staudinger, Komm. zum BGB.

[50]) Vgl. Seite 48.

[51]) Entscheidungen des Oberlandesgerichts Karlsruhe und des Kammergerichts, zusammengestellt in den Entscheidungen in Angelegenheiten der freiwilligen Gerichtsbarkeit und des Grundbuchrechts.

Vorteile bringen mußte, liegt auf der Hand und so führte sich die Heranziehung der Treuhandgesellschaften zum Interessenschutz sehr schnell auch hinsichtlich inländischer Unternehmungen ein[52]). Der nach dem Schuldverschreibungsgesetz zu bestellende Vertreter (s. o.) erhält gewöhnlich über die nach dem Gesetz zustehenden Berechtigungen hinaus von den Gläubigern besondere weitgehende Befugnisse und Aufträge übertragen[53]).

Krieg und Inflation haben es dahin gebracht, daß deutsches Kapital im Ausland im nennenswerten Umfang nicht mehr angelegt ist und daher Schutzvereinigungen der genannten Art dem Ausland gegenüber gegenstandslos wurden. Für das Inland haben in neuerer Zeit Interessenvertretungen anläßlich der Goldmarkumstellung bzw. der Aufwertung wieder Bedeutung gewonnen. Als Beispiel sei hier das Vorgehen einer süddeutschen Treuhandgesellschaft[54]) erwähnt, welche sich im Jahre 1925 in nachdrücklicher Weise für eine gerechte Aufwertung der Papiermarkobligationen der staatlichen bayerischen Großwasserkraftunternehmungen einzusetzen begann. Es wurde festgestellt, daß die Aktionäre der Großwasserkraftunternehmungen bei der Goldmarkumstellung und Aufwertung gegenüber den Obligationären eine wesentliche, im Hinblick auf ihre finanzielle Leistung nicht gerechtfertigte Bevorzugung erfahren sollten[55]). Unter Hinweis hierauf betrieb die Treuhandgesellschaft die Einberufung einer Gläubigerversammlung nach den Vorschriften des Gläubigerschutzgesetzes in Verbindung mit einer Gruppe von Obligationären. Inwieweit das Vorgehen zum Erfolg führen wird, kann bei Abschluß dieser Arbeit noch nicht festgestellt werden.

Gerade anläßlich der Goldmarkumstellung wurde auch der Schutz der Interessen von Aktionärgruppen, insbesondere von solchen, welche in der Minderheit stehen, notwendig. Es ist zu bedauern, daß breitere Kreise des Publikums nicht allzu häufig sich der Treuhandgesellschaften zur Wahrung ihrer Aktionärinteressen bedienten[56]); die Inflationszeit hat manche Kapitalgesellschaft hervorgebracht, bei welcher die Majorität bereit ist, in rücksichtsloser Weise auch die selbstverständlichsten Forderungen der Minderheit unbeachtet zu lassen, solange diese nicht mit allen zur Verfügung stehenden Mitteln und nachdrücklichst geltend gemacht werden. Gerade hier haben sich anläßlich der Goldmarkumstellung sehr schnell „Schutzvereinigungen" unter der Führung aller möglicher privater Personen gebildet, von denen nur deren Leiter einen Vorteil in Gestalt der natürlich pränumerando zu entrichtenden Beiträge hatte, nicht aber die Aktionäre, deren Interessen gewöhn-

[52]) So übernahm 1900 die Deutsche Treuhand-Gesellschaft die Treuhänderschaft für die Obligationen der Deutschen Kabelwerke AG. in Rummelsburg, 1901 folgte eine Reihe weiterer Indossierungen rein fiduziarischer Natur (näheres vgl. bei Rosendorff).

[53]) Umfangreich war das Mandat der Deutschen Treuhand-Gesellschaft als Vertreterin der Pfandbriefbesitzer der Preuß. Hypothekenbank anläßlich der Schwierigkeiten der Spielhagenbanken im Jahre 1900. Das Treuhandinstitut hatte insbesondere die Geschäftsführung der Bank genau zu beobachten und einer Verschleuderung der Vermögenswerte derselben entgegenzutreten. Der Tätigkeit der Treuhandgesellschaft gelang es dann den Konkurs zu vermeiden und die Bank zu reorganisieren.

[54]) „Securitas" Revisions- und Treuhand-AG., München.

[55]) Die Finanzierung war bei den staatlichen Werken in der Weise erfolgt, daß unmittelbar nach der Gründung die Ausgabe von Obligationen in Höhe des 4—20fachen des Gründungskapitales erfolgte. Obwohl demnach der größere Teil der Bauanlagen der Wasserkraftwerke mit Hilfe der Gelder der Obligationäre geschaffen worden war, kam deren Wert bei der Goldmarkumstellung ausschließlich den Aktionären zugute.

[56]) Es lag dies wohl vor allem daran, daß diese Möglichkeit der breiten Öffentlichkeit offenbar nicht mehr bekannt war und andererseits oft die außerordentliche Bedeutung der Goldmarkumstellung für das Unternehmen selbst und seine Aktionäre in ihrer vollen Tragweite von vornherein gar nicht erkannt wurde.

lich keinerlei bemerkenswerte Förderung hierbei erhielten; denn die für diese Schutzvereinigungen tätig werdenden Personen waren meist gar nicht in der Lage, die sehr komplizierten juristischen, kaufmännischen und bilanztechnischen Fragen bei der Goldmarkumstellung ihrem Wesen nach zu erfassen oder gar zweckmäßig zu lösen.

Nicht selten wird der Aktienbesitz bestimmter Personen einer Treuhandgesellschaft fiduziarisch übertragen, so daß diese im eigenen Namen die Aktionärrechte geltend macht; das hat den Vorteil, daß hierdurch der Name der Betreffenden der Öffentlichkeit gegenüber nicht in Erscheinung tritt, was praktisch oft von wesentlicher Bedeutung sein kann.

Die durch die Wirtschaftskrise entstandenen Schwierigkeiten in der finanziellen Lage vieler Kapitalgesellschaften führen gerade zur gegenwärtigen Zeit häufig zu Konflikten innerhalb der Unternehmungen, vor allem dort, wo Unterlassungssünden und Fehler anläßlich der Goldmarkumstellung erst jetzt erkannt werden. So hat die Interessenvertretung durch Treuhandgesellschaften an Bedeutung wieder zugenommen.

Dort, wo zwei Parteien lediglich die Absicht haben, einen Streitfall unter objektiver Wahrung der beiderseitigen Interessen nach Recht und Billigkeit zu regeln, fällt dann häufig der Treuhandgesellschaft oder dem Bücherrevisor die

Tätigkeit als Schiedsrichter

zu. Die Übertragung der Wahrung der Interessen beider Parteien erfordert das Vorhandensein eines besonderen Vertrauens in die Objektivität und Sachkenntnis der Treuhandgesellschaft bzw. des Bücherrevisors.

Auch bei Erfüllung der durch Übertragung des Interessenschutzes entstehenden Aufgaben weist die Tätigkeit einer Gesellschaft gegenüber derjenigen einer Einzelperson Vorteile auf. Es sind einerseits juristische Fragen, vor allem aus dem Handels-, besonders aus dem Aktienrecht, zu lösen, andererseits ausgezeichnete kaufmännische und bilanztechnische Kenntnisse und Erfahrungen, dazu rednerische Begabung, Verhandlungsgeschick u. a. mehr von nöten. In verstärktem Maße gilt dies von der Schiedsrichtertätigkeit, bei welcher noch der Umstand hinzutritt, daß durch Zusammenarbeit einer Mehrheit von Personen insbesondere strengste Unparteilichkeit durch Ausschluß der Gefahr rein persönlicher Voreingenommenheit gewährleistet wird.

4. Sanierungen.

Eine Sanierung will die Wiedergesundung eines in finanziellen Schwierigkeiten befindlichen Unternehmens herbeiführen. Man kann je nach den hierzu ergriffenen Maßnahmen unterscheiden:

a) interne Sanierungen, deren finanzierungstechnische Maßnahmen sich auf der Unternehmerseite auswirken und

b) externe Sanierungen, welche die Gläubiger des Unternehmens betreffen.

Beide Arten müssen manchmal miteinander verbunden werden, um den beabsichtigten Erfolg herbeizuführen.

A. Die interne Sanierung.

Bei Aktiengesellschaften ist eine der gebräuchlichsten Arten der internen Sanierung die Herabsetzung des Aktienkapitals, oft verbunden mit gleichzeitiger Neuausgabe junger Aktien[57]). Auch freiwillige Zuzahlungen sowie Konsolidationen von Aktien dienen als Sanierungsmaßnahmen.

Bei Unternehmungen, die nicht in der Form von Kapitalgesellschaften betrieben werden, können Sanierungen in der ebengenannten Art überhaupt nicht in Betracht kommen. Denn hier ist das Kapitalkonto im Gegensatz zu dem der Kapitalgesellschaft keine unveränderliche Größe, welche nur durch besondere Maßnahmen abgeändert werden kann. Bilanzmäßige Verluste vermindern vielmehr zunächst das Kapital, bevor eine Unterbilanz auftritt.

Doch kann auch bei Personalgesellschaften von innerer Sanierung gesprochen werden. Der Vorgang ist hierbei dann zumeist der, daß die bisherigen oder neuhinzutretenden Gesellschafter durch Zuzahlungen neue Mittel in die Gesellschaft einschießen oder aber auf die der Gesellschaft etwa gewährten Darlehen verzichten.

Während also die Maßnahmen im letzteren Fall relativ einfacher Art zu sein pflegen, ist die Sanierung einer Aktiengesellschaft meist ein sehr schwieriges Problem. Es bedarf eingehender Berechnungen und sorgfältiger Erwägung aller voraussehbarer Folgen des beabsichtigten Vorgehens, um ein Mißlingen der Sanierung, welches für die betroffene Gesellschaft sehr peinliche Folgen zu haben pflegt, nach Möglichkeit zu vermeiden. Die Verwaltungsorgane ziehen daher, schon um sich nicht allein die Last der gesamten Verantwortung aufzubürden, fast stets einen sachkundigen Berater zu, dem die Methode und Erfolgsaussichten der Sanierungsmaßnahmen aus praktischer Erfahrung bekannt sind, und der in der Lage ist, auch in den hierbei anfallenden Rechts- und Steuerfragen fachmännischen Rat zu erteilen. Die Genehmigung der Sanierungsmaßnahmen durch die Generalversammlung führt häufig zu starken Kämpfen gegenüber oppositionellen Aktionärgruppen, die sich durch die beabsichtigten Schritte über Gebühr benachteiligt fühlen. Das objektive Gutachten einer Treuhandgesellschaft, daß die vorgeschlagenen Maßnahmen billig und berechtigt seien und Aussicht auf Erfolg böten, erleichtert der Verwaltung ihre Aufgabe wesentlich.

Eine derartige Tätigkeit fällt vorwiegend in das Gebiet der Rechts- und Wirtschaftsberatung. Allein auch eine treuhänderische Funktion kommt anläßlich von Sanierungen in Frage, wenn nämlich Aktionärgruppen der Treuhandgesellschaft die Wahrnehmung ihrer Interessen im Hinblick auf die zu ergreifenden Maßnahmen anvertrauen. Unberechtigt scharfe Zusammenlegungen[58]), Benachteiligung bestimmter Aktionärgruppen u. ä. lassen sich durch sachliches Einwirken derartiger Interessenvertreter unter Übermittlung entsprechender Vorschläge an die Verwaltung oft vermeiden. Die Tätigkeit der Treuhandgesellschaft stellt in diesem Falle Interessenschutz dar.

B. Externe Sanierungen.

Unter externer Sanierung verstehen wir alle Maßnahmen, welche bezwecken, die Lebensfähigkeit eines Unternehmens durch Übereinkunft mit den Gläubigern desselben zu erhalten. Die Art, wie dieses Übereinkommen mit den Gläubigern erzielt wird, kann sehr verschieden sein und dementsprechend unterscheidet sich auch die Tätigkeit, welche dem Treuhandwesen in den einzelnen Fällen zukommt. Immer laufen jedoch die Bestrebungen

[57]) Hierzu vgl. Schmalenbach, „Finanzierungen“ Seite 176 — 213.

[58]) Naturgemäß liegen stärkere Kapitalreduzierungen in der Hinsicht im Interesse der Verwaltung, weil damit die Erzielung einer Dividende erleichtert wird. Nicht immer aber wird die so bewirkte übermäßige Schaffung von stillen Reserven dem Interesse aller Aktionäre entsprechen.

der beteiligten Parteien darauf hinaus, ein Konkursverfahren, wenn auch unter Opfern, zu vermeiden, da dieses den Tod der Unternehmung bedeutet.

Zu unterscheiden ist

a) freiwillige Übereinkunft der Gläubiger mit dem Schuldner. Die für den Gläubiger am wenigsten drückende Art der externen Sanierung ist das Moratorium (Zahlungsaufschub). Der Akkord ist hingegen ein teilweiser Verzicht der Gläubiger oder bestimmter Gläubiger auf einen Teil ihrer Forderungen. Häufig wird Stundung und Nachlaß zusammen gewährt.

Wie vor allem die Erscheinungen der letzten Zeit gezeigt haben, werden von zahlungsfähigen, aber zahlungsunwilligen Schuldnern solche Maßnahmen oft zu dem Zweck herbeigeführt, sich auf billige Weise der Schulden zu entledigen. Die Möglichkeit durch Verschleierungen aller Art den Gläubigern die wahre Lage zu verschweigen, gestattet es vielfach, einen relativ hohen Forderungsverzicht der Gläubiger auch dort zu erschleichen, wo vielleicht mit einer Stundung genug geholfen wäre. Daß solche Machenschaften zum Erfolg führen können, liegt an den Mängeln des deutschen Konkursverfahrens: Langwierigkeit, hohe Kosten und Gebühren, Unklarheit des Gläubigers über die Höhe der Quote, die durch Ungeschicklichkeiten des Konkursverwalters sehr geschmälert werden kann, die meist sehr langfristigen Auszahlungstermine und vieles andere mehr. Man zieht daher nach Möglichkeit vor, sich durch gütliche Übereinkunft mit seinem Schuldner zu einigen; hier erhält man (durch Wegfall der hohen Konkurskosten) mehr, weiß, mit welchem Betrag zu rechnen ist, die Auszahlungsfristen sind vorher festgesetzt und außerdem, das ist vielfach das Ausschlaggebende, erhält man sich für weitere lohnende Geschäftsverbindung seinen Abnehmer.

Allein die vielen Mißbräuche bei derartigen außergerichtlichen Vergleichen haben bewirkt, daß es gerade auch dem ehrlichen Kaufmann, der in Not geraten ist, schwer fällt, die Zustimmung seiner Gläubiger zu einem Akkord zu erhalten; denn oft befürchten diese auch hier, wie in anderen Fällen, eine Hintergehung.

Man wählt daher folgendes Verfahren:

Der Schuldner überträgt rechtzeitig, d. h. bevor ihm durch Pfändungen der Gläubiger die freie Verfügungsgewalt entzogen ist, sein Vermögen einem Treuhänder. Diese Übertragung erfolgt schriftlich, wobei der Treuhänder das Eigentum, der Schuldner den Besitz als Verwahrer erhält. Nur dort, wo nach den Vorschriften des BGB. die tatsächliche Übergabe zum Erwerb des Eigentums notwendig ist, wird diese vorgenommen. Eine Übereignung von Immobilien ist jedoch wegen der Gebühren (Notariat und Grundbuchamt) zu kostspielig. Hier wird dem Treuhänder eine Hypothek, welche sich in ihrer Höhe mit dem Wert des Grundstückes deckt, eingetragen.

Hat so der Treuhänder das Vermögen des Schuldners erhalten, so wird, häufig unter Mitwirkung eines Gläubigerausschusses, ein entsprechender Vergleichsvorschlag ausgearbeitet. Der Vorteil des Mitwirkens einer Treuhandgesellschaft ist schon äußerlich dadurch gegeben, daß diese in der Lage ist, durch eingehende Revision in meist sehr kurzer Zeit den genauen Vermögensstand zu ermitteln und durch einen Status die Unterlagen für den Vergleichsvorschlag zu liefern, was andernfalls recht geraume Zeit in Anspruch nimmt. Der Grund, weshalb in den meisten Fällen seitens der Gläubiger mit allem Nachdruck die Heranziehung einer Treuhandgesellschaft oder einer sonstigen zuverlässigen Stelle verlangt wird, ist jedoch in der Gewähr zu suchen, die deren Mitwirkung dahingehend bietet, daß das Vermögen des Schuldners tatsächlich in seiner vollen Höhe ermittelt wird und dank der Übertragung des Gesamtbesitzes auf den Treuhänder unlautere Machenschaften auf jeden Fall ausgeschlossen sind. Auch die Bevorzugung einzelner Gläubiger durch den Schuldner ist damit unmöglich gemacht; die Auszahlung der Forderungen erfolgt in analoger Anwendung der Konkursordnung.

Wird der Treuzweck nicht erreicht, d. h. muß das Konkursverfahren eröffnet werden, so muß die Rückübertragung des Vermögens erfolgen (§ 23 KO.). Im einzelnen die Treuhänderschaft zum Zwecke der Gläubigerbefriedigung im Hinblick auf die hiermit verknüpften juristischen Probleme hier zu erörtern, kann nicht unsere Aufgabe sein[59]).

Nach Übernahme der Masse durch den Treuhänder kann sich herausstellen, daß eine hinreichende Befriedigung der Gläubiger bei Fortführung des Unternehmens nicht möglich ist, vielmehr die Mittel nur durch Veräußerung der gesamten Vermögenswerte des Schuldners beschafft werden können. Es handelt sich dann um eine Treuhänderschaft zum Zwecke der Liquidation zur Gläubigerbefriedigung. Die erlösten Summen werden vom Treuhänder direkt den Gläubigern zugeführt und mit diesen abgerechnet. Etwa noch verbleibende Werte oder Beträge erhält nach Befriedigung aller Gläubiger der Treugeber zurückübertragen. Der Schuldner ist dadurch vor dem Odium eines Konkursverfahrens verschont, während die Gläubiger in einem Verfahren befriedigt werden, das durch Mitwirkung einer unparteiischen Stelle an Reellität dem Konkursverfahren gleichkommt, aber, wie betont, den Vorzug der Billigkeit und schnelleren Abwicklung besitzt.

b) Der gerichtliche Zwangsvergleich (Geschäftsaufsichtsverfahren).

Die Verordnung über die Geschäftsaufsicht zur Abwendung des Konkurses vom 14. Dezember 1916 bezweckt die Einführung eines Vergleichsverfahrens außerhalb des Konkurses, wobei der Vergleichsvorschlag des Schuldners bei Zustimmung einer qualifizierten Mehrheit von Gläubigern gerichtlich sanktioniert werden kann. Man hat dem Geschäftsaufsichtsverfahren aus den verschiedensten Kreisen vorgeworfen, daß es in seiner Tendenz, den Schuldner in seiner wirtschaftlichen Existenz zu schützen, über das Ziel hinausschieße und je nach den Fähigkeiten des Aufsichters oft den Gläubiger mehr gefährde, als den Schuldner. Wir haben uns hier mit den Vorteilen oder Nachteilen der Geschäftsaufsichtsverordnung nicht auseinanderzusetzen. Jedenfalls hängt die Erfolgsmöglichkeit des Verfahrens durchaus von dem Können der Aufsichtsperson ab und es darf festgestellt werden, daß gerade die deutschen Treuhandgesellschaften und Bücherrevisoren infolge ihrer umfassenden Erfahrungen hier eine sehr erfolgreiche Wirksamkeit entfalten konnten. Die Tätigkeit der Geschäftsaufsichtsperson soll dahin wirken, daß zwar vorhandene Bestände verwertet werden, der Betrieb des Schuldners aber fortgesetzt und lebensfähig erhalten wird (§ 28 GeschAuffVO.). Die Geschäftsaufsichtsperson muß sich also vor allem durch kaufmännische Fähigkeiten und Erfahrungen auszeichnen, um den Betrieb über die schwierigste Zeit hinwegzubringen, die Gründe der finanziellen Schwierigkeiten restlos aufzuklären und die vorhandenen Fehler zu

[59]) Hierzu vgl. Grünschild, „Die Treuhänderschaft zum Zwecke der Gläubigerbefriedigung", Berlin 1914.

beseitigen. Daß hier Tätigkeit eines rein juristisch Geschulten eher schaden wie nützen kann, liegt auf der Hand; freilich sei deshalb nicht verkannt, daß auch oft genug juristische Kenntnisse notwendig sind, um allen Anforderungen an die Person des Geschäftsaufsichtführenden gerecht zu werden. Auf Grund der auf Arbeitsteilung zwischen Kaufmann und Juristen eingestellten Organisation der Treuhandgesellschaften haben diese sich bei Durchführung von Geschäftsaufsichtsverfahren wohl stets bewährt. Der neue Entwurf über ein Vergleichsverfahren zur Abwendung des Konkurses, durch welches das Geschäftsaufsichtsverfahren in der heutigen Form abgelöst werden soll, wird ebenfalls wieder den Treuhandinstituten ein ersprießliches Tätigkeitsfeld geben. Die §§ 11, 12 des neuen Entwurfes machen die Einleitung des Vergleichsverfahrens bereits von der Vorlage eines Vergleichsvorschlages und der Zustimmung einer bestimmten Mehrheit der Gläubiger zur Eröffnung des Verfahrens abhängig. Will also das Unternehmen, das in eine kritische Lage zu kommen anfängt, überhaupt Aussicht auf Einleitung des Vergleichsverfahrens haben, so ist es notwendig, den Schuldnern von vornherein weitgehende Aufschlüsse über die wirtschaftliche Lage zu geben. Auch hier wird wohl der Schuldner in der Praxis meist gezwungen sein, seine Gläubiger von der Richtigkeit seiner Angaben und der Berechtigung seiner Vorschläge dadurch zu überzeugen, daß er die erforderlichen Arbeiten durch ein Treuhandinstitut oder einen Bücherrevisor vornehmen läßt, um von vornherein jeden Zweifel an seiner Redlichkeit, der beim Gläubiger schnell aufzukommen pflegt und bei den strengen Vorschriften des Gesetzentwurfes meist zum Konkurse führen muß, auszuschließen.

Verschiedene Handelskammern sind nach den schlechten Erfahrungen, die mit den Angaben des Schuldners anläßlich der Stellung eines Antrages auf Geschäftsaufsicht gemacht wurden, heute dazu übergegangen, die Befürwortung des Antrages von einer Nachprüfung des Status und einem Gutachten durch eine Treuhandgesellschaft oder einen Bücherrevisor abhängig zu machen, wodurch die Unentbehrlichkeit zuverlässiger und fachkundiger Revisionsinstanzen gerade auch für behördliche Zwecke anerkannt wird.

Auch zu Konkursverwaltungen erscheinen Treuhandgesellschaften besonders geeignet. Wenn hier auch nicht die Aufrechterhaltung des Betriebes, sondern bestmögliche Veräußerung des vorhandenen Vermögens die kaufmännische Aufgabe des Konkursverwalters ist, so ist jedoch auch diese schwierig genug, um in der Mehrzahl der Fälle die Heranziehung einer nur juristisch geschulten Persönlichkeit nicht zweckmäßig erscheinen zu lassen. Andererseits können juristische Kenntnisse schon allein im Hinblick auf das Anfechtungsrecht des Konkursverwalters nicht entbehrt werden.

Demnach wird zu sagen sein, daß die Treuhandgesellschaften bzw. deren leitende Persönlichkeiten dank der bewährten Arbeitsverbindung besonders befähigt sein werden, Konkursverwaltungen und Geschäftsaufsichtsverfahren sachgemäß durchzuführen. In der Tat haben die Erfahrungen gezeigt, daß die von den Konkursgerichten mit Vorliebe herangezogenen Rechtsanwälte[60]) bei Fällen größeren Umfanges ihrer Aufgabe deshalb nicht gewachsen sind, weil ihnen die unbedingt erforderlichen umfassenden kaufmännischen Erfahrungen und die entsprechende Vorbildung fehlt. In vielen Fällen hat dies dazu geführt, daß der als Geschäftsaufsichter bestellte Rechtsanwalt gezwungen war, von sich aus eine Treuhandgesellschaft oder einen Bücher-

[60]) Am unverständlichsten ist der Brauch, daß zu dieser Tätigkeit manche Konkursrichter wahllos nach dem Turnus insbesondere die jüngsten Anwälte, denen meist jede Erfahrung mangelt, heranziehen. Vgl. hierzu Heymann a. a. O.

revisor zuzuziehen, wodurch die Masse mit vermeidbaren Kosten belastet wurde.

Eine häufigere Heranziehung der Organe des Treuhandwesens zu diesen Aufgaben würde den Interessen des Wirtschaftslebens daher sehr dienlich sein. Doch darf nicht verkannt werden, daß gegenwärtig mangels jeder gesetzlichen Regelung des Treuhandwesens den Behörden die Auswahl der zu diesem Amt tatsächlich befähigten und geeigneten Personen sehr erschwert ist, wovon später noch zu sprechen sein wird.

5. Liquidationen.

Die treuhänderische Tätigkeit bei Liquidationen zum Zwecke der Gläubigerbefriedigung ist bereits erwähnt worden. Jedoch auch bei Liquidationen, welche freiwillig zum Zwecke der Auflösung des Unternehmens erfolgen, tritt häufig ein Treuhandinstitut in Tätigkeit. Personalgesellschaften können sich im Regelfall ihrer bisherigen Gesellschafter oder eines von ihnen als Liquidatoren bedienen. Viel schwieriger pflegt hingegen bei juristischen Personen die Liquidation zu sein.

Die Vorschriften des Handelsrechtes machen die Liquidation einer Kapitalgesellschaft unter Umständen zu einer über das wirtschaftliche Erfordernis hinaus kostspieligen Operation. Bekanntlich muß nach dreimaliger Aufforderung an die Gläubiger, ihre Ansprüche gegen die Gesellschaft geltend zu machen, ein Jahr verstrichen sein, bevor das Vermögen der Gesellschaft an die Aktionäre oder Gesellschafter verteilt werden kann [61]). Da nach erfolgter Veräußerung der Vermögensobjekte der Gesellschaft der Liquidator eine nennenswerte kaufmännische Tätigkeit nicht mehr zu entfalten hat, wird die Durchführung der Liquidation durch eine Treuhandgesellschaft häufig im Hinblick auf juristische Erfordernisse nicht nur sachgemäßer vor sich gehen, sondern auch wesentlich geringere Kosten verursachen, als die durch den bisherigen Vorstand gem. § 295 HGB.

Daß die Mitwirkung eines Treuhänders geeignet ist, den Aktionären wesentliche Vorteile zu bringen, zeigt ein Verfahren, welches seitens der Deutschen Treuhandgesellschaft erstmalig anläßlich der Liquidation einer Terrain-A.-G. angewandt wurde [62]). Die betreffende Gesellschaft hatte ihre sämtlichen Verbindlichkeiten beglichen, konnte jedoch mit der Verteilung ihres Vermögens an die Aktionäre nicht beginnen, da das Sperrjahr nach § 301 HGB. noch nicht abgelaufen war. Die Terraingesellschaft gewährte nun der Deutschen Treuhandgesellschaft einen zinslosen Vorschuß in Höhe der zur Verfügung stehenden Mittel. In Höhe der auf jeden Aktionär treffenden Liquidationsrate zahlte darauf ihrerseits die Deutsche Treuhandgesellschaft die entsprechenden Beträge aus gegen formgerechte Zession der Liquidationsansprüche des Aktionärs. Auf diese Weise wurde das Brachliegen des Gesellschaftsvermögens zugunsten der Aktionäre vermieden.

Handelt es sich bei der Liquidation darum, langfristige Vermögensanlagen, so vor allem Darlehen und Hypotheken, zu verwalten und nach Verfall unter die Aktionäre zu verteilen, so wird auch mit dieser Aufgabe eine Treuhandgesellschaft zweckmäßigerweise betraut werden; die Kosten sind gegenüber dem Vorteil einer sachgemäßen und dabei von den Zufälligkeiten menschlichen Lebens nicht gestörten Abwicklung, wie sie durch die Eigenschaften der juristischen Person gewährleistet ist, unerheblich.

---

[61]) Vgl. § 301 HGB., § 73 G. m. b. H. Ges

[62]) Näheres vgl. bei Rosendorff a. a. O.

Das Amt des Liquidators ist, vor allem wenn es sich um große Unternehmungen handelt, schwierig und dabei hauptsächlich bei juristischen Personen undankbar. Wesentliche Schwierigkeiten bestehen vor allem darin, daß der Liquidator bei der Veräußerung von Vermögenswerten meist der verschiedensten Art über den gemeinen Wert des betreffenden Gegenstandes sich nur schwer richtig unterrichten kann und daher vielfach zum Zwecke seiner eigenen Rückendeckung Sonderverträge mit dem Käufer abschließen muß, deren Formulierung große kaufmännische Gewandtheit und dabei stets ein erhebliches Maß juristischer Erfahrung erfordert. Undankbar ist dieses Amt, weil die Aktionäre, welche bei einer Liquidation gewöhnlich einen gewissen Schaden erleiden — Liquidationen pflegen ja in der Regel durch Unrentabilität verursacht zu sein —, geneigt sind, dem Liquidator vorzuwerfen, daß Vermögensgegenstände bei sachgemäßerem Vorgehen günstiger hätten veräußert werden können u. ä. Die Position einer Einzelperson ist daher in Anbetracht der genannten Schwierigkeiten meist recht schwach, was dann häufig dazu führt, den Liquidator im Klagewege für angebliche Verfehlungen haftbar zu machen. Treuhandgesellschaften können dieser Schwierigkeiten infolge ihrer reichen Erfahrungen, sowie durch die ihnen zur Verfügung stehenden Spezialkräfte viel leichter Herr werden; ein Vorgehen der Aktionäre wird, da man unter diesen Umständen eine nicht sachgemäße Durchführung nur schwer wird nachweisen können, zumeist unterbleiben. Auf jeden Fall wird einer Verschleuderung von Vermögenswerten so entgegengewirkt werden können.

Es sei bemerkt, daß im Regelfall aus formaljuristischen Gründen ein Direktor oder Prokurist der herangezogenen Treuhandgesellschaft, nicht diese selbst zum Handelsregister als Liquidator angemeldet wird. Die Auslegung des § 295 HGB. will juristische Personen von der Ernennung zum Liquidator ausgeschlossen sehen[63]). Doch hält nunmehr eine neuere Entscheidung des Oberlandesgerichtes Karlsruhe die Ernennung einer juristischen Person zum Liquidator einer juristischen Person für angängig[64]).

B. Revisionstätigkeit.

1. Die Revision von Büchern und Bilanzen, Durchführung von Organisationen.

Das Revisionsgeschäft mit seinen Hilfsgeschäften ist derjenige Tätigkeitszweig, mit welchem gegenwärtig das deutsche Treuhandwesen am meisten im Wirtschaftsleben in Erscheinung tritt. Unter Revision im allgemeinen versteht man die Überprüfung von Arbeitsvorgängen. Je nach der Art der geprüften Arbeitsvorgänge läßt sich die technische und die kaufmännische Revision[65]) unterscheiden. Wenn die Revisionshandlung von einer außerhalb der Unternehmung, in welcher die Revision stattfindet, stehenden Instanz vorgenommen wird, so spricht man von externer, im anderen Falle von interner Revision.

Die „Kontrolle" ist nicht gleichbedeutend mit Revision. Gerstner[66]) versteht unter Kontrolle eine laufende und zusammenhängende Kritik der erledigten Arbeitshandlungen, wonach der Begriff der Kontrolle gegenüber dem Begriff der Revision der engere sei.

---

[63]) Vgl. Staub, Komm. zum HGB.

[64]) Urteil des 1. Z. S. v. 14. April 1925 (abgedruckt: Juristische Wochenschrift Jahrgang 1925, Heft 18).

[65]) Vgl. Seite 17.

[66]) „Revisionstechnik" Seite 4, anders Leitner „Die Kontrolle" Seite 1.

Die kaufmännische Tätigkeit wird zahlenmäßig in der Buchführung festgehalten. Der Erfolg der kaufmännischen Arbeit eines Zeitraumes zeigt sich in der Bilanz bzw. in der Verlust- und Gewinnrechnung. Die kaufmännische Revision, welche die kaufmännischen Arbeitshandlungen überprüfen will, wird demnach ihr Ziel durch Nachprüfung der Handelsbücher des Unternehmens erreichen. So dient der kaufmännischen Revision als Mittel zur Erfüllung ihrer Aufgaben die Buchprüfung.

Unter Bücherrevision verstehen wir die planmäßige Überprüfung der Buchungen nach ihrem Inhalt und ihrer Form.

Diese Begriffsbestimmung enthält Grundsätzliches über das Prüfungsverfahren, die Revisionstechnik. Erstes Erfordernis ist demnach, daß die Revisionshandlungen planmäßig vorgenommen werden. Ein Herausgreifen irgendwelcher Posten auf gut Glück in der Hoffnung hierdurch vielleicht zufällig auf Fehler zu stoßen, ist daher keine Revision. Der Buchprüfer muß vielmehr so systematisch vorgehen, daß er durch seine Tätigkeit mit Sicherheit etwa vorgekommene Fehler wird entdecken können. Die Prüfung darf weiterhin sich nicht nur auf formelle Gesichtspunkte (Richtigkeit der Übertragungen, der Additionen, Übereinstimmung der Belege mit den Buchungen usw. usw.) erstrecken, sie muß vor allem den materiellen Inhalt, die zugrundeliegenden Vorgänge auf ihre Ordnungsmäßigkeit hin einer genauen Kritik unterziehen. Erst damit gewinnt die Bücherrevision eine wirtschaftliche Bedeutung; denn nur die materielle Nachprüfung der Vorgänge gibt Aufschluß über die Zuverlässigkeit des Rechnungswerkes[67]) und die Ordnungsmäßigkeit der Geschäftsführung. Eine nur formelle Prüfung der Buchungen stellt eine Scheinrevision dar, welche oft zu ganz falschen Schlüssen führen kann. Nach diesen Grundsätzen wird man bei allen Arten von Revisionen zu handeln haben.

Die Revisionstechnik selbst weist rein äußerlich Verschiedenheiten auf, je nachdem es sich um Revisionen bei Privatunternehmungen des Handels und der Industrie, oder der Landwirtschaft oder wieder bei behördlichen Stellen handelt. Unterschiede der Revisionstechnik liegen im wesentlichen in der Art der revidierten Buchführung (einfache Buchführung, doppelte Buchführung, kameralistische Buchführung, Durchschreibemethoden, Maschinenbuchführung usw.), dann aber in dem Zweck, welcher mit der Revision verfolgt werden soll.

Sponheimer unterscheidet folgende Arten von Revisionshandlungen:

1. vorbeugende (präventive),
2. neugestaltende (organisatorische),
3. aufdeckende (detektive),
4. feststellende (konstatierende).

Er gibt selbst zu, daß die Grenzen oft verfließen werden. Feststellende und vorbeugende Revisionen werden wohl praktisch überhaupt nicht zu unterscheiden sein, wenn es bei einem Unternehmen üblich ist, periodisch die Bücher revidieren zu lassen; der Revisor wird in beiden Fällen seine Arbeiten nach durchaus gleichen Gesichtspunkten vornehmen. Nicht so sehr trifft dies bei der aufdeckenden Revision zu, welche zur Ermittlung einer Verfehlung dient; der Revisionsplan wird regelmäßig in Anbetracht des Zweckes der Revision — den Schuldigen zu ermitteln — gegenüber dem-

[67]) Bekanntlich geben dem Revisor die wertvollsten Aufschlüsse die nicht gebuchten Geschäftsbegebenheiten, also die aus irgendwelchen Gründen unterlassenen Buchungen. Da hier selbstverständlich auch meist die Belege fehlen bezw. unterdrückt werden, ist deren Feststellung eine schwierige, aber besonders wichtige Aufgabe.

jenigen bei einer konstatierenden Revision gewisse Änderungen aufweisen. Was endlich die „neugestaltende" Revision betrifft, so ist zu sagen, daß es Endzweck jeder richtig vorgenommenen Revision sein muß, neugestaltend zu wirken. Nicht darin liegt die Aufgabe des Bücherrevisors, Fehler festzustellen und diese zu rügen; er muß vielmehr durch seine Arbeit erreichen, daß diese Fehler vermieden, nach Umständen unmöglich gemacht werden. Dadurch ist jede Revision, soferne sich der Revisor von richtigen Grundsätzen leiten läßt, neugestaltend.

Revisionen können aber auch nur in der Hinsicht vorgenommen werden, Verbesserungsmöglichkeiten ausfindig zu machen. Bei Arbeiten, die dementsprechend von vorneherein nur neugestaltend wirken sollen, wie insbesondere die Einrichtung neuer Buchführungsmethoden (Reorganisation), ist die eigentliche Revisionshandlung nicht das Wesentliche; sie ist nur Mittel zu dem Zweck, das Verrechnungswerk und damit die Eigenarten des Betriebes genau kennen zu lernen, um dadurch in den Stand gesetzt zu sein, die geplante Neuordnung in zweckdienlicher Weise vorzunehmen.

Unter Organisation versteht man Einrichtung von Arbeitsmethoden unter dem Gesichtspunkt größtmöglicher Wirtschaftlichkeit. Man könnte daher Organisation auch als die Umsetzung des ökonomischen Prinzips in die Praxis bezeichnen. Eine „Überorganisation", wie das Schlagwort lautet, gibt es daher nicht; denn wenn man von einer solchen spricht, will man feststellen, daß die aufgewendeten Mittel im Verhältnis zum Erfolg zu groß seien.

Die Reorganisation eines Betriebes nach neuen Gesichtspunkten oder neuen Methoden ist eine der verantwortungsreichsten Aufgaben des Revisionswesens. Von dem Glücken oder Mißlingen der Arbeit des Organisators hängt oft Gedeih und Verderb des Betriebes ab, ungeachtet der erheblichen Summen, die bei Nichtfunktionieren der Einrichtung nutzlos vergeudet sind. Andererseits werden bei einem Gelingen der Organisation meist recht erhebliche Ersparungen erzielt, die dem Unternehmen dauernd zugute kommen und die aufgewendeten Kosten in kürzester Frist wieder wettmachen.

Sind schon bei Revisionen die Grenzen zwischen kaufmännischer und technischer Revision nicht scharf zu ziehen, so verfließen sie bei Organisationen noch weiter. Die Betriebsbuchhaltung, deren Einrichtung gerade in der letzten Zeit eine der häufigsten organisatorischen Aufgaben geworden ist, hängt nicht nur enge mit der Finanzbuchhaltung, sondern auch mit der technischen Organisation des Betriebes zusammen. Eine kaufmännische Organisation bedarf zu ihrer Ergänzung daher meist einer entsprechenden technischen Neuordnung des Betriebes. Eine derartige vollständige kaufmännische und technische Organisation übersteigt selbstverständlich die Kraft einer einzelnen Person, da die technische Seite der Arbeiten nicht vom Kaufmann allein, sondern nur in enger Zusammenarbeit mit dem Ingenieur durchgeführt werden kann.

Wie Revisionen und Organisationen im einzelnen vorzunehmen sind, welche Gesichtspunkte je nach der Lage des einzelnen Falles Richtung gebend sein sollen, das zu schildern ist Aufgabe einer umfangreichen Spezialliteratur geworden[68]). Für unsere Zwecke mögen diese kurzen Andeutungen genügen.

[68]) Leitner, „Die Kontrolle"; Gerstner, „Revisionstechnik"; Beigel, „Lehrbuch der Buchführungs- und Bilanzrevision"; Moral, „Revision und Reorganisation der industriellen Betriebe"; Porzig, „Die Technik der Bücher- und Bilanzrevision"; Schuchardt, „Die Kontrolle industrieller Betriebe" u. a. mehr.

2. Die Hilfsgeschäfte der Revisionstätigkeit.

Die Vornahme einer Revision erfordert vor allem ein exaktes, buchhalterisches Wissen und reichhaltige praktische Erfahrung in Buchhaltungs- und Bilanztechnik, sowie umfassende kaufmännische Kenntnisse.

In dieser Hinsicht sind die Anforderungen an den Bücherrevisor innerhalb weniger Jahrzehnte ganz außerordentlich gestiegen. Man begnügte sich früher fast in allen Fällen mit der formellen Prüfung der Richtigkeit der Bilanz; diese erfordert aber wohl wenig mehr als das Können, das jeder Durchschnittsbuchhalter besitzen muß und keinesfalls sind hierzu besondere Fähigkeiten vonnöten. Mit wissenschaftlichen Grundsätzen über Buchführung und Bilanzierung beschwerte sich die Praxis keinesfalls, der Selbstkostenrechnung und Kalkulation wurde gleichfalls noch wenig Beachtung geschenkt und so genügte für die normale Revisionstätigkeit das Vorhandensein eines gewissen Ausmaßes von Routine. Das schnelle Fortschreiten der Handelswissenschaften erhöhte aber bald die Anforderungen, welche seitens der Wirtschaft an den Bücherrevisor gestellt wurden, in immer steigendem Maße. Man verlangt heute vom Bücherrevisor nicht nur neben der formellen insbesondere eine eingehende materielle Prüfung der Bilanz, sondern auch eine Nachprüfung des Kalkulationswesens, der allgemeinen Verwaltungsorganisation, der buchhalterischen Organisation u. a. mehr.

Dem Bücherrevisor müssen zur richtigen Erfüllung seiner Obliegenheiten aber insbesondere auch die rechtlichen, vor allem die handelsrechtlichen Vorschriften über Buchführung und Bilanzierung und alle damit zusammenhängenden Bestimmungen geläufig sein.

Im ganz besonderen Ausmaße bedarf er aber heute umfassender steuerrechtlicher Kenntnisse und die Anforderungen, welche von der Wirtschaft an das Treuhandwesen in dieser Beziehung gestellt werden, sind außerordentlich groß.

Die Steuern wurden nach dem Kriege nicht nur immer drückender und bedrohten die Unternehmung in ihrer Lebensfähigkeit, sondern die Steuergesetzgebung wurde auch so vielgestaltig, dabei oft unklar und verworren, daß der Laie sich nur mit größtem Arbeitsaufwand hindurchfinden konnte. Hatte er aber sich endlich über die wichtigsten Vorschriften orientiert, so wurden die alten Steuergesetze aufgehoben, ganz neue Bestimmungen traten an ihre Stelle und die Arbeit mußte von neuem beginnen. Die Reichsabgabenordnung und besonders das Umsatzsteuergesetz bringen genaue und strenge Vorschriften über die Buchführung des Kaufmannes. Für Einkommen- und Vermögenssteuer, früher oft auch für die Gewerbesteuer, müssen eigene Steuerbilanzen erstellt werden, auf Grund deren dann die Veranlagungen erfolgen. So muß der Bücherrevisor mit den steuerrechtlichen Ordnungs- und Bewertungsvorschriften genau vertraut sein, um den an ihn herantretenden Aufgaben gerecht werden zu können. Dies alles führte dazu, daß heute die Steuerberatung und die Vertretung des Steuerpflichtigen vor den Behörden zu einem Tätigkeitsgebiet des Treuhandwesens geworden ist, das beachtenswerte finanzielle Erträgnisse abwirft.

Auch die Beratungstätigkeit in allen wirtschaftlichen Fragen gehört mit zum Aufgabenkreis des Treuhandwesens. In der jüngsten Zeit gewinnt die „Wirtschaftsberatung" wachsende Bedeutung — verursacht durch die Menge neuartiger Probleme —, so daß sich bereits Institute vorfinden, welche lediglich Steuer- und Wirtschaftsberatung vornehmen, sich aber nicht mit der Ausführung von Revisionsarbeiten befassen[69]). Daß dem Treuhandwesen die Tätigkeit der Wirtschaftsberatung zufällt, ja von ihm verlangt wird, erscheint selbstverständlich, wenn man bedenkt, welche Fülle von Erfahrungen auf allen Gebieten des Wirtschaftslebens sich bei den Organen des Treuhandwesens anläßlich ihrer sonstigen Tätigkeit ansammelt. So erstreckt sich das Gebiet der Wirtschaftsberatung vor allem auf Bilanzierungsfragen, Organisationsfragen aller Art, Gründung von Unternehmungen oder Umwandlung in andere Gesellschaftsformen, Fusionen, Sanierungen; hierzu kommt die Beratung in Vermögens- und Finanzangelegenheiten, diejenige anläßlich von Auseinandersetzungen, Testamentserrichtungen, bei Zahlungsschwierigkeiten u. dgl. mehr. Auch die unparteiische Beratung in Versicherungsangelegenheiten gehört hierher.

In vielen Fällen schließt sich der Beratung die Erteilung eines entsprechenden Auftrages an, so daß die Grenze zwischen beratender und ausführender Tätigkeit des Treuhandwesens nicht immer scharf zu ziehen ist.

---

[69]) Man wird diese Entwicklung nicht für zweckentsprechend halten können, denn gerade die Vornahme von Revisionsarbeiten gibt wie nichts anderes Gelegenheit, zahlreiche Betriebe in allen Einzelheiten kennen zu lernen und so Erfahrungen zu sammeln, die sich ein Außenstehender, mag er noch so genau wirtschaftliche Ereignisse verfolgen, nicht aneignen kann.

4. Die Bedeutung des Treuhandwesens für die deutsche Volkswirtschaft.

Die Funktion, die das Treuhandwesen in der Volkswirtschaft zu erfüllen hat, gleicht der eines Arztes [70]): es soll Krankheiten heilen und vor diesen schützen. Die Gesunderhaltung des Wirtschaftslebens ist daher seine vornehmste Aufgabe.

Das Treuhandwesen läßt sich unter keinem der herkömmlichen Begriffe in die Volkswirtschaft einreihen. Es spielt vielmehr die Rolle eines Vermittlungsgliedes zwischen den einzelnen Wirtschaftskörpern, dessen Aufgabe es ist, deren gegenseitigem Verkehr Reibungen zu ersparen. Es vermittelt zwischen dem Wirtschaftsleben und den außerhalb liegenden Gebieten; es reiht sich in die Beziehungen zwischen Unternehmung und Unternehmer, Gläubiger und Schuldner, Kreditgeber und Kreditnehmer ein und verbindet das Rechtsleben, die Behörden, die Wissenschaft mit dem Wirtschaftsleben.

Diese Aufgabe verleiht ihm eine besondere Vertrauensstellung.

Nachstehend soll eine Erörterung darüber folgen, welchen Nutzen die geschilderten Funktionen des Treuhandwesens der Volkswirtschaft zu bringen in der Lage sind.

Der Nutzen, welcher der Volkswirtschaft aus der Durchführung treuhänderischer Geschäfte erwächst, ergibt sich aus den Vorteilen, welche die rechtliche Institution der Treuhänderschaft im allgemeinen dem Wirtschaftsleben zu bieten geeignet ist. Vermögensverwaltungen und Testamentsvollstreckungen durch Treuhänder verhindern Zerstörung von Vermögen, soweit diese durch fehlerhafte Kapitalsanlage geschäftsunkundiger oder Vergeudung verschwendungssüchtiger Personen u. dgl. droht. Durch die Institution des Treuhänders ist die Möglichkeit geboten, die Vermögen solcher Personen sachkundig und ohne daß sie hierbei für die Besorgung der finanziellen Interessen Fremder benützt werden, verwalten zu lassen; der Erblasser erhält die Gewißheit, daß ohne jede vermeidbare Schmälerung sein Vermögen in sinngemäßer Befolgung seiner Anweisungen den Erben zugute kommen wird. All dies begünstigt die Kapitalbildung und wirkt vor allem kapitalerhaltend.

Die treuhänderische Tätigkeit bei Liquidationen und Sanierungen aller Art dient dem Schutze des Kapitals; das Kapital des Schuldners wird vor unwirtschaftlicher Verschleuderung im Konkursverfahren oder im Zwangsverfahren bewahrt, während umgekehrt das Vermögen der Gläubiger, von denen manche durch den Zusammenbruch des Schuldners — eine bekannte Krisenerscheinung — ebenfalls ruiniert werden würden, wenigstens vor der schwersten Schädigung, oft vor Schädigung überhaupt, geschützt werden kann. Dort, wo eine Veräußerung der Vermögenswerte erforderlich ist, wird durch das Eingreifen Sachkundiger nach Möglichkeit allen vermeidbaren Verlusten vorgebeugt, sei es zugunsten der Gläubiger des sich auflösenden Unternehmens oder der beteiligten Kapitalisten. Dem gleichen Ziele, nämlich dem Schutz des Kapitals, dienen Pfandhalterschaften und Interessenvertretungen. Volkswirtschaftlich besonders bedeutsam war vor dem Kriege der Schutz, welchen die deutschen Treuhandgesellschaften dem deutschen, im Ausland angelegten Kapital angedeihen ließen [71]). Nur so konnte mit Erfolg vermieden werden, daß deutsches Volksvermögen, in aus-

[70]) Aehnl. Gedanke bei Gerstner, „Wesen, Ziele und Aufgaben der deutschen Treuhandgesellschaften".

[71]) Vgl. Seite 27/28.

ländischen Unternehmungen angelegt oder an ausländische Staaten als Darlehen gegeben, letzten Endes zugunsten des Auslandes verloren ging. Dazu hatten es die Zusammenbrüche ausländischer Unternehmungen[72]), die Zahlungsschwierigkeiten fremder Staaten[73]) dahin gebracht, daß deutsche Kapitalisten vor der Anlage ihrer Gelder im Ausland zurückschrecken mußten. Die Deutsche Treuhand-Gesellschaft ging nun dazu über, schon lediglich bei Gefährdung deutschen Besitzes für den Schutz der deutschen Interessen besorgt zu sein. Dies verringerte das Risiko der deutschen Kapitalisten bei ausländischen Kapitalsanlagen wesentlich, begünstigte dadurch den Ankauf ausländischer Wertpapiere und trug so zur vorteilhaften Gestaltung der deutschen Zahlungsbilanz bei.

Anläßlich des Schutzes der Interessen von Obligationären und Aktionären deutscher Gesellschaften mußte sich auch die volkswirtschaftliche Bedeutung des Revisionswesens zeigen. Die Praxis lehrt, daß die schlimmen Folgen plötzlicher Zusammenbrüche vermeidbar sind, soferne es gelingt, die Gefahr rechtzeitig zu erkennen und ihr irgendwie entgegenzuarbeiten. Ein nicht ordnungsmäßiger Zustand der Buchführung, Fehler und Unregelmäßigkeiten aller Art machen aber einen richtigen Überblick über den finanziellen Stand des Unternehmens unmöglich, was vielfach seitens unredlicher Verwaltungen durch Aufstellung falscher oder verschleierter Bilanzen erstrebt wird. Daß dem am besten durch Prüfung der Bilanz und Revision der Bücher abzuhelfen ist, konnte bald keinem Zweifel mehr unterliegen.

Dem Unternehmer, sei er Aktionär, Gesellschafter oder Einzelunternehmer, dient die Revision zur Sicherung seines Kapitals; er weiß, daß die mit dem Revisionsvermerk versehene Bilanz den Stand des Unternehmens richtig wiedergibt und sein Kapital nicht durch ungetreue Angestellte geschädigt worden ist. Der Geschäftsleiter hat in der ständigen Revision das beste Mittel zur Überwachung des Betriebes. Der Revisionsbericht instruiert ihn in allen Einzelheiten, welche Fehler gemacht wurden und ob die Buchführung in einem solchen Zustand angetroffen wurde, daß sie ihre praktischen Aufgaben für die Unternehmung erfüllen kann. Die Revision verschafft ihm endlich die Gewißheit, daß seine Untergebenen in jeder Hinsicht ihre Pflicht getan haben, für die von ihnen bekleideten Posten geeignet sind und keine Unregelmäßigkeiten vorkamen.

Regelmäßige Revisionen, insbesondere, wenn das Revisionsinstitut berechtigt ist, während des Jahres jederzeit Teilrevisionen durchzuführen, besitzen nicht nur feststellenden, sondern natürlicherweise auch vorbeugenden Charakter. Jede Unregelmäßigkeit oder Nachlässigkeit kann in kürzester Frist vom Buchprüfer aufgedeckt werden.

Dem Geschäftsleiter wird durch die Revision eine Menge von Anregungen geboten und Verbesserungsmöglichkeiten aufgezeigt. Veraltete Verrechnungsmethoden werden verbessert und dadurch Einsparungen erzielt. Die Kalkulationsunterlagen des Unternehmens werden anläßlich der Revision auf ihre Ordnungsmäßigkeit nachzuprüfen sein; hierdurch wird ver-

---

[72]) 1896 übernahm die Deutsche Treuhand-Gesellschaft die Treuhänderschaft f. d. deutschen Aktionäre der Kansas City Terminal Construction Company. 1897 geriet die Northern Pacific Eisenbahngesellschaft, deren Aktien sich teilweise im Besitz deutscher Kapitalisten befanden, in Schwierigkeiten, die Società generale Immobilare in Rom brachte 1898 durch ihre ungünstige finanzielle Lage die zum Teil deutschen Obligationäre in Gefahr.

[73]) 1898 mußte die äußere Schuld der Provinz Buenos Aires saniert werden. (Näheres vgl. bei Rosendorff a. a. O.).

hindert, daß Verschiebungen in den Selbstkosten, welche infolge besonderer Umstände eingetreten sind ohne die Beachtung des Unternehmungsleiters gefunden zu haben, zu existenzgefährdenden Verlusten führen.

Für den Gläubiger bzw. denjenigen, welcher einem Unternehmen Kredit zu geben beabsichtigt, bedeutet eine sachgemäße Revision eine wesentliche Sicherung seines Kreditkapitals. Ebenso wird der nicht selbst im Betrieb tätige Unternehmer durch die Revisionstätigkeit seines Beauftragten rechtzeitig darauf aufmerksam gemacht werden, wenn die Finanzgebarung seines Unternehmens nicht mehr die erforderliche Solidität aufweist oder anderweitige Verluste drohen.

Revisionen, welche dem Schutz des Kreditgebers dienen sollen, besitzen unzweifelhaft eine besondere volkswirtschaftliche Bedeutung. Auffällig ist daher, daß diese Kreditrevisionen lange Zeit den allerheftigsten Widerstand erfuhren [74]) und auch heute noch, wo Revisionen allgemein üblich geworden sind, nur widerwillig zugestanden werden. Gegen Revisionen, welche im Auftrage eines Kreditgebers vorgenommen werden, bringt man vor, daß sie nur der Stärkung der Übermacht des Kapitalisten über den Produzierenden dienten. Dieses Argument beruht aber auf einer ungenügenden Erkenntnis volkswirtschaftlicher Zusammenhänge und Notwendigkeiten [75]).

Voraussetzung jeder Kreditbeziehung ist das Vertrauen des Kapitalisten, daß der Kreditnehmer seine Verbindlichkeiten erfüllen werde. Ob nun der Schuldner auch tatsächlich dieses Vertrauens würdig ist, läßt sich bei dem heutigen Stand der volkswirtschaftlichen Entwicklung nicht ohne weiteres feststellen. Denn die Zeiten jener primitiven Kreditwirtschaft, wo man nur dem Nachbarn, dem alten Freund, deren Tun und Lassen einem offen vor Augen lag, Kredit gab, sind vorüber. Im Zeitalter des Kapitalismus wird niemand, heute weniger denn je, bereit sein, sein Vermögen dem Fremden auf die bloße Mutmaßung der Zahlungsfähigkeit hin, anzuvertrauen. Gerade die Beispiele der gegenwärtigen Zeit zeigen, wie alte Unternehmungen, die für durchaus vertrauenswürdig angesehen werden, plötzlich einen vollständigen Zusammenbruch erleiden, bei dem sich vielfach herausstellt, daß der Stand des Unternehmens schon zu einer Zeit kritisch war, als auch die mit ihm in enger Verbindung Stehenden in seine Kreditwürdigkeit keinen Zweifel setzten. Derartige Zusammenbrüche sind in der gegenwärtigen Krisenzeit an der Tagesordnung. Bedenkt man weiterhin die großen Verluste der für ihre Vorsicht bekannten öffentlich-rechtlichen Kreditinstitute, welche die breite Öffentlichkeit erregten, die finanziellen Schwierigkeiten des Weltruf besitzenden Stinnes-Konzernes, so wird man die eigenartige Erscheinung verstehen, daß Anfang 1926 auf dem deutschen Geldmarkt freie Kapitalien vorlagen, aber trotzdem die Mehrzahl alter und solider Geschäfte erwünschte Kredite nicht erhalten konnte: das Vertrauen, die Grundlage jeden Kredites, ist durch die bekannten Erscheinungen vollständig aus dem deutschen Wirtschaftsleben geschwunden. Auf Grund seiner volkswirtschaftlichen Aufgaben ist das Treuhandwesen berufen, dieses Vertrauen von Fall

[74]) Im „Plutus“ (1904 S. 388) wird erstmals ein derartiger Konflikt geschildert, welcher dadurch hervorgerufen wurde, daß eine Bank, die beabsichtigte, einem Unternehmen einen erheblichen Kredit einzuräumen, dies von der Vornahme einer Revision abhängig machte. Der Direktor empfand dies als kränkendes Mißtrauen und zog es schließlich, als durch Eingreifen des einsichtsvolleren Aufsichtsrates die Revision doch vorgenommen wurde, vor, seine Stellung zu verlassen.

[75]) Nicht selten sind Widerstände gegen Revisionen selbstverständlich auch auf ein schlechtes Gewissen des Unternehmungsleiters zurückzuführen.

zu Fall durch die Schaffung besonderer Sicherungsmaßregeln mit Hilfe seiner Tätigkeit wieder herzustellen. Eine Beglaubigung der Richtigkeit der anläßlich eines Kreditgesuches eingereichten Unterlagen durch eine unparteiische, sachkundige Revisionsinstanz im Zusammenhang mit einer sachverständigen Begutachtung der Ertragsaussichten des betreffenden Unternehmens schafft diese notwendige Vertrauensgrundlage.

Gerade die Bankinstitute verlangen bei größeren Krediten die Vornahme einer Revision. Dies ist nicht nur ihr gutes Recht, sondern wiederum ihren Kreditgebern gegenüber sogar ihre Pflicht, um deren Anlagen nicht in Gefahr zu bringen. Nun verfügen aber die Bankinstitute über eine außerordentliche Geschäftserfahrung, beste Informationsmöglichkeiten und ähnliche Vorteile, welche dem Privatmann durchaus fehlen. Um wieviel eher muß also dieser, wenn er sein Kapital werbend in einem Unternehmen anlegen oder in sonstiger Weise Kredit geben will, durch die erwähnten Ereignisse von Mißtrauen erfüllt sein! Vor allem auch hier kann das Treuhandwesen wertvolle Dienste leisten, indem es durch Revisionen die Sicherung solcher Kapitalien bewirkt. Industrie und Handel werden noch jahrelang auch auf den kleinen Kapitalisten, mag er Aktionär oder Darlehensgeber sein, angewiesen sein. Je allgemeiner und schneller sich der Grundsatz durchsetzt, sein Kapital durch Revisionen zu sichern und ohne solche keine erheblichen Kredite zu geben, desto schneller wird jene Atmosphäre des gegenseitigen Vertrauens wieder hergestellt sein, welche für eine normale Gestaltung des Kreditwesens unerläßlich ist.

Revisionen erhöhen beträchtlich die Sicherheit gegebener Kredite. Diese so erfolgende Verringerung des Risikos wird demnach nicht nur der Hebung des Kreditverkehrs dienen, sondern auch geeignet sein, von Fall zu Fall den Zinsfuß durch Ermäßigung der Risikoprämie zu erniedrigen.

In der gleichen Hinsicht dient der Sicherung des Kapitalisten auch die Mitwirkung des Treuhandwesens bei Gründungen, Umwandlungen u. ä. Die Gründungsrevisionen, wie sie durch das Handelsgesetzbuch vorgeschrieben sind[76]), bezwecken den Schutz des Aktionärs gegen Schädigung seiner Interessen, vor allem durch die Gründer. Darüber hinaus aber kann die Tatsache, daß eine Fülle von Erfahrungen praktischer Art dem Treuhandwesen zur Verfügung steht, dem Kapitalisten Gewähr geben, daß in wirtschaftlicher Hinsicht grundsätzlich verfehlte Gründungen nicht unter Mitwirkung von Treuhandgesellschaften oder erfahrenen Bücherrevisoren zustande kommen werden. Wird so von vorneherein bei einer neuen Unternehmung dokumentiert, daß ihre Ziele nicht aussichtslos sind und die Gründung als vertrauenswürdig gelten kann, so wird die Kapitalbeschaffung durch die so gebotenen Sicherheiten nicht unerheblich erleichtert sein.

Die Einführung neuartiger Organisationsmethoden stellt ein bisher relativ wenig beachtetes Tätigkeitsgebiet des Treuhandwesens dar. Daß jeder Revisor bemüht sein wird, anläßlich seiner Revisionstätigkeit die Unternehmung besser zu organisieren, ist selbstverständlich und in vielen Fällen ist allein schon damit dem Unternehmer ein guter Dienst geleistet; denn der Revisionsfachmann besitzt nicht nur durch seine vielseitigen Erfahrungen, sondern insbesondere auch durch seine von keinerlei äußeren Einflüssen beeinträchtigte Stellung gegenüber der Unternehmung den erforderlichen klaren und unparteiischen Blick, um zu erkennen, wo Verbesserungen not tun, während dies dem jahraus, jahrein im Unternehmen Tätigen

[76]) Vgl. Seite 21.

in der Mehrzahl der Fälle nicht möglich sein wird. Darüber hinaus aber widmet sich insbesondere seit einigen Jahren eine Anzahl der führenden Treuhandgesellschaften der Aufgabe, neuzeitliche, arbeitssparende Methoden zur Einführung zu bringen. Nicht nur die Finanzbuchhaltung, sondern auch die Betriebsbuchhaltung und die technischen Methoden des Betriebes werden durch diese Organisationen erfaßt werden. Die modernen Verrechnungssysteme besitzen gegenüber den bisherigen sogenannten „Übertragungsmethoden" den Vorteil wesentlicher Arbeitsersparnis, verbunden mit größerer Zuverlässigkeit. Die Einführung solcher neuzeitlicher Methoden, mag es sich nun um einfache manuelle oder maschinelle Systeme handeln, ist aber abgesehen hiervon deshalb von außerordentlichem Wert, weil auf diesem Weg erreicht werden kann, ohne umfangreiche Vorbereitungen innerhalb ganz kurzer Zeit einen genauen Überblick über die Forderungen und Verbindlichkeiten der Unternehmung durch Tagesbilanzen zu erhalten; die Einrichtung von Betriebsbuchhaltungen ermöglicht ferner die genaue Kontrolle über die zur Verfügung stehenden Vorräte und dient einer präzisen Ermittlung der Selbstkosten. Eine Geschäftsleitung, welche so täglich über den finanziellen Stand der Unternehmung genau unterrichtet ist, ist der Gefahr entrückt, auf Grund ungenügenden Überblickes falsche Dispositionen zu treffen oder infolge unrichtiger oder überholter Kalkulationsunterlagen verlustbringende Geschäfte abzuschließen. Die Zusammenarbeit des Technikers mit dem kaufmännischen Organisator, wie sie von manchen Treuhandgesellschaften angewendet wird, ermöglicht eine zweckmäßige Rationalisierung aller Arbeitshandlungen.

Durch Einführung rationeller Arbeitsmethoden und die Möglichkeit einer genauen Kalkulation wird die Konkurrenzfähigkeit der Unternehmung, vor allem gegenüber dem Ausland wesentlich erhöht.

Die Einführung moderner Organisationsmethoden[77]) ermöglicht eine oft sehr wesentliche Einsparung an unproduktiven Kosten, genaue Selbstkostenrechnung und straffe Zusammenfassung aller Fäden des Betriebes in der Hand des Leiters. Doch hat die Einsparung an Arbeitskräften, welche hierdurch erreicht wird, eine vom sozialpolitischen Standpunkt aus bedenkliche Folge: Die Einführung moderner Verrechnungsmethoden macht Angestellte, vor allem Buchhalter, in erheblichem Umfange entbehrlich und dadurch stellungslos. Verschiedene Großunternehmungen stellen fest[78]), daß sie an Buchhaltungspersonal 30—50% durch Einführung der maschinellen Buchführungsmethode erspart haben. Es ist interessant zu beobachten, daß der Übergang zur Maschinenbuchführung bei dem betroffenen Stand ähnliche Handlungen auslöst, wie es anläßlich der Einführung der Arbeitsmaschinen beim Arbeiter der Fall war. Das Buchhaltungspersonal fühlt, daß es in gewissem Sinn vom Kopfarbeiter zum mehr oder weniger mechanischen Handarbeiter herabzusinken droht, dazu die Erwerbsmöglichkeiten sich stark vermindern. Der Einführung solcher Systeme wird daher lange Zeit oft

[77]) Von den neuzeitlichen Verrechnungsmethoden seien hier genannt: Powers, Hollerith, Burroughs, Elliott-Fisher, Smith-Premier, Remington, Continental u. a. mehr. Es sei hier kurz darauf hingewiesen, daß es sich bei den genannten Maschinen um Kombinationen von Schreib- und weitmöglichst ausgebauten Rechenmaschinen handelt. Sämtliche Arbeitsgänge, wie Buchungen, Buchungsanzeige, Frachtbrief, Faktura, Verrechnungszettel für den internen Betrieb, Statistik usw. sind in einer Arbeitshandlung vereinigt, wobei sinnreiche Kombinationen des Organisators erstaunliche Vereinfachungen ermöglichen können; die Handhabung ist nicht allzu schwierig, sodaß sich bereits nach einiger Uebung Höchstleistungen erzielen lassen.

[78]) Vgl. Prospekt über die Elliott-Fisher Buchhaltungsmaschine.

in der nachdrücklichsten Form Widerstand entgegengesetzt. Ein Blick in die Gewerkschaftsblätter der kaufmännischen Angestellten zeigt die Heftigkeit der gegenwärtigen Kämpfe der Arbeitnehmer gegen die Einführung von Buchhaltungsmaschinen. Die Tätigkeit der Treuhandgesellschaften wird hier die schlimmsten sozialen Folgeerscheinungen vermeiden können. Fast in jedem Betriebe werden irgendwelche Arbeiten innerhalb des kaufmännischen Ressorts vernachlässigt, obwohl sie von Wichtigkeit sind, so beispielsweise Mahnwesen, Klagewesen, Propaganda, manchmal sogar Kalkulation u. dgl. mehr. Hier kann der geschickte Organisator das an anderer Stelle überflüssig gewordene Personal einer neuen, produktiveren Verwendung zuführen.

Die Eigenart der Stellung, welche das Treuhandwesen im Wirtschaftsleben einnimmt, wird bei der Vornahme organisatorischer Arbeiten besonders deutlich: es ist die Eigenschaft als Vermittlungsstelle zwischen Wissenschaft und Praxis. Die Betriebswirtschaftslehre hat heute einen Hochstand erlangt, der ihre Forschungsergebnisse von großer Bedeutung für die Praxis werden läßt. Es sei hier nur daran erinnert, wie wertvoll insbesondere während der Inflationszeit betriebswissenschaftliche Erkenntnisse dem Unternehmungsleiter geworden sind oder werden konnten. Allein der in der Praxis Stehende ist in der Mehrzahl der Fälle infolge der anderen ihm obliegenden Aufgaben nicht in der Lage, sich überhaupt Kenntnis von den für ihn wichtigen neuen wissenschaftlichen Gesichtspunkten und Forschungsergebnissen zu verschaffen; darüber hinaus ist er, sofern ihm, wie es zurzeit noch überwiegend der Fall ist, theoretische Vorbildung mangelt, auch meist gar nicht in der Lage, derartiges praktisch zu verwerten, da es regelmäßig nicht in der für ihn speziell brauchbaren Form — was vielfach auch unmöglich ist — dargeboten wird. Das Treuhandwesen vermag auf Grund der Schulung und Vorbildung seiner Organe ihm diese Aufgabe abzunehmen und so den wissenschaftlichen Grundsätzen in der Praxis die Geltung zu verschaffen, welche ohne seine Tätigkeit wohl nicht zu erreichen wäre. Umgekehrt gibt das Revisionswesen der wissenschaftlichen Forschung eine Menge von Anregungen und Fingerzeige, welche Probleme aus der Praxis noch einer wissenschaftlichen Klärung bedürfen.

Diese Wechselwirkung zwischen Wirtschaftswissenschaft und Praxis besitzt besondere Bedeutung bei der Wirtschaftsberatung; es ist dies die Tätigkeit, welche am unmittelbarsten auf den Ergebnissen und Methoden der handelswissenschaftlichen Theorie aufbaut. In volkswirtschaftlicher Hinsicht ist die Tätigkeit der Wirtschaftsberatung dadurch beachtenswert, daß sie — man denke beispielsweise an die Aufstellung von Rentabilitätsberechnungen und sonstige Gutachtertätigkeit — maßgebenden Einfluß darauf auszuüben in der Lage ist, ob produziert werden wird — im Hinblick auf die mutmaßliche Ertragsfähigkeit — und unter Zuhilfenahme welcher Mittel und Gestaltungsformen [79]).

Die Steuerberatung hat letzten Endes die Aufgabe des Schutzes des Unternehmerkapitals gegen unbilligen und übermäßigen Steuerdruck. Die

[79]) Die Funktion der Wirtschaftsberatung weist manche Berührungspunkte mit der Rechtsberatung des Rechtsanwaltberufes auf. Das Unterscheidungsmerkmal, welches oft übersehen wird, liegt darin, daß letzterer Beratung in rechtlichen Fragen, das Treuhandwesen hingegen in wirtschaftlichen Fragen ausübt. Die enge Wechselbeziehung zwischen Rechtsleben und Wirtschaftsleben bringt es mit sich, daß der Wirtschaftsberater selbstverständlich auch in den einschlägigen rechtlichen Fragen Bescheid wissen muß, ebenso wie der Rechtsberater nicht nur rechtliche Probleme, sondern eben auch wirtschaftliche Gesichtspunkte bei seiner Tätigkeit in Erwägung zu ziehen hat. Daraus folgt, daß zwischen beiden

drückenden Steuern der Nachkriegsjahre hatten zum Teil einen konfiskatorischen Charakter und man tat auch von seiten der Regierung aus zunächst wenig, um dem entgegenzuwirken. Wenn im Gegenteil ein Reichsminister der Finanzen betonte, sein Amt sei am besten geeignet, die Sozialisierung praktisch in die Wege zu leiten, so sind derartige Enteignungstendenzen sicherlich nicht dazu angetan, die Steuermoral zu heben. Schon vor dem Kriege, zu einer Zeit also, wo die Steuern in ihrer geringen Höhe kaum fühlbar waren, galt die Steuerdefraudation als „das Verbrechen des anständigen Menschen". In welch ungünstiger Weise dann unsere deutschen konfiskatorischen Steuern auf die Steuermoral einwirken mußten, läßt sich ermessen, wenn man die Richtigkeit der Ansicht Adolf Wagners, daß erhöhte Steuern einen erhöhten Anreiz zur Hinterziehung ausüben, praktisch beobachten konnte. Die dadurch eintretende Verkürzung der Einnahmen des Reiches führt zu dem bekannten circulus vitiosus: eine Herabsetzung der Steuern ist unmöglich, weil infolge der Hinterziehungen die Einnahmen zu gering sind, während umgekehrt die gesunkene Steuermoral, welche die Ermäßigung verhindert, eine Folge der Überspannung des fiskalischen Standpunktes ist. Zu allem kommt, daß manche Steuern nicht nur drückend, sondern durchaus ungerecht wirken müssen[80]). Dem volkswirtschaftlich bedeutsamen Ziele, die Steuermoral zu heben, dient nicht nur ein zweckentsprechendes Vorgehen der Behörden, sondern auch zielbewußte Arbeit des Treuhandwesens. Denn niemand vermag hier wohl besser aufklärend und erzieherisch zu wirken, als die Treuhandgesellschaft oder der Bücherrevisor als stets geschätzte Berater des Wirtschaftslebens; diese Aufgabe wird dadurch erleichtert, daß meist sehr gut vorgebildete Steuerfachleute bei Treuhandgesellschaften tätig sind, die in vielen Fällen an Stelle der unerlaubten erlaubte Steuereinsparungen in Vorschlag und zur Durchführung bringen können, weiterhin aber auch durch den Umstand, daß ein gewisser Druck auf den in Frage stehenden Betrieb dadurch ausgeübt wird, daß nicht korrekte Steuerbilanzen selbstverständlich mit keinem Revisionsvermerk versehen werden können, was, wenn dies bisher üblich war, die Finanzbehörden zur Vornahme einer behördlichen Buchprüfung veranlassen wird.

Die seitens der Finanzbehörden angeordneten regelmäßigen Steuerrevisionen sind ein sehr geeignetes Mittel, mit Hilfe eines behördlich ausgeübten Zwanges die steuerliche Moral zu heben. Auch noch in dieser Hinsicht der Steuermoral aufzuhelfen, wird dann Aufgabe des Treuhandwesens sein, wenn die Absicht[81]) nicht mehr Staatsbeamte, sondern private Revisionsorgane zur Steuerrevision heranzuziehen, in die Tat umgesetzt werden würde.

Zur Besorgung materieller volkswirtschaftlicher Interessen treten hier noch ideelle Aufgaben, wie sie auch bei anderen Funktionen des Treuhandwesens vorliegen. Nicht nur Hebung der Steuermoral, sondern Hebung der allgemeinen kaufmännischen Moral ist der erzieherische[82]) Zweck der Revision. Daß regelmäßige Revisionen den Angestellten zu sorgfältigem

Tätigkeitsgebieten keinesfalls ein Konkurrenzverhältnis herrschen kann, sondern es wird hier mehr und mehr eine natürliche, durch Vorbildung und praktische Erfahrung bedingte Arbeitsteilung Platz greifen.

[80]) Vgl. den Artikel des Verfassers über „Organtheorie und Schachtelprivileg" in Nummer 29 und 32 des „Fränkischen Kurier" 1926.

[81]) Vgl. Seite 18.

[82]) Vgl. auch Gerstner, „Revisionstechnik" Seite 6.

Arbeiten zwingen, liegt auf der Hand. Manche Unterschlagung erfolgt nur, weil das Fehlen jeder genauen Kontrolle charakterschwachen Personen den inneren Widerstand gegen die Versuchung unmöglich macht. In allen Ländern und zu allen Zeiten gibt es ungetreue Angestellte. Den schlimmen demoralisierenden Einflüssen der Inflationsverhältnisse sind aber auch Unternehmer und Direktoren nur zu oft erlegen. Die Verfehlungen von Führern im Wirtschaftsleben haben das Ansehen des deutschen Kaufmannes im In- und Ausland untergraben. Die Geschäftspolitik manches großen Unternehmens ist die des Bankerotteurs gewesen, der, unter manchmal wissentlich falschen Vorspiegelungen, unbekümmert um seine bereits schwierige finanzielle Lage, Kredite bei Banken und Lieferanten in Anspruch nimmt. Auch der emporgekommene Unternehmer, der sich als Direktor der mit dem Gelde fremder Aktionäre arbeitenden Aktiengesellschaft an den Mitteln der Gesellschaft, die er immer noch mit seiner Person identifiziert, vergreift, hat dem deutschen Aktienwesen schweren Schaden zugefügt. All dies ist dort unmöglich, wo genaue Revisionen eine solche Handlungsweise schnell ans Licht der Öffentlichkeit bringen. Die bösen Beispiele, welche die guten kaufmännischen Sitten nur zu schnell verdorben haben, werden mit Hilfe des Revisionswesens zu beseitigen sein. Auch den leitenden Persönlichkeiten, seien es Unternehmer oder Verwaltungsorgane einer Gesellschaft, zeigen Revisionen, daß die Grundsätze von Recht und Moral auf die Dauer nicht ungestraft verletzt werden können.

Nicht nur diese erzieherische Funktion gibt dem Treuhandwesen eine besondere Bedeutung für das Wirtschaftsleben. Der Begriff der „treuen Hand", der für alle Handlungen des Treuhänders maßgebend ist, ist ein ethischer. Dies erklärt die Sonderstellung des Treuhandwesens in der Volkswirtschaft. Auch für das wirtschaftliche Handeln anderer Glieder der Volkswirtschaft sind ethische Motive mit maßgebend; aber sie treten, wie die Nationalökonomie lehrt, zurück hinter dem Motiv des Eigennutzes. Eigennützige Motive dürfen aber das Handeln des Treuhänders niemals beeinflussen. Er ist vielmehr durch den Inhalt des Rechtsbegriffes „Treuhänder" gehalten, uneigennützig seines Amtes — Wahrung der Rechte eines Dritten — zu walten. So ist im Treuhandwesen das Motiv aller Handlungen ein ethisches, hinter welchem andere Beweggründe zurückstehen. Die rechtliche Begriffsbestimmung, daß Treuhänder derjenige ist, „welcher Rechte als Eigenrechte empfangen hat mit der Bestimmung, sie nicht im eigenen Interesse zu gebrauchen", verneint lediglich, daß diese wahrzunehmenden Rechte im eigenen Interesse gebraucht werden dürfen. Die unbedingte Uneigennützigkeit des Treuhänders, das weitgehende Vertrauen des Treugebers dahingehend, daß jener ihm die Treue halten wird, zeugen vom ethischen Inhalt des Begriffes. Allein sie erschöpfen ihn nicht.

Daß jemand ihm erteilte Aufträge getreulich und mit der Sorgfalt, als würde es sich um seine eigenen Angelegenheiten handeln, ausführt, stellt keine Besonderheit dar. Die rechtliche Eigentümlichkeit, daß die Rechte im eigenen Namen gleichsam als eigene wahrgenommen werden, betrifft nur Äußerliches. Das, was die besondere ethische Bedeutung des Treuhandbegriffes für das Wirtschaftsleben ausmacht, beruht lediglich auf der Frage, *wessen* Rechte vom Treuhänder tatsächlich wahrgenommen werden.

Nach außenhin sind es die Rechte und Interessen des Auftraggebers (Treugebers), welche der Treuhänder wahrnimmt, also die einer bestimmten Partei. Untersuchen wir das Problem näher, indem wir zum Zwecke der Abstraktion uns auf einige besonders ausgeprägte Fälle von Treuhänderschaft beschränken! Wir denken hier vor allem an die Treuhänderschaft zum Zwecke der Gläubigerbefriedigung (Konkurs, Treuhandvertrag zum Zwecke der Herbeiführung eines außergerichtlichen Vergleichs, Liquidation zur Gläubigerbefriedigung), der folgender Tatbestand zugrundeliegt: Das Vermögen des Schuldners wird dem Treuhänder übereignet, mit dem Auftrag, dieses zu veräußern und aus dem Erlös die Gläubiger zu befriedigen. Vielfach ist der Auftraggeber hier der Schuldner selbst. Ebenso häufig ist es der Fall, daß die Gläubiger von sich aus die Übereignung des schuldnerischen Vermögens an einen Treuhänder herbeiführen und der Auftrag zur Liquidation und Verteilung des Erlöses von Seiten der Gläubigergemeinschaft erteilt wird. In beiden Fällen wird der Treuhänder seine Tätigkeit in vollständig gleicher Weise entfalten, ohne daß ein grundsätzlicher Unterschied in seinen Handlungen vorhanden wäre. Die Person des Auftraggebers ist also gleichgültig für die Handlungsweise des Treuhänders; er handelt für die eine Partei ebenso, wie er für die andere handeln müßte. Daraus geht hervor: der Treuhänder wahrt nicht die Interessen einer Partei, er ist vielmehr der Sachwalter beider Parteien. Niemals dient seine Tätigkeit allein dem Schuldner oder allein der Gläubigerschaft; über den Parteien stehend, nützt das Tun des Treuhänders stets dem Schuldner und den Gläubigern gemeinschaftlich. Dieser Schicksalsgemeinschaft Sachwalter ist der Treuhänder.

Durchaus gleich ist die Sachlage bei Bestellung eines Pfandhalters, der zu keiner der beiden beteiligten Parteien in direktem Auftragsverhältnis steht, sondern der Gemeinschaft von Schuldner und Obligationären zu dienen hat[83]).

Diese Förderung der allgemeinen Interessen ist allen wirtschaftlichen Funktionen des Treuhandwesens eigentümlich. Revisionen dienen den Interessen des Unternehmers, der Unternehmung, der Gläubiger ebenso, wie denen der Personen, deren getreue Pflichterfüllung durch die Revision offenbar wurde. Fiskus und Steuerpflichtigen nützt die Steuerberatung, und ihre stärkste Ausprägung erhält die überparteiliche Funktion des Treuhandwesens in der Ausübung der Schiedsrichtertätigkeit.

Es charakterisiert die ethische Bedeutung des Treuhandbegriffes für das Wirtschaftsleben, daß der Treuhänder mit seinen Handlungen niemals den Interessen seiner eigenen Person, auch nicht den alleinigen einer Partei dienen will, sondern notwendig der unparteiische Sachwalter der zu einer Schicksalsgemeinschaft verbundenen Parteien ist.

Diese Förderung überparteilicher Interessen ist es, welche den Wirtschaftenden vor Augen führt, wie falsch jener Grundsatz ist, daß der Nutzen des einen der Schaden des andern sein müsse.

Die Tatsache, daß das Treuhandwesen keinesfalls einseitig Parteiinteressen dient, sondern dem allgemeinen Besten nützt, macht seine Funktionen der Volkswirtschaft besonders wertvoll. Inmitten der Kämpfe des Wirtschaftslebens stellt das Treuhandwesen jene Instanz dar, welche uneigennützig und unparteiisch den gemeinschaftlichen Interessen dient und welcher daher jeder rückhaltlos Vertrauen schenken kann.

---

[83]) Vgl. Seite 27.

5. Die Organe des Treuhandwesens.

Im Treuhand- und Revisionswesen herrscht der Grundsatz der völligen Gewerbefreiheit. Es kann sich hier demnach jeder, ohne daß ihm Beschränkungen auferlegt sind, die nicht auch für jeden Gewerbebetrieb anderer Art gelten würden, frei betätigen.

Nicht auf allen Gebieten des Revisionswesens ist der freie Wettbewerb möglich. Wenn wir von der behördlichen Revision absehen[84]), so sind es insbesondere die Genossenschaften, welche zur Erfüllung ihrer gesetzlichen Pflicht, Revisionen vornehmen zu lassen, fast ausschließlich sich eigener Revisionsverbände bedienen, wozu sie durch das Gesetz ausdrücklich ermächtigt sind; geschieht dies nicht, so steht ihnen nur ein Antragsrecht gegenüber dem Gericht zu, welches den Revisor zu bestellen hat. Demnach ist die Betätigung im Genossenschaftswesen den privaten Revisionsorganen sehr erschwert und tritt meist nur in Ausnahmefällen ein.

Das Treuhandwesen bedient sich der auch sonst im Wirtschaftsleben üblichen Unternehmungsformen. Demnach findet sich der Einzelrevisor wie die Gesellschaftsunternehmung. Von den Treuhandgesellschaften sind heute alle einigermaßen bedeutenden Aktiengesellschaften. Daneben bestehen Gesellschaften m. b. H. und Kommanditgesellschaften sowie auch offene Handelsgesellschaften. Diese alle stellen der Allgemeinheit ihre Dienste für Treuhand- und Revisionsgeschäfte zur Verfügung; sie besorgen die externe Revision[85]). Daneben finden sich heute aber auch Einrichtungen, welche der internen Revision, also derjenigen, bei welcher die Revisionsinstanz dem Betriebe angehört, welcher revidiert wird, zu dienen bestimmt sind.

Ihnen seien zunächst einige Ausführungen gewidmet.

a) Interne Revisionsabteilungen

treten heute, wo die externe Revision allen Anforderungen genügt, gewöhnlich nur bei Großbetrieben ins Leben. Die Großbanken haben sich Revisionsbüros von hervorragender Qualität geschaffen, ohne welche eine wirksame Kontrolle des ausgedehnten Filialnetzes unmöglich wäre. Daneben besitzen viele Industrie- und Handelskonzerne von erheblichem Umfange ihre eigenen Revisionsabteilungen[86]). Man benützt sie nicht nur für die Prüfung der Buchführung, sondern sie haben auch in anderweitiger Hinsicht den Betrieb zu überwachen. Eine eingehende Kontrolle solcher Großbetriebe durch außenstehende Revisoren kommt in Anbetracht des großen Zeitaufwandes, welcher hierzu erforderlich ist, sehr teuer, wobei aus Ersparnisgründen dann immer noch bestimmte Gebiete gar nicht oder nur stichprobenweise geprüft werden könnten. Demgegenüber kann die Kontrollabteilung alle Sparten des Betriebes laufend überwachen und die Eigenarten der Unternehmung weit besser kennen lernen und entsprechend berücksichtigen, als dies einer außenstehenden Revisionsstelle möglich ist, die gezwungen ist, oberflächlicher zu arbeiten und sich bezüglich spezieller Fragen auf Auskünfte von Angestellten zu verlassen, deren Richtigkeit sie als dem Betrieb fremd oft nicht nachzuprüfen in der Lage ist.

Zweifellos sind dies recht beachtenswerte Vorteile, welche die interne Revision gegenüber der externen aufweist. Allein diese treten hinter ihren

---

[84]) Vgl. Seite 17.
[85]) Vgl. Seite 35.
[86]) Vgl. Gerstner, „Revisionstechnik" Seite 78.

Nachteilen[87]) zurück. Die interne Revision wird kaum in der Lage sein, wesentlich verbessernd auf die Organisation der Unternehmung einzuwirken; denn ihren Organen fehlt die vielseitige Anregung von außen, wie sie dem externen Revisor durch seine ständige enge Berührung mit den verschiedensten Betrieben geboten ist. So verliert der interne Revisor gewöhnlich sehr schnell den Blick für die Fehler und Mängel im eigenen Betrieb. Eigene Kontrollabteilungen sind zwar ein gutes Überwachungsorgan der Geschäftsleitung, die sich hierdurch ebenso, vielleicht noch besser wie durch Tätigkeit einer außenstehenden Revisionsinstanz gegen Unregelmäßigkeiten, Fehler, Unordnung und damit gegen unliebsame Überraschungen schützen kann. Allein sie dienen nur der Geschäftsleitung und können daher die volkswirtschaftliche Aufgabe der externen Revisionen, die Aktionäre und die Gläubiger eines Unternehmens zu sichern, nicht in vollkommener Weise erfüllen. Denn die Geschäftsleitung selbst überwachen sie nicht. Der vom revidierten Unternehmen angestellte Revisor ist Untergebener der Direktion; daran ändern in der Praxis auch keinerlei anderweitige Bestimmungen im Anstellungsvertrag etwas. Denn wenn er es wagen würde, dem Willen der Direktion zu trotzen, so wird diese ihn bei der nächsten Gelegenheit aus den Diensten der Gesellschaft entlassen. Der Aktionär kann von der unter Mitwirkung eines Revisionsbüros errichteten Bilanz nur annehmen, daß sie formell in Ordnung sein wird; ob sie materiell im Hinblick auf die tatsächlichen Verhältnisse richtig ist, dafür hat der Aktionär keine Garantie. Dazu kommt, daß das Tun und Lassen der Direktoren und leitenden Angestellten praktisch einer Kontrolle nicht unterliegt und Unregelmäßigkeiten, welche sich die Geschäftsleitung zuschulden kommen läßt, wohl nur in Ausnahmefällen von dem Kontrollbüro entdeckt werden können; denn unliebsame Nachforschungen zu unterbinden, ist dem Chef ohne Schwierigkeit möglich.

Die oben erwähnten Vorteile der eigenen Revisionsbüros, Gründlichkeit und Sachkundigkeit, können diese, sofern sie gut geleitet sind, zu einem sehr wertvollen Kontrollmittel machen, wenn man sich entschließt, neben der internen Revision auch eine externe wirksam werden zu lassen. Die Revisionsarbeiten werden so zu verteilen sein, daß die untergeordneten und mehr formellen Kontrollen durch das Revisionsbüro, die Revisionsarbeiten hingegen, welche die Geschäftsleitung, die materielle Richtigkeit der Bilanz, Fragen der Organisation u. ä. betreffen, unter allen Umständen von einem unabhängigen Revisionsorgan durchgeführt werden[88]). Soweit wir aus praktischer Erfahrung urteilen können, ist aber diese Arbeitsverbindung von externer und interner Revision eine Seltenheit, welcher Ansicht auch Sponheimer[89]) ist. Der Grund liegt vermutlich darin, daß man in weiten Kreisen gegenüber den zweifellos beachtlichen Vorteilen die Nachteile, ja Gefahren der alleinigen Anwendung interner Revision übersieht. Interne Revisionsinstanzen sind in neuerer Zeit auch in Form von äußerlich selbständigen Treuhandgesellschaften in Erscheinung getreten. Von diesen konzernmäßig orientierten Treuhandgesellschaften soll an späterer Stelle[90]) gehandelt werden.

---

[87]) Vgl. „Treuhandrevisor" 1919 Nummer 2.

[88]) Vgl. auch „Zeitschrift des Verbandes Deutscher Bücherrevisoren" 1922 Nummer 8 (Mucke, Revisions- und Organisationstechnik für Banken und Bankiers.)

[89]) „Das kaufmännische Revisionswesen" Seite 95.

[90]) Vgl. Seite 100.

b) Die genossenschaftliche Revision[91]).

Die Revision der Genossenschaften nimmt im deutschen Revisionswesen eine besondere Stellung ein. Denn die Vorschriften des Genossenschaftsgesetzes verpflichten die Genossenschaften, sich regelmäßigen Revisionen zu unterwerfen. Die zwangsweise Revision auf Grund gesetzlicher Vorschrift, wie sie dem englischen Recht seit längerem im Institut des „Audit" bekannt ist, wird so für die Genossenschaften auch auf Deutschland übertragen, wobei aber, wie Gertung[92]) feststellt, das englische Vorbild, der Auditor der Provident and Friendly Societies, keineswegs sklavisch nachgeahmt worden ist.

Die ersten Personen, welche die Revisionen bei Genossenschaften besorgten, waren die Wanderlehrer des landwirtschaftlichen Vereines für Rheinpreußen (Raiffeisenverband). Denn schon bald nach Gründung der ersten Genossenschaften zeigte sich das Bedürfnis, diesen sachkundige Berater zur Verfügung zu stellen. Viele Genossenschaften, besonders die ländlichen, besaßen nicht genügend geschultes Personal, um selbst ihre Abschlußarbeiten durchführen und die Bilanzen aufstellen zu können. Die Aufsichtsorgane, denen vielfach kaufmännische Schulung und Erfahrung durchaus mangelt, konnten eine wirksame Kontrolle der Geschäftsführung selten durchführen. So empfahlen die Verbände den ihnen angeschlossenen Genossenschaften immer mehr, Revisionen vornehmen zu lassen und verpflichteten späterhin sogar zum Teil diese sich von Verbandsrevisoren revidieren zu lassen, wie es z. B. der Raiffeisenverband bereits 1883 tat. Das Genossenschaftsgesetz vom 10. Mai 1889 machte dann auch von Gesetzes wegen die regelmäßige Revision zur Pflicht.

Der Genossenschaftsrevisor hatte von Anfang an entsprechend den eben skizzierten praktischen Bedürfnissen Aufgaben zu erfüllen, die weit über das hinausgingen, was seinerzeit von der Tätigkeit des Bücherrevisors verlangt wurde. Denn er sollte eine umfassende Prüfung der Geschäftsführung und der Vermögenslage vornehmen, die Genossenschaftsbeamten unterweisen und unterstützen, sich um ihre Fortbildung bemühen u. ä.; seine Tätigkeit hat also einen wesentlich instruktiven Charakter. Der Revisor hat sich davon zu überzeugen, daß der Aufsichtsrat der Genossenschaft seinen Verpflichtungen nachkommt[93]).

Diesen umfassenden und schwierigen Aufgaben ist die Revision durch Verbände bis heute mit bestem Erfolg nachgekommen. Wenn dies möglich war, so beruht es in erster Linie auf der guten Organisation der Verbandsrevision:

„Die vielfachen Erfahrungen der einzelnen Revisoren werden für den gesamten Revisionsdienst nutzbar gemacht, es wird nach bestimmten Plänen gearbeitet, der Revisor muß bestimmte Kenntnisse nachweisen, wird beaufsichtigt, in Konferenzen und Kursen fortgebildet, hat nach einer Dienstanweisung zu handeln, den vom Verband vorgeschriebenen Revisionsbericht zu erstatten usw."[94]).

So ist die Organisation der Revisionsverbände auf den gleichen Grundsätzen (Arbeitsteilung und Arbeitsvereinigung) aufgebaut, wie diejenige der großen Treuhandgesellschaften (s. unten S. 87). Sie hat sich gut bewährt

[91]) Vgl. Generalrevisor K. Hildebrand im Landwirtschaftlichen Genossenschaftsblatt 1919 Nr. 14 und 15.
[92]) „Die Bücherprüfung im englischen Aktienrecht" Seite 95.
[93]) Parisius-Crüger, Kommentar zum Genossenschaftsgesetz.
[94]) Hildebrand, a. a. O. Seite 197.

und besitzt gegenüber der Tätigkeit eines Einzelrevisors wesentliche Vorteile, schon allein deshalb, weil der letztere nur in seltenen Fällen hinreichend mit dem Genossenschaftsrecht und dem Genossenschaftswesen vertraut ist.

Der Vorbildung der Revisoren und ihrer späteren Fortbildung dient die 1913 vom Generalverband der Deutschen Raiffeisengenossenschaften gebildete Revisorenausbildungsanstalt.

1917 wurde eine „Revisions- und Treuhandgesellschaft des Reichsverbandes der deutschen landwirtschaftlichen Genossenschaften m. b. H.“ in Berlin gegründet. Sie hat vor allem die dem Reichsverband zugehörigen zahlreichen Zentralkassen und Zentral-Ein- und Verkaufsgenossenschaften jährlich zu revidieren. Diese Revisionen werden regelmäßig im Auftrag des betreffenden Revisionsverbandes vorgenommen und die Beamten der Gesellschaft treten als Revisoren des letzteren auf. Auf diese Weise wird eine engere Zusammenfassung der Revisoren der Verbände herbeigeführt, wobei man die bewährte Organisation der Treuhandgesellschaften sich zunutze macht. Es stellt dies einen u. E. sehr beachtenswerten Versuch dar, das genossenschaftliche Revisionswesen zu verbessern und seine Leistungsfähigkeit durch Ausschaltung der da und dort herrschenden übermäßigen Zersplitterung der Revisionsverbände, die eine wirksame Arbeitsvereinigung erschwert, zu heben[95]). Weitere Nachahmung scheint dieses System bis heute noch nicht gefunden zu haben.

c) Die Bücherrevisoren.

Der Grundsatz der unbedingten Gewerbefreiheit im Revisionswesen bringt es mit sich, daß sich jeder, der eine entsprechende Tätigkeit ausübt, „Bücherrevisor“ heißen kann und dem Stand der Bücherrevisoren zugezählt wird, gleichgültig, ob er die notwendigen Fähigkeiten und Kenntnisse für diesen Beruf besitzt oder nicht. So finden sich unter den Bücherrevisoren die verschiedenartigsten Kräfte und diese bilden daher keinen einheitlich qualifizierten Stand. Äußerlich unterscheiden sie sich durch den bald mehr, bald weniger hervortretenden Gegensatz zwischen den „amtlich beeidigten Bücherrevisoren“ und den nicht beeidigten Revisoren. So sehr nun die Einzelrevisoren der sachlichen und persönlichen Qualifikation nach Verschiedenheiten aufweisen, so ist trotzdem eine dementsprechende Unterscheidung nach außen hin durch nichts ermöglicht. Auch der Gegensatz zwischen beeidigten und nichtbeeidigten Bücherrevisoren ist den Verhältnissen entsprechend wohl nur ein rein äußerlicher. Die amtliche Beeidigung von Bücherrevisoren wurde vor dem Jahre 1900, wenn auch in sehr beschränktem Umfang[96]), durch die Gerichte, seit 1900 auf Grund des § 36 der RGewO.[97]) durch die Handelskammern vorgenommen. Daß vor der Vornahme einer „amtlichen Beeidigung“ die Fähigkeiten des Bewerbers zu prüfen seien und in welcher Weise, ist jedoch nirgends vorgeschrieben, so daß lange Zeit hindurch die Beeidigung eine rein formale Angelegenheit war und es vielfach auch heute noch ist. Die Beeidigung von Bücherrevisoren durch die zuständige Handelskammer ist, wie diejenige von Handels- und Schiffahrtssachverständigen[98]) überhaupt, davon abhängig, ob nach den besonderen örtlichen Verhältnissen, sowie nach allgemeinen

---

[95]) Meier, „Die deutschen Treuhandgesellschaften“ Seite 164 ff.

[96]) Vgl. Riesenfeld, „Die Anstellung von Handels- u. Schiffahrtssachverständigen“ Seite 68.

[97]) Novelle vom 30. Juli 1900.

[98]) So vor allem auch Handelschemiker, Probenehmer, Messer, Wäger, Dispacheurs u. a. m.

gewerbepolitischen Erwägungen ein Bedürfnis vorliegt. Dadurch ist die Zahl der in einem Handelskammerbezirk zu Beeidigenden beschränkt.

Zu der äußeren Trennungslinie zwischen beeidigtem und nichtbeeidigtem Revisor kommt die weit erheblichere innere Differenzierung nach Vorbildung und Fähigkeiten, die sich durchaus mit der ersteren nicht zu decken pflegt. Beigel, einer der besten Kenner des deutschen Bücherrevisorentums, sagt[99]): „Man wird zugeben dürfen, daß die Beeidigung eines Revisors durch das Gericht oder eine Handelskammer mit den Wissenschaften und Kenntnissen eines Revisors nichts zu tun hat und die Revisoren überhaupt nur grob sichtet. Es werden bei dieser Beeidigung nicht so leicht unlautere Elemente durchschlüpfen. Aber eine Garantie für die Geeignetheit wird die Beeidigung nimmer bieten." Dementsprechend kann man in der Praxis feststellen, daß manche beeidigte Bücherrevisoren nur die notwendigsten Vorkenntnisse für ihren Beruf besitzen und an Stelle wirklicher Fähigkeiten oft nur eine gewisse Routine aufweisen, während andererseits nichtbeeidigte Einzelrevisoren nicht nur über eine ausgezeichnete Ausbildung, sondern auch über nicht alltägliche Fähigkeiten in ihrem Beruf verfügen. Trotzdem erscheint dem Einzelrevisor die Vereidigung als ein erstrebenswertes Ziel, weil sie geeignet ist, ihm dem Publikum gegenüber den Anschein besonderer Qualität zu geben[100]).

Der Umstand, daß auch die beeidigten Revisoren keinesfalls über eine gleichartige fachliche Vorbildung verfügen müssen und sich daher unter ihnen Personen mit geringen Kenntnissen befinden, läßt die öffentliche Beeidigung im wesentlichen ihres praktischen Wertes entbehren.

Diese wenig erfreuliche Entwicklung in der Beeidigungsfrage erklärt sich aus den tatsächlichen Verhältnissen. Erst seit 1900 war den Handelskammern gesetzlich das Recht verliehen, Bücherrevisoren zu vereidigen und unmittelbar darauf, nämlich in und nach den Krisenjahren 1900 ff. setzte ein plötzlicher erheblicher Bedarf an zuverlässigen Revisionskräften ein. Die zuständigen Stellen wurden gedrängt, dementsprechend Beeidigungen auf Grund der neuen Vorschriften vorzunehmen[101]). Jede Erfahrung, nach welchen Gesichtspunkten man die sich bewerbenden Revisoren auswählen sollte, fehlte natürlicherweise noch, während andererseits wirklich tüchtige Revisionskräfte noch kaum vorhanden waren (s. unten). So war es unvermeidlich, daß unter den beeidigten Bücherrevisoren ungeeignete Kräfte sich befanden; außerdem wurden zahlreiche Beeidigungen von nur nebenberuflich als Revisoren tätigen Personen vorgenommen. Auch in späteren Jahren wurde von den Handelskammern die Auswahl sehr oberflächlich, in der Regel ohne jede Fachprüfung, vollzogen. Dabei fehlte es immer noch an wirklich fähigen, gut ausgebildeten Bewerbern und es konnte demnach nicht ausbleiben, daß nach wie vor auch in ihrem Berufe unfähige Personen öffentlich angestellt wurden. Gerade aus den Kreisen der Bücherrevisoren wurde immer wieder die Klage über ungenügende berufliche Ausbildung, nicht zuletzt auch der beeidigten Revisoren, erhoben. So betonte auf dem ersten Verbandstag des Verbandes Deutscher Bücherrevisoren (1905) Bernhard Fritsche als Referent, daß „viele Buchsachverständige mangelhafte Gutachten abgeben und Fehlgriffe machen"; denn ihre Kenntnisse seien oft nur empirisch entstanden. Edwin Rüdiger klagt, daß bei der Ver-

---

[99]) „Lehrbuch der Buchführungs- und Bilanzrevision" Seite 59.
[100]) Vgl. auch Sponheimer Seite 49.
[101]) Vgl. Festschrift des Verbandes Deutscher Bücherrevisoren 1921.

eidigung der Buchsachverständigen Fehlgriffe gemacht und Personen aufgenommen würden, welche dem Stand nicht zur Zierde gereichten.

Es wäre nun aber offenbar verfehlt, den Handelskammern die Schuld daran beizumessen, daß eine richtige Auswahl der Bewerber zur Beeidigung nicht erfolgte. Zunächst stellt das Revisionswesen in Anbetracht der bedeutsamen volkswirtschaftlichen Aufgaben ideeller Art, die wir im vorigen Abschnitt auseinandersetzten, ebenso große Anforderungen an den Charakter wie an die Fähigkeiten seiner Glieder[102]). Ob in dieser Hinsicht jemand für den Beruf des beeidigten Bücherrevisors tauglich ist, kann man durch eine „Prüfung" überhaupt nicht feststellen, sondern günstigstenfalls durch langjährige Beobachtung seines bisherigen beruflichen Verhaltens. Die Auswahl ist hier nach bester Kenntnis vorgenommen worden und Mißgriffe in dieser Hinsicht gehörten offenbar zu den Seltenheiten[103]). Wenn man aber sagt, die Handelskammern hätten sachlich gute Auswahl durch entsprechende Prüfungen vor der Vereidigung treffen sollen, so vergißt man, daß damals beim besten Willen niemand zu finden gewesen wäre, der diese Prüfungen in einwandfreier Weise hätte vornehmen können. Das Revisionswesen selbst befand sich noch im Stadium seiner ersten Entwicklung. Die Handelskammersyndizi waren meist Juristen, die Mitglieder der Handelskammer sind Praktiker aus allen möglichen Zweigen von Handel und Industrie, die sich mit Buchhaltungs- oder gar Revisionsproblemen niemals beschwert hatten; Theoretiker der Handelswissenschaften waren aber damals so gut wie nicht vorhanden. Davon ganz abgesehen gab es, und das ist das Wesentlichste, keine Berufsorganisation der deutschen Bücherrevisoren, die hier mit Rat und Tat hätte einspringen können. So kam es, daß die Beeidigungsfrage von Anfang an eine wenig zweckmäßige Entwicklung einschlagen mußte.

Am 10. Oktober 1905 erfolgte dann die Gründung des „Verbandes Deutscher Bücherrevisoren", welcher seit Anfang 1906 als eingetragener Verein im Amtsregister geführt wird. Doch litt die Stoßkraft des Verbandes ebenfalls wesentlich unter der Uneinheitlichkeit des Bücherrevisorenstandes. Fr. Bünger[104]) schreibt folgendes, was charakteristisch für die damaligen Verhältnisse sein dürfte: „Nur für seine Mitglieder einzutreten war der Verband in früher Zeit noch nicht stark und gefestigt genug. In Sonderheit begegnete er vielfach infolge seiner Zusammensetzung aus beeidigten und unbeeidigten Bücherrevisoren dem Einwand, daß er keine eigentliche Standesvertretung der beeidigten Bücherrevisoren, mit denen es die berufenen Stellen der amtlichen Verwaltung nur zu tun haben konnten, sei". So ging die Tendenz dahin, allmählich nur mehr beeidigte Bücherrevisoren aufzunehmen, was naturgemäß zu Kämpfen innerhalb des Verbandes führen mußte. Seit 1913 nimmt der Verband nur mehr beeidigte oder behördlich geprüfte Revisoren auf.

Die äußere Entwicklung des Verbandes Deutscher Bücherrevisoren sei durch die nachfolgende Aufstellung veranschaulicht:

Die Mitgliederzahl betrug:	1906	147
	1911	265
	1916	322
	1918	355

[102]) Vgl. Seite 46 ff.
[103]) Vgl. Beigels Ansicht a. a. O. Seite 59.
[104]) Festschrift zum 25 jährigen Bestehen des Verbandes Deutscher Bücherrevisoren, Seite 15.

1919	422
1920	605
1921	686
31. Dezember 1925	842.

Der Verband Deutscher Bücherrevisoren hat sich zweifellos im Laufe der Jahre erhebliche Verdienste um die Hebung des Bücherrevisorenstandes erworben. Die fachliche Vorbereitung zum Beruf wurde durch Fühlungnahme mit Handelshochschulen, insbesondere mit der Handelshochschule Leipzig, gefördert, wo 1907 eigene Kurse zur Ausbildung von Bücherrevisoren eingerichtet wurden, bei welchen, dank der Einwirkung des Verbandes, als Dozenten beeidigte Bücherrevisoren tätig sind. Die Frage der Formulierung des Beglaubigungsvermerkes ist einheitlich geregelt und ein zweckmäßiger Arbeitsplan für die Prüfungstätigkeit der Verbandsmitglieder ausgearbeitet worden; hierzu kommt noch die Aufstellung einer Gebührenordnung. Besondere Aufmerksamkeit schenkte der Verband der Regelung der Beeidigungsfrage, die sich allmählich zu einem der wichtigsten Probleme für den Bücherrevisorenstand entwickelte. Tatsächlich sind hier in der Zwischenzeit erfreuliche Fortschritte erzielt worden (s. u.).

Dient der „Verband Deutscher Bücherrevisoren" heute nur mehr der Aufnahme von beeidigten Revisionskräften, so ist im „Bund der Buchsachverständigen Deutschlands" eine Anzahl meist unvereidigter Revisoren vereinigt (Gründungsjahr 1912). Voraussetzung für die Aufnahme ist eine mindestens dreijährige selbständige Fachtätigkeit. Besonderes Interesse verdient, daß dieser Verband die Aufnahme von der Ablegung einer durch die Prüfungsordnung, welche als Anlage A beiliegt, geregelten Fachprüfung abhängig macht. Die Mitgliederzahl betrug im März 1926 rund 350.

Endlich sei noch der „Süddeutsche Verband bewährter Bücherrevisoren und kaufmännischer Sachverständiger" in Stuttgart erwähnt, über welchen Näheres nicht berichtet werden kann, nachdem dem Verfasser Aufschlüsse nicht erteilt wurden.

Die Gesamtzahl der in Deutschland als Bücherrevisoren tätigen Personen kann zurzeit auf etwa 2000 geschätzt werden[105]).

Mit dem Fortschreiten der Anforderungen an den Bücherrevisorenstand zeigte sich immer deutlicher, daß die öffentliche Anstellung und Vereidigung ohne vorherige Fachprüfung ein grundsätzlich falsches Vorgehen ist. Das Fehlen auch der notwendigsten Vorkenntnisse für den Bücherrevisorenberuf, wie es sich anläßlich einiger, die breitere Öffentlichkeit beschäftigende Fälle bei verschiedenen Bücherrevisoren offenbarte, schädigte naturgemäß das Ansehen des ganzen Standes. So berichtet Beigel[106]) ausführlich über den bekannten Strafprozeß gegen die Niederdeutsche Bank (1913), wo derartige „Sachverständige" und Bücherrevisoren ihre vollständig ungenügenden Berufskenntnisse im Laufe der Verhandlungen dartaten und über die elementarsten Fragen ihres Faches dem Richter vollständig falsche Aufklärungen gaben.

Auf Grund derartiger Ereignisse sowie auch durch die Bemühungen des Verbandes Deutscher Bücherrevisoren veranlaßt, gingen nun die Handelskammern teilweise dazu über, die öffentliche Anstellung und Beeidigung von dem Bestehen einer Fachprüfung abhängig zu machen. Aber eine Einheitlichkeit bezüglich der in der Prüfung gestellten Anforderungen fehlte,

[105]) Vgl. Jahresbericht des Verbandes Deutscher Bücherrevisoren 1924/25.
[106]) „Lehrbuch" Seite 71/72.

da die einzelnen Handelskammern selbständig, ohne sich gegenseitig über die diesbezüglichen, grundsätzlichen Fragen zu verständigen, vorgingen. Mit Recht strebt der Verband Deutscher Bücherrevisoren deshalb seit Jahren dahin, die Vereinheitlichung der Prüfungsordnungen bei allen deutschen Handelskammern zu erreichen.

Die Hebung der Berufsvorbildung und sachlichen Leistungsfähigkeit der beeidigten Bücherrevisoren ist allgemein aber trotzdem dadurch nur langsam gefördert worden. Denn während der Zeiten starken Bedarfes an Revisionskräften hatte man meist eine größere Anzahl von Vereidigungen durchgeführt. Die Vornahme neuer Vereidigungen ist aber, wie berichtet, von der Bedürfnisfrage abhängig, welche naturgemäß von vielen Kammern verneint wurde, so daß häufig die neuen Prüfungsordnungen gar nicht oder nur in wenigen Ausnahmefällen praktisch in Funktion traten. Die Folge ist, daß in einer Anzahl von Handelskammerbezirken heute noch viele Revisoren beeidigt sind, welche — allein schon in Anbetracht ihres vorgeschrittenen Alters — den völlig veränderten Rechts- und Wirtschaftsverhältnissen (Goldbilanzverordnung, Steuergesetze, Aufwertungsverordnung usw.) nicht mehr gerecht werden können. So hat beispielsweise die Handelskammer Nürnberg seit 1912 keine Vereidigung mehr vorgenommen. Die Schädlichkeit eines solchen Zustandes für die Interessen des Wirtschaftslebens liegt auf der Hand.

Einzelne Handelskammern nehmen auch heute noch Vereidigungen ohne Fachprüfung vor. Um diesen die fachliche Prüfung von Bewerbern zu erleichtern, übernimmt auf Wunsch der Handelskammer eine Kommission des Verbandes Deutscher Bücherrevisoren nach dessen Prüfungsordnung, die wir in Anlage B beigeheftet haben, die Prüfung.

Einheitliche Bestimmungen über die Bestallung von Bücherrevisoren haben die sächsischen Handelskammern getroffen[107]). Die Geschäftsführer deutscher Industrie- und Handelskammern haben anläßlich ihrer Tagung in Breslau eine einheitliche Prüfungsvorschrift ausgearbeitet, die vielen Kammern maßgebend geworden ist. (Vgl. Anlage C.)

Nachstehend sei die Prüfungsordnung der bayerischen Handelskammern bekanntgegeben, die folgenden Wortlaut hat:

Prüfungsordnung für die Prüfung der öffentlich anzustellenden und zu beeidigenden Bücherrevisoren.

Erlassen von den Handelskammern Augsburg, Bayreuth, Coburg, München, Nürnberg, Passau und Regensburg.

§ 1.

I. Zur Abhaltung der im § 2 der Vorschriften über die öffentliche Anstellung und Beeidigung von Bücherrevisoren angeordneten Prüfung werden 2 Prüfungsausschüsse gebildet, und zwar für Südbayern in München, für Nordbayern in Nürnberg.

II. Jeder der beiden Prüfungsausschüsse besteht aus:
1. einem Vertreter des Bayerischen Handelskammertags als Vorsitzenden,
2. zwei beeidigten Bücherrevisoren,
3. einem Mitglied der Kammer, in deren Bezirk der Prüfling angestellt zu werden wünscht
4. einem Syndikus oder einem juristisch vorgebildeten Beamten derjenigen Kammer, an deren Sitz die Prüfung stattfindet, oder einem Syndikus derjenigen Kammer, aus deren Bezirk Prüflinge vorhanden sind,

[107]) Die Bestimmungen sind abgedruckt bei Götz, Seite 52—57. Ebenso müssen sich auch in Hamburg Revisoren, die sich um die Beeidigung und öffentliche Anstellung bewerben, einer Prüfung unterwerfen.

5. einem Dozenten der Handelshochschule am Sitze des Prüfungsortes (Wirtschaftswissenschaftliche Abteilung der Technischen Hochschule München für Südbayern und Handelshochschule Nürnberg für Nordbayern.)

III. Außer dem unter Ziff. 4 genannten Kammerbeamten kann als Prüfender noch ein Rechtskundiger zugezogen werden.

IV. Die in Abs. II unter Ziff. 2, 4 und 5 und in Abs. III genannten Herren bestimmt der Vorsitzende des Prüfungsausschusses.

V. Für den Fall der Verhinderung hat der Vorsitzende des Prüfungsausschusses für entsprechende Stellvertretung Sorge zu tragen, sodaß der Prüfungsausschuß stets vollzählig in der vorgeschriebenen Zusammensetzung tätig ist.

§ 2.

I. Besondere Fälle ausgenommen können nur solche Personen zur Bücherrevisoren-Prüfung zugelassen werden, welche eine dreijährige eigene praktische Tätigkeit als Bücherrevisoren ausgeübt haben oder welche mindestens 4 Jahre bei einem beeidigten Bücherrevisor oder in anderer ähnlicher Tätigkeit beschäftigt gewesen sind. Bei Absolventen von Vorbereitungskursen für Bücherrevisoren an Handelshochschulen genügt eine praktische Tätigkeit von 2 bezw. 3 Jahren.

§ 3.

I. Das Gesuch um Zulassung zur Prüfung ist bei dem zuständigen Prüfungsausschuß einzureichen. Die erforderlichen Nachweise sind beizulegen. Über die Zulassung entscheidet der Prüfungsausschuß endgültig.

II. Die Prüfungen finden in der Regel jährlich einmal statt. Der Zeitpunkt wird von den Prüfungsausschüssen festgelegt und rechtzeitig durch Veröffentlichung in der Bayerischen Staatszeitung bekanntgegeben.

§ 4.

Die Prüfung besteht:
1. aus einer schriftlichen Klausurarbeit aus dem Berufsgebiet,
2. aus einer mündlichen Prüfung.

§ 5.

I. Die schriftliche Prüfung findet am Sitz der anstellenden Kammer statt.

II. Die Aufgaben sind für alle Prüflinge eines jeden Prüfungsabschnittes gleich. Die Erstellung derselben obliegt im Wechsel den beiden Prüfungsausschüssen, die auch gleichzeitig die Zeitdauer der Klausurarbeit zu bestimmen haben. Dieselbe muß mindestens 4 Stunden betragen.

III. Die Beurteilung der schriftlichen Arbeit obliegt dem Prüfungsausschuß. Entspricht die schriftliche Arbeit nicht, so wird der Prüfling nicht zugelassen.

§ 6.

Die mündliche Prüfung hat sich in angemessener Zeit auf folgende Gegenstände zu erstrecken:
1. Buchführung und Revisionstechnik;
2. Bilanz- und Bewertungsgrundsätze, insbesondere Selbstkostenberechnung;
3. Steuerwesen;
4. Handels-, Gesellschafts- und Genossenschaftsrecht;
5. Konkurswesen.

§ 7.

I. Zu Entscheidungen des Prüfungsausschusses ist $^3/_4$ Majorität notwendig.

II. Das Ergebnis der Prüfung wird mit „bestanden" oder „nicht bestanden" vom Prüfungsausschuß festgestellt.

III. Über die bestandene Prüfung wird vom Prüfungsausschuß ein Zeugnis ausgestellt. Dieses Zeugnis wird dem Prüfling erst nach seiner allenfallsigen Vereidigung durch die zuständige Kammer ausgehändigt. Bis dahin bleibt es im Besitze der Kammer, in deren Bezirk sich der Prüfling befindet.

IV. Das Bestehen der Prüfung an sich berechtigt nicht zur Führung des Titels eines beeidigten Bücherrevisors oder zur Benützung einer ähnlichen Bezeichnung.

V. Besteht der Prüfling die Prüfung nicht, so kann er nur noch einmal Zulassung beanspruchen.

§ 8.

I. Für die Prüfung ist im voraus eine Gebühr zu entrichten. Die Höhe der Gebühr wird vom Vorsitzenden des Prüfungsausschusses alljährlich festgesetzt und mit Ausschreibung bekanntgegeben.

II. Die Gebühr wird zurückbezahlt, wenn der Gesuchsteller vor der Prüfung sein Gesuch zurückzieht.

III. Tritt der Gesuchsteller nach der schriftlichen, aber vor der mündlichen Prüfung zurück, oder wird er infolge Nichtbestehens der schriftlichen Prüfung zu der mündlichen Prüfung nicht zugelassen, so wird die Gebühr zur Hälfte zurückerstattet.

Das Streben der Mehrzahl der Handelskammern geht heute offenbar doch ebenfalls dahin, eine Vereinheitlichung der Prüfungsordnungen herbeizuführen, wobei sie vom Verband Deutscher Bücherrevisoren nachdrücklichst unterstützt werden. Immerhin werden noch jahrelang von früher her Bücherrevisoren vereidigt sein, welche eine Fachprüfung nicht abgelegt haben.

Bei den nicht beeidigten Bücherrevisoren ist der Unterschied der Vorbildung und der sozialen Stellung im stärksten Maße ausgeprägt. Da die Betätigung als Bücherrevisor jedem ohne irgendwelche gesetzliche Einschränkung freisteht, ist hier neben den berufsmäßigen Revisoren auch stets eine Anzahl solcher Personen vorhanden, welche die Bücherrevision nur als vorübergehende Tätigkeit ausüben. Besonders gegenwärtig hat die durch die Wirtschaftskrise verursachte Stellungslosigkeit der kaufmännischen Angestellten eine erhebliche Anzahl solcher „Revisoren" zum Vorschein gebracht. Bessert sich die wirtschaftliche Lage, so benützen diese die erste Gelegenheit, sich ihrem vorherigen Berufe wieder zuzuwenden. Ihre wirtschaftliche Lage ist naturgemäß eine sehr ungünstige. Sie müssen sich meist damit begnügen, als Stundenbuchhalter die Bücher kleiner Handwerker und Gewerbetreibender, die dazu selbst nicht in der Lage sind, zu führen; zur Durchführung von Revisionen kommen sie in den seltensten Fällen. Meist wird hiermit nur der notdürftigste Lebensunterhalt erworben; die Kundschaft solcher Stundenbuchhalter ist an und für sich wenig leistungsfähig und bei dem herrschenden Überangebot an derartigen Kräften in Zeiten wirtschaftlicher Krisen ist der Einzelne gewöhnlich bereit, zu jedem Preis zu arbeiten. Eine Entlohnung von 5—6 Mark pro Tag bildet wohl die Regel, wobei zu berücksichtigen ist, daß gewöhnlich zwischendurch tagelang keine Arbeitsmöglichkeit vorhanden ist.

Seltener wird die Tätigkeit des Stundenbuchhalters als dauernder Beruf ausgeübt. Dazu ist sie, wenn auch die Möglichkeit, sich einen festen, genügend umfangreichen Kundenkreis zu schaffen, besteht, zu wenig einträglich. Die Betreffenden bewerben sich daher baldmöglichst um eine feste kaufmännische Anstellung, oder es gelingt ihnen, sich langsam zum Revisorenberuf emporzuarbeiten, wobei dann das Nachtragen von Büchern gerne als Nebentätigkeit beibehalten wird; da solche Nachtragsarbeiten jederzeit vorgenommen werden können, helfen sie oft über eine augenblickliche Beschäftigungslosigkeit hinweg.

Neben Personen, welche weder durch Vorbildung, noch durch Erfahrung oder Fähigkeiten qualifiziert sind, finden sich unter den nicht vereidigten Bücherrevisoren auch ausgezeichnete Kräfte, wie Diplomkaufleute oder Volkswirte mit langjähriger Revisionspraxis, die infolge ihrer Fähigkeiten vielfach zur Ausführung schwieriger und verantwortungsvoller Arbeiten herangezogen werden.

Innerhalb des Bücherrevisorenberufes hat sich insoferne im Laufe der Zeit eine natürliche Arbeitsteilung vollzogen, als der beeidigte Revisor von Gerichten und Behörden als Gutachter herangezogen wird und auch sonst im Wirtschaftsleben als besonders vertrauenswürdige Persönlichkeit gilt. Mit den beeidigten Bücherrevisoren treten, sofern es sich nicht um die Tätigkeit bei Behörden, die wenig ertragbringend ist, handelt, die nichtbeeidigten

Revisoren, welche durch ihre persönlichen Fähigkeiten in der Lage sind, sich einen guten Ruf hinsichtlich ihrer sachlichen Leistungen zu erwerben, in Wettbewerb. Die nicht genügend qualifizierten Kräfte hingegen müssen sich in der Regel auf kleinere Arbeiten untergeordneter Bedeutung, vor allem auch Nachtragsarbeiten, beschränken.

Es konnte aber nicht ausbleiben, daß das Fehlen eines gesetzlichen Schutzes der Bezeichnung „Bücherrevisor" dazu führte, daß sich auch moralisch nicht einwandfreie Personen, abgesehen von denjenigen, welche sachlich für diesen Beruf nicht befähigt sind, als Bücherrevisoren betätigen. Diese sind dann bereit, gegen entsprechende Bezahlung unter der dem Laien gegenüber an und für sich Vertrauen erweckenden Standesbezeichnung eines „Bücherrevisors" allerhand nicht einwandfreie, oft direkt betrügerische Geschäfte zu tätigen. Bedenkt man neben solchen Handlungen moralisch ungeeigneter Kräfte die Fehlgriffe, die bei der Schwierigkeit der Materie dem sachlich nicht geeigneten Bücherrevisor zwangsläufig unterlaufen müssen, so wird klar, daß — allgemein betrachtet — der Bücherrevisorenstand sich nicht jenes unbedingten Vertrauens in allen Kreisen des Wirtschaftslebens erfreuen kann, das er zur Erfüllung seiner bedeutsamen volkswirtschaftlichen Funktionen nicht entbehren kann.

d) Die Treuhandgesellschaften.

Die Treuhandgesellschaften können, im ganzen betrachtet, nicht als Unternehmungen gleicher Art angesprochen werden; denn nicht bei allen Unternehmungen, die sich „Treuhandgesellschaft" nennen, sind die Tätigkeitszweige die gleichen, vielmehr weichen sie bei einer Anzahl von Gesellschaften mehr oder weniger von den Funktionen ab, die wir oben als diejenigen des deutschen Treuhandwesens bezeichnet haben. Unsere Betrachtungen haben sich im näheren nur auf diejenigen Treuhandinstitute zu erstrecken, welche tatsächlich im Treuhandwesen in seiner heutigen Form tätig sind. Als solche sind Unternehmungen zu verstehen, die „neben der Registrierungs- und Revisionstätigkeit, der Durchführung von Liquidationen, Sanierungen und Vergleichen, auch die Funktionen eines Treuhänders übernehmen" (Liefmann[108]).

Auch unter diesen Treuhandgesellschaften des herkömmlichen Typs sind wieder Unterscheidungsmerkmale durch die Verschiedenheit der bei der Gründung beteiligten Personen bzw. der Unternehmer gegeben.

Für die Entwicklung der deutschen Treuhandgesellschaften war maßgebend, daß sich im Jahre 1902[109]) das erste deutsche Unternehmen dieser Art, die Deutsche Treuhand-Gesellschaft, dem Revisionsgeschäft zuwandte, das sie fortan neben den Treuhandgeschäften im besonderen Maße pflegte. Bereits 1906 stand, wie Rosendorff[110]) feststellt, das „Revisionsgeschäft im Mittelpunkt ihrer Wirksamkeit". Die Deutsche Treuhand-Gesellschaft steht der Deutschen, der Darmstädter, der Mitteldeutschen Creditbank, der Berliner Handelsgesellschaft sowie dem Bankhaus Speyer-Ellissen

[108]) Liefmann gibt dies als Definition für die Treuhandgesellschaften schlechthin, übersieht demnach, daß diese einen einheitlichen Begriff noch nicht einmal heute, noch viel weniger seinerzeit (1911) darstellten. Hierzu des näheren Stellung zu nehmen, verbietet jedoch unsere Aufgabe, die sich nur mit dem Treuhandwesen, nicht aber mit den Treuhandgesellschaften in allen ihren Formen, wie sie im deutschen Wirtschaftsleben in Erscheinung treten, zu befassen hat.

[109]) Vgl. S. 15 ff.

[110]) a. a. O.

nahe. Bald wurden auch seitens anderer Großbanken und Bankkonzerne weitere Treuhandgesellschaften nach dem Muster der Deutschen Treuhand-Gesellschaft ins Leben gerufen. Auch bei diesen bildete das Revisionsgeschäft und zwar von Anfang an, den hauptsächlichsten Geschäftszweig. Von den Gründen, welche auf Seiten der Banken zur Gründung solcher Institute geführt haben, soll späterhin noch eingehender die Rede sein[111]).

So bestanden Ende 1913 bereits acht von Kreditbanken ins Leben gerufene Treuhandgesellschaften in Form eines Aktienunternehmens:

Deutsche Treuhand-Gesellschaft, Berlin,
„Revision" Treuhand-A.-G., Berlin,
Treuhand-Vereinigung A.-G., Berlin,
Allgemeine Revisions- und Verwaltungs-A.-G., Frankfurt,
Süddeutsche Treuhand-Gesellschaft A.-G., München,
Bayerische Treuhand-A.-G., München,
Schlesische Treuhand- und Vermögensverwaltungs-A.-G., Breslau,
Rheinische Treuhand-A.-G., Mannheim,

Daneben existierten noch drei Treuhand-A.-G., deren Gründung nicht von Banken erfolgt war, nämlich:

Mitteldeutsche Treuhand-A.-G., Berlin, gegründet 1908 als Delcredere- u. Treuhand-A.-G. in Frankfurt,
Treuhand-A.-G. in Köln.
Deutsche Revisions- u. Organisations-A.-G. in Köln (vorm. Preuß. Treuhand- und Revisions-A.-G.).

Die Zahl der ohne Beteiligung von Banken gegründeten Treuhand-Aktiengesellschaften nahm nach dem Kriege wesentlich zu. Gründer, bzw. Hauptaktionäre sind hier teils Bücherrevisoren und Volkswirte, welche ihrer Erwerbstätigkeit im Rahmen einer Aktiengesellschaft nachgehen wollen, teils aber auch Industriekonzerne[112]).

Die Gründer sind in der Regel auch späterhin die Unternehmer der Treuhand-A.-G.; denn in Anbetracht dessen, daß das Streben nach größtmöglichem Gewinn bei einer Treuhandgesellschaft entsprechend dem Treuhandgedanken ausgeschlossen ist, eignen sich deren Aktien nicht zum Börsenhandel und befinden sich regelmäßig dauernd in den Händen einiger weniger Personen oder Konsortien. Es liegt daher nahe, als Unterscheidungsmerkmal der Treuhandgesellschaften die beteiligten Gründer bzw. Unternehmergruppen zu benützen. So lassen sich demnach bankmäßig orientierte, erwerbsmäßig orientierte und konzernmäßig orientierte Treuhand-Aktiengesellschaften unterscheiden.

Schließlich finden sich bereits in der Vorkriegszeit Gesellschaften, welche ihrem Tätigkeitsbereich nach überhaupt keine Unternehmungen des Treuhandwesens sind, trotzdem aber die Bezeichnung „Treuhand" im Firmennamen benützen.

Vor allem sind hier die sogenannten „Treuhand-Banken" zu nennen. Die Bezeichnung „Treuhand-Bank" enthält einen Widerspruch. Der Treuhänder ist zur treuen, unparteiischen Sachwaltertätigkeit verpflichtet. Eigene Interessen darf er keinesfalls verfolgen. „Treuhandgeschäfte entbehren des spekulativen Charakters", stellt Roth[113]) mit Recht fest. „Ganz anders die Bankgeschäfte. Sie sind reine Erwerbsgeschäfte, sie werden stets im eigensten

---

[111]) Vgl. S. 121 ff.

[112]) Vergleiche hierzu auch Geschäftsbericht der „Securitas" Revisions- und Treuhand-Aktiengesellschaft für 1924.

[113]) „Treuhandgesellschaften" Seite 61, 62.

Interesse betrieben, unter dem Gesichtspunkt der Erzielung höchstmöglicher Reinerträge und entbehren selten des spekulativen Charakters.“ Tatsächlich betreiben diese Unternehmungen keine dem Treuhandwesen zugehörenden Geschäfte, sondern, mehr oder weniger stark ausgeprägt, Bank- und Finanzierungstätigkeit. Es ist nun richtig, daß gerade auch den älteren Bank-Treuhandgesellschaften diese Tätigkeit gleichfalls erlaubt war, aber sie war hier nie Selbstzweck, trat immer mehr hinter den Treuhandgeschäften zurück und ist heute bei fast sämtlichen Unternehmungen bedeutungslos geworden, ja den jüngeren Bank-Treuhandgesellschaften manchmal nach den Satzungen ausdrücklich untersagt. Die Bezeichnung „Treuhandbank“ ist also widersinnig und gemäß § 18, 2 HGB. unzulässig.

Außer den „Treuhand-Banken“ gibt es noch eine Anzahl von anderen Unternehmungen, die sich mit Waren-, Handels- und Finanzgeschäften der verschiedensten Art, oftmals auch Versicherungsvertretungen, befassen, trotzdem aber in ihrem Firmennamen die Bezeichnung „Treuhand“ enthalten haben. Gerstner[114]) berichtet von einer „Treuhand-Wäscherei“, „Nordbayerische Grundstücks- und Treuhand G. m. b. H.“, „Finanz-Treuhand G. m. b. H.“, sowie von einer „Treuhand“-Firma, die sich außer Treuhandgeschäften mit dem Import von Heringen befaßt. Hierzu verweisen wir noch auf eine „Maschinenbau-Treuhand-A.-G.“ und eine „Bayerische Finanzierungs- und Treuhand-A.-G.“, sämtlich Bezeichnungen, die in sich selbst dem Treuhandgedanken widersprechen.

Weiterhin finden wir Treuhandgesellschaften für Spezialzwecke, deren Haupttätigkeit in der Ausübung von Treuhandgeschäften spezieller Art, so vor allem in der Durchführung von Warenbetreuungen, besteht; daneben besorgen diese Unternehmungen aber auch die bei den übrigen kreditbankmäßig orientierten Treuhandinstituten üblichen Tätigkeiten allgemeiner Art, insbesondere also auch Revisionen[115]).

So unterscheiden wir:

1. Kreditbankmäßig orientierte Treuhandgesellschaften,
2. Erwerbsmäßig orientierte Treuhandgesellschaften,
3. Konzernmäßig orientierte Treuhandgesellschaften,
4. Treuhandgesellschaften für Spezialzwecke,
5. Uneigentliche Treuhandgesellschaften.

Uneigentliche Treuhandgesellschaften können dem Treuhandwesen nicht zugezählt werden. Bei diesen liegt in mehr oder weniger starker Weise eine Verletzung des Grundsatzes der Firmenwahrheit vor. Der Begriff „Treuhand“ hat, wie wir oben darzulegen versuchten, eine so große Bedeutung für unser Wirtschaftsleben gewonnen, daß es zu bedauern ist, wenn hier die Registergerichte nicht mehr auf seine Reinhaltung bedacht sind. Die Unzulässigkeit der Bezeichnung „Treuhand“ ergibt sich meist schon aus der Firmenbezeichnung oder ist aus den Satzungen der Gesellschaften ersichtlich.

Nachstehend sei eine Übersicht über die zurzeit[116]) bestehenden Treuhand-Aktiengesellschaften, getrennt nach den verschiedenen Arten, gegeben.

---

[114]) „Revisionstechnik“ S. 61.

[115]) So dient beispielsweise die Deutsche Waren-Treuhand-AG. in Hamburg dem Bankhause M. M. Warburg auch als Revisionsorgan.

[116]) Nach dem Stand von 1924/25.

I. Kreditbankmäßig orientierte

Nr.	Name	Sitz	Gründungs-Jahr	Aktien-kapital
1.	Deutsche Treuhand-Gesellschaft	Berlin	1890	1 200 000.—
2.	„Revision" Treuhand-AG.	„	1905	200 000.—
3.	Treuhand-Vereinigung AG.	„	1905	300 000.—
4.	Allgemeine Revisions- u. Verwaltungs-AG. . . .	Frankfurt a. M.	1905	40 000.—
5.	Süddeutsche Treuhand-Gesellschaft AG.¹)	München	1907	60 000.—
6.	Bayerische Treuhand AG.	„	1909	30 000.—
7.	Schlesische Treuhand- u. Vermögens-Verwaltungs-AG.	Breslau	1909	50 000.—
8.	Rheinische Treuhand AG.	Mannheim	1909	400 000.—
9.	Allgemeine Treuhand AG.	Dresden	1914	50 000.—
10.	Sächsische Revisions- u. Treuhand-AG.¹)	Leipzig	1916	100 000.—
11.	Treuhand AG.	„	1916	60 000.—
12.	Deutsche Allgemeine Treuhand AG.	München	1919	5 000.—
13.	Schwäbische Treuhand AG.	Stuttgart	1919	60 000.—
14.	Süddeutsche Revisions- und Treuhand-AG. . . .	Mannheim	1919	200 000.—
15.	„Fides" Treuhand AG.	Bremen	1919	50 000.—
16.	„Merkur" Treuhand-, Revisions- u. Steuerberatungs-AG.	Elberfeld	1920	100 000.—
17.	Rheinisch-Westfälische „Revision" Treuhand-AG. .	Köln	1920	100 000.—
18.	Münchner Allgemeine Treuhand-AG.	München	1920	25 000.—
19.	„Securitas" Revisions- und Treuhand-AG. . .	„	1921	100 000.—
20.	Revisions- u. Treuhand-AG. „Westdeutschland" . .	Essen	1921	500 000.—
21.	Vereinigte Treuhandgesellschaften z. Hannover AG.	Hannover	1921	40 000.—
22.	Revisions- u. Treuhand-AG. „Thüringen" . . .	Meiningen	1922	20 000.—

¹) Aus Zweigniederlassungen der „Revision" Treuhand-AG. hervorgegangen.

Treuhand-Aktiengesellschaften.

Bankbeziehungen[*])
DB., Danatbk., BHG., MCrBk., Speyer-Ell.
Discto, CuPrBk., BarmBkV., BkfTh., Dreyf., Oppenh.
DresdnBk., Schaaffh., Levy
Metallbk., Hardy, Delbrück, Dreyf., Stein, Lehmann
BayerHuWBk., BayerStaatsbk.
BayerVerBk., Schneider u. Münzing
Heimann, SchlBodCrABk.
RhCrBk., Grohé-Henrich
Arnhold, Kretzschmar
Abca, AnhDessLdsBk., Braunschw. BkuCrA.
CuPrBk., Sächs. Staatsbk.
DresdnBk, Anton Kohn
DB., Discto, Danatbk., DresdnBk., Doertenbach, Schwarz, Keller
SüddDiscto, BadBk., Strauß
Danatbk., Schroeder
Bergisch-MärkischeBkAG.
Discto, Schaaffh., Deichmann, Stein, Levy
Hardy u. Co.
Danatbk., MCrBk., Merck, Fink u. Co.
EssCrA., Hirschland
Danatbk., MCrBk.
BkfTh., SchwarzbLdsBk.

Bemerkungen

Erläuterungen zu den Abkürzungen der versch. Banken:

Allge. Deutsche Credit-Anstalt, Leipzig, = Abca,
Anhalt-Dess. Landesbank, Dessau = AnhDess.-LdsBk
Badische Bank, Mannheim = BadBk.
Bank f. Thüringen (Strupp), Meiningen = BkfTh.
Barmer Bank-Verein, Barmen = BarmBkV.
Bayerische Hypotheken u. Wechselbk., München = BayerHuWBk.
Bayerische Vereinsbank, München = Bayer. VerBk.
Berliner Handelsgesellschaft, Berlin = BHG.
Braunschweigische Bk. u. Creditanst. = Braun.-schwBkuCrA.
Commerz- u. Privatbk., Hamburg = CuPrBk.
Darmstädter- u. Nationalbk., Berlin = Danatbk.
Deutsche Bank, Berlin = DB.
Direktion d. Discontogesellsch., Berlin = Discto.
Dresdner Bank, Berlin = DresdnBk..
Dreyfuß, Frankfurt = Dreyf.
Essener Credit-Anstalt, Essen = EssCrA.
Mitteldeutsche Creditbank, Frankf. = MCrBk.
Oppenheim, Köln = Oppenh.
Rheinische Creditbk., Mannheim = RhCrBk.
Schaaffhaus. Bankverein, Köln = Schaaffh.
Schles. Boden-Cred.-Aktien Bk., Breslau = SchlBodCrABk.
Schwarzburg. Landesbk, Sondershausen = SchwarzbLdsBk
Speyer-Ellisen, Frankfurt = Speyer-Ell.
Süddeutsche Discontoges., Mannheim = Südd.-Discto
Zu 21: Aus Fusion Hannoversche und Nordwest deutsche Treuhand A.-G hervorgegangen

*) Aus der Zusammensetzung der Gründer oder des Aufsichtsrates ersichtliche Bankbeziehungen.

II. Erwerbsmäßig orientierte

Nr	Name	Sitz	Gründungsjahr
1.	Schleswig-Holsteinsche Treuhand-AG.	Altona-Ottensen	1920
2.	Treubilanz Treuhänder- u. Revisions-AG.	Apolda	1923
3.	AG. für Buch- u. Betriebsprüfung	Berlin	1925
4.	Berlinische Treuhand AG.	"	1922
5	Industria Treuhandverwaltung AG.	Berlin-Charlottenbg.	1923
6.	Mitteldeutsche Treuhand AG.	Berlin	1908
7.	Treuhand AG. für Industrie, Handel und Gewerbe	Berlin W 9	1922
8.	Treuhänder AG.	Berlin W 8	1918
9.	„Treuhand" Verwaltungs- u. Rev.-AG.	Berlin W 9	1921
10.	Union Treuhand AG.	Berlin	1925
11.	„Treuhand" Rev.- u. Organisations-AG.	Berlin u. Düsseldorf	1923
12.	Brandenburg'sche Treuhand AG.	Berlin	1924
13.	„Intrag" Industrie Treuhand AG.	"	1923
14.	Land-Rev. u. Treuhand AG.	"	1921
15.	Berlinische Revisions- u. Treuhand AG.	Berlin	1923
16.	Norddeutsche Treuhand AG.	"	1913
17.	Dr. Arthur Söhner u. Co., Verwaltungs- u. Rev.-AG.	"	1923
18.	Nordag, Nordische Treuhand AG.	"	1921
19.	Revisions- und Verwaltungs-AG.	"	1922
20.	Treuhand AG. für Sachbesitz	"	1923
21.	Treuhand- u. Revisions-AG.	Braunschweig	1924
22.	Treuhand Bremerhaven AG.	Bremerhaven	1923
23.	„Treuhag" Treuhandges. f. Handel und Gewerbe, gemeinnützige AG.	Braunschweig	1919
24.	AG. für Wirtschafts- u. Steuerberatung	Breslau	1924
25.	Treuhand u. Rev. AG. Niederrhein	Crefeld	1921
26.	Hermes, Steuerbearbeitgs., Rev. u. Treuh.-AG. . .	Chemnitz	1923
27.	Darmstädter Rev u. Treuhand AG.	Darmstadt	1917
28.	Dresdner Treuhand AG.	Dresden	1921
29.	Treuhandges. f. Handel u. Industrie	"	1923
30.	Mitteldeutsche Treuhand AG.	Dresden-Blasewitz	1919
31.	Rev. AG. f. Handel u. Industrie	Dresden	1922

Treuhand-Aktiengesellschaften.

Aktienkapital	Bemerkungen
RM. 20000.—	
„ 5000.—	
„ 50000.—	
„ 5000.—	
„ 10000.—	
„ 5000.—	1909 Namensänderung. Früher Delkredere u. Treuhand AG. in Frankfurt, 1913 liquidiert, 1913 das Geschäft an Preuß. Treuhand- u Rev. AG. in Köln (jetzt Deutsche Revisions- u. Organisations AG.) abgetreten, vorher das süddeutsche RevGes. an die Bayer. Treuhand AG.
RM. 5000.—	Zweck: Revision von Büchern und Bilanzen, Aufstellg. d. Jahresabschl.,Begutachtungn., Vermögensverwaltgn. Testamentsvollstreckgn., „Kontrollen und alle sonst Treuhandgesch."
RM. 100000.—	8. Aufsichtsratsvors. Prof. Friedr. Leitner, Vorstand: KR. Manasse.
„ 100000.—	9. Zweck: übernimmt das Amt als Treuhänder oder Pfandhalter, Testamentsvollstrecker od. Vermögensverwalter, sowie Treuhandgesch. all. Art. Aufsichtsratvors.: Just.-Rat Dr. Fel. Pinner, Berl.
„ 50000.—	
„ 25000.—	Aufsichtsratvors.: Prof. Dr. Mahlberg, Göteborg.
„ 50000.—	
„ 5000.—	Treuhandgesch. all. Art.
RM.-Kapital nicht festzustellen	Zweck: Beratung bestehender oder zu gründender Gesellschaften und Einzelfirmen, Steuerberatg., Treuhandgesch., Vertrieb v. Fachliteratur und Veranstaltung von Vorträgen auf dem einschlägigen Gebiet.
PM. 800 Mill.	
RM. Kapital nicht festzustellen	
M. 50000.—	RM.-Kapital nicht bekannt, da seit 1918 keine Bilanz mehr veröffentlicht. Zweck: Übernahme aller Treuhandgeschäfte.
RM 5000.—	Zweck: Besorgung v. Rev. u. Treuh. Gesch. etc. Vermittlung v. Finanzgesch.
„ 75000.—	
„ 5500.—	
„ 5000.—	Übernahme, Verwaltung und Verwertung von Immob. und sonst. Werten für fremde Rechnung als Treuhänder.
„ 50000.—	
„ 13000.—	
„ 20000.—	
„ 55000.—	Aufsichtsrat: Bücherrevisoren, Stadträte, Rechtsanw.
„ 20000.—	Nicht berechtigt zum Betrieb v. Geschäften auf eig. Rechng.
PM. 1,5 Mill.	Goldmarkumstg. ist nicht festzustellen.
RM. 5000.—	
„ 100000.—	Zweck: Uebernahme v. Treuhandgeschäften. Durchführung v. Revisionen im ges. Buch- und Rechnungswesen, Prüfung v. Bilanzen nebst Verl. u. Gew. Rchg. u. Berichterstattung hierüber, Neueinrichtung von Geschäftsbüchern etc.
„ 5000.—	
„ 300000.—	
„ 5000.—	

II. Erwerbsmäßig orientierte

Nr.	Name	Sitz	Gründungs-jahr
32.	Behle-Treuhand AG. f. d. Revisions- u. Treuhandwesen	Dortmund	1923
33.	Dortmunder Treuhand AG.	Dortmund-Unna	1923
34.	Düsseldorf. Treuhandges. Altenburg u. Tewes AG. . .	Düsseldorf	1924
35.	Ortag, Org., Rev. u. Treuhand AG. für Industrie, Handel u. Gewerbe	"	1922
36.	„Treuhand-Revision" AG.	"	1923
37.	Niederrheinische Treuhand AG.	"	1921
38.	Westdeutsche Rev. u. Treuhand AG.	"	1921
39.	Treuhand u. Finanz AG.	Elberfeld-Essen	1921
40.	Wupperthaler Treuhand AG. f. Rev., Bilanz- u. Steuerwesen	Elberfeld	1923
41.	Mitteldeutsche Treuhand AG.	Erfurt	1923
42.	Frankfurter Treuhand u. Revisionsgesellschaft AG. .	Frankfurt a. M.	1920
43.	„Treuhand" Verwaltungs- u. Finanzierungs-AG. .	"	1924
44.	Steuer-Treuhand AG.	Frankfurt a. M.	1921
45.	Treuhand u. Rev. AG. Deutschland	"	1924
46.	Hansa AG.	Hamburg	1923
47.	Hamburger Buchprüfungs- u. Verwaltungs-AG. . .	"	1923
48.	Nordische Treuhand AG.	"	1925
49.	Treuhand Syndikat AG.	"	1923
50.	Hamb. Revisions- u. Treuhand-AG.	"	1921
51.	Treuhand AG.	Hanau	1922
52.	Hannov. Revisions- u. Treuh.-AG.	Hannover	1924
53.	Treuh. AG. f. Industrie, Handel und Gewerbe . .	"	1923
54.	Norddeutsche Rev. u. Treuh.-AG.	Harburg	1923/24
55.	Confidentia, Treuh. u. Rev. AG.	Heidelberg	1923
56.	Fiducia, Rev. u. Treuh. Institut	Karlsruhe	1925
57.	Badische Treuhandges. AG.	"	1923
58.	Treuhand AG. Rhein	"	1920
59.	Aachen-Kölner Treuhand AG.	Köln	1921
60.	Mittelrhein. Treuhand AG.	"	1922
61.	Treuhand AG.	"	1909
62.	Deutsche Rev. u. Organisations-AG.	"	1913
63.	Rheinische Rev. u. Treuhandges. AG.	"	1921
64.	Treuhand- u. Revisions-AG.	"	1919
65.	Treuhand AG. f. Handel u. Industrie	Köln (Fil. Hannover)	1918 i. Elberfeld seit 1923 in Köln

Treuhand-Aktiengesellschaften.

Aktienkapital	Bemerkungen
RM. 10 000.—	Zweck: Wahrnehmung all. Rev. u. Treuhandgeschäfte, insbesondere Fortführung des v. d. Bücherrev. Behle betr. T. u. R. Geschäftes.
„ 50 000.—	
„ 150 000.—	
PM. 1 Million	Goldmarkumstg. ist nicht bekannt.
RM. 12 000.—	
PM. 300 000.—	Goldmarkumst. ist nicht bekannt.
RM. 5 000.—	
„ 50 000.—	
PM. 1 Milliarde	Goldmarkumst. ist nicht bekannt.
RM. 5 000.—	
„ 20 000.—	Im Jahre 1923 waren fast alle Frankf. Bankierfirmen beteiligt, 1924 ist der Aktienbes. in die Hände v. Bücherrev. übergegangen. (D. Frankf. Bankfirmen haben dafür in Form einer G. m. b. H. eine „Treuh. Ges. d. Frankfurter Bankvereins" errichtet.)
„ 50 000.—	43. Gegründet v. Treuhänder Dr. Schäfer, Geh. R. Prof. Dr. Voigt, Baron Helldorf u. a. Zweck: Steuerberatg., Revisionen u. Vermög. Verwaltg. sowie Beteiligung bei Gründungen, Erweiterung und sonstig. Veränderungen v. Unternehmungen i. je. Rechtsform.
RM. 5 000.—	Gegründet als Mittelrhein. Treuhand AG. Mainz
„ 50 000.—	
„ 40 000.—	
„ 100 000.—	
„ 50 000.—	
„ 5 000.—	
„ 100 000.—	
„ 50 000.—	Zweck: Treuhandgeschäfte all. Art, Revisionen, Vermögensverwaltungen usw. Aufsichtsratsvors. Dr. Nußbaum.
„ 5 000.—	
„ 15 000.—	
PM. 100 Mill.	Goldmarkumstellg. ist nicht festzustellen.
RM. 5 000.—	
„ 50 000.—	Gegr. unter Bet. der Landesgewerbebk. u. der Landwirtschaftsstelle f. d. badische Handwerk.— Aufsichtsrat Karl Haußer, Bankdir. Günther, Dir. Sommer, Prof. Kalveram.
„ 6 000.—	
„ 6 000.—	
„ 5 000.—	
„ 10 000.—	
„ 20 000.—	Aufsichtsrat: Prof. Schmalenbach u. a.
„ 200 000.—	
„ 5 000.—	
„ 20 000.—	Die Gesellschaft wurde in Elberfeld gegründet.
„ 300 000.—	

Nr.	Name	Sitz	Gründungsjahr
66.	Treuhand AG. f. Wirtschaft u. Handel	Leipzig	1922
67.	Fram AG. f. Rev. und Treuhandgeschäfte	„	1923
68.	Roland, Rev. u. Treuhand AG.	„	1922
69.	Landwirtschaftliche Privat-Buchstelle für die Provinz Sachsen u. Anhalt AG.	Magdeburg	1923
70.	Treuhand AG. Kurpfalz	Mannheim	1921
71.	Ermländische Revisions- u. Treuh. AG.	Mehlsack/Ostpr.	1923
72.	Kontroll- und Verwaltungs-AG.	München	1923
73.	Bayr. Revisionsges. Lambert & Co., AG.	„	1921
74.	Saretra, Dr. Sabels Rev.- u. Treuh. AG.	„	1923
75.	Treuhand AG. vorm. Krumpe & Friedrich	München-Gladbach	1922
76.	Treuhand- und Revisions-AG.	Nürnberg	1922
77.	Treuhand AG.	Oldenburg	1922
78.	Vogtländisch-Erzgebirgische Treuhand AG.	Plauen	1921
79.	Oberrhein. Treuhand AG.	Pforzheim	1919

Treuhand-Aktiengesellschaften.

Aktienkapital	Bemerkungen
RM. 20000.—	Zweck: Überwachung oder Überprüfung d. Bücher, Bilanzen, Abrechnungen u. der Geschäftsführung v. Unternehmen aller Art, die Beratung solcher in all. Fragen, insbes. auch in Steuerangelegenheiten, die Erstattung von Gutachten all. Art. — Aufsichtsratsvorf.: Handelshochschulprof. Dr. Großmann.
„ 30000.—	Die Firma hat Agenturen in Hamburg, Köln, Danzig, Wien, Budapest, Zürich, Reval, Helsingfors, Oslo, New-York, Valparaiso, Kobe, Kairo, Rio de Janeiro, Buenos Aires, Guatemala, Weltevreden, Tientsin, Madrid, Java, Smyrna, Kapstadt, Melbourne, La Paz, Oruru, Shanghai, London, Tokio, San Franzisko. Zweck: Übernahme v. Treuhandgeschäften sowie die Ausführung von Buch- und Bilanzrevisionen aller Art, wie auch alle in dieses Gebiet einschlägigen Geschäfte, Beteiligungen an anderen gleichartig. Unternehmungen. Unter Führung der Gesellschaft sind mehr od. weniger stark zusammengeschlossen: Fram Comp. G. m. b H. (Holding-Gesellschaft), Revizori és Vagyolenkezelö Részvénytarsasay, Budapest, Nordböhmische Treuhand AG., Reichenberg, C. Landwehr & Co., Auditors, New-York, Istituto di Revisione Aziendale, Milano, Société Fiduciaire de Paris, Société Fiduciaire de Controle et de Révision, Paris Laut amtlicher Bekanntmachung nichtig.
„ 100000.—	Zweck: Betrieb einer Buchprüfungs- und Beratungsstelle insbes. für landwirtschaftliche Kreise.
„ 10000.—	
„ 10000.—	
„ 5000.—	Zweck: Betrieb von Kontroll- und Revisionsgesch., Vermögensverwaltungen.
„ 5600.—	Zweck: Fortführung des früher. Gesch. gleichen Nam en Übernahme von Revisions- u. Treuhandgeschäften all. Art. — Aufsichtsrat: Monsignore Walterbach, Oberzollrat Giehrl, Geh.-R. Heinsfurther, KR. Pfeifer in Memmingen u. a.
„ 10000.—	
„ 10000.—	
„ 6000.—	
„ 20000.—	
„ 20000.—	Aufsichtsrat: Bankdir. Lindenbaum, Meyer. Zweck: Revision kaufm., industr. und landw., sowie kommunaler Betriebe, Beratung v. Privatpersonen, Firmen, Gesellschaften, Verbänden und Kommunen, in kaufm., buchtechn., organisator., steuerlichen u. sonst. Fragen all. Art. Prüfung v. Bilanzen, Einrichtung praktischer Buchführungen, Fertigstellung v. Rechnungsabschlüssen, Übernahme von Vermögensverwaltungen, Liquidationen bei Geschäftsbetrieben, Treuhandfunktionen und Pfandhalterschaften all. Art.
„ 5000.—	Die Firma hat Niederlassungen in Konstanz, Karlsruhe und Freiburg.

II. Erwerbsmäßig orientierte

Nr.	Name	Sitz	Gründungsjahr
80.	Norddeutsche Revisions- und Treuhand-AG. . . .	Rotenburg/Hannover	1922
81.	Landestreuhand AG.	Saarbrücken	1923
82.	Treuhand- und Revisions-AG.	"	1924
83.	Treuhand AG. f. Saar und Rheinland	"	1923
84.	Treuhand AG. Eisen und Stahl	Schmalkalden	1923
85.	Treuhand- und Revisions-AG.	Trier	1924

Aktienkapital	Bemerkungen
RM. 5000.—	Zweck: Ausführg. von Treuhandgesch. all. Art, insbes. Einrichtungen, Übernahme v. Rev. u. Buchführungen all. Art sowie Bearbeitung aller buchführungstechnischen, buchführungsrechtlichen und Bilanzfragen, steuerrechtliche Beratung und Vertretung, Erstattung wirtschaftl. Gutachten, Aufstellg. von Rentabilitätsberechn., sowie Beratung in allen handels- und gewerbepolitischen Fragen, Finanzierungen und Vermögensverwaltungen, Betrieb einer Versicherungsstelle, umfassend alle Zweige des Versicherungswesens einschließlich des Versicherungsschutzes.
unbekannt.	
Frcs. 50000.—	
„ 20000.—	
RM. 5000.—	
„ 50000.—	

III. Konzernmäßig orientierte

Nr.	Name	Sitz	Gründungsjahr
1.	Norddeutsche Buchführungs- und Verwaltungs-AG.	Altona	1924
2.	„Aufsicht" Revisions-AG.	Berlin	1915
3.	Deutsche Revisions-Gesellschaft, Treuhand AG. . . .	Berlin W 9	1923
4.	Kurmärkische Vermögensverwaltungs-AG.	"	1923
5.	Lloyd Treuhand AG.	Berlin W 10	1922
6.	Textil Treuhand- und Verwaltungs-AG.	Berlin	1922
7.	Treuhandgesellschaft Deutschland AG.	Berlin	1921
8.	Revisions- und Verwaltungsgesellsch. f. d. Seidemann-Rödertal-Verband, AG.	Dresden	1924
9.	„Fides" Treuhand AG.	Elberfeld	1923
10.	Norddeutsche Treuhand AG.	Hildesheim	1924
11.	Treuhand AG. Rheinland	Mainz/Saarbrücken	1919
12.	Deutsche Revisions- und Treuhand AG.	Berlin	1925

Treuhand-Aktiengesellschaften.

Aktienkapital	Bemerkungen
RM. 50000.—	Aufsichtsrat: Finanzsachverständ. Dr. Horn, Generaldir. F. Blicks, Fabrikbesitzer Bar, Generaldir. A. Erichsen, Vizekonsul Fischer, Baron Haller v. Hallerstein u. a.
„ 5000.—	Zweck: Vorn. von regelmäß u. einmal. Rev. öffentl. u. kaufm., industr. oder landw. Betriebe in bezug auf Buchung, Kalkulations- u. Kassenunterlagen, Organisationen, Reorganisationen, Kontrolle, Tätigkeit als Treuhänder, Pfandhalter, Liquidator, Begutachter, Einrichtg. u. Führg. v. Schutzverbänden. — Aufsichtsr.: Albrecht Graf v. Stolberg-Wernigerode, KR. Weber in Gera, Landrat v. Bredow, GehR. Arnoldy u. a.
„ 100000.—	Aufsichtsrat: Prof. Kalveram, Dr. Krafpe, Minoux (Stinnes-Konzern) Vorstand: Dr. Gerstner.
„ 50000.—	Zweck: Beratg., Verwaltg. u. Verwertg. v. Vermögen u. Vermögensteilen, die i. d. Kurmark gelegen sind oder v. d. Kurmark aus verwaltet werden, der Betrieb all. damit i. Zusammenhang steh. Gesch. mit Ausschl. v. Bankgesch. Aufsichtsr.: Alfred Mannesmann u. versch. Gutsbes. aus der Kurmark.
„ 100000.—	Aufsichtsr.: Generaldir. Brennecke in Gleiwitz, Bankier Dr. A. v. Quistorp in Berlin, Dr. Ricardo F. Slomann in Hamburg.
„ 60000.—	Fa. bis 1923: Tschecho-Allemania Im- u. Export AG. „ „ 1924: Heine Treuhand- u. Verwaltungs-AG. Zweck: Anl. u. Verwaltg. v. Vermögenswerten all. Art, wirtschaftl. Beratg. in all. Vermögens- u. Steuerangelegenh., Rev. v. Büchern u. Bilanzen, alles insbes. in bezug auf Firmen der Textilbranche. Aufsichtsr.-Vors.: Max Hermann Heine in Leipzig.
PM 1500000.— Goldmark-Kapital nicht zu ermitteln.	Aufsichtsr.: Prinz Isenburg-Birstein, JR. Dr. Wertheimer Frankfurt a/M., Generaldir. C. Blancke u. a.
RM. 62000.—	Zweck: Die dem Seidemann-Rödertal-Verband angehörigen Firmen in Grundstücks-, Finanz-, Steuer- und Versicherungssachen zu unterstützen, zu revidieren, zu verwalten, zu beraten und einschlägige Handlungen für diese vorzunehmen.
„ 50000.—	Gründer versch. Firmen der Seidenindustrie.
„ 50000.—	
„ 200000.—	Zweck: Jur. kaufm., technische Beratung, Rev. u. Organ. von kaufm.-, ind.- und techn Unternehmungen jeder Art, ferner Vermögensverwaltung sowie Betätigung sämtlicher Treuhandgeschäfte, welche geeignet sind, das Unternehmen zu fördern. Aufsichtsr.: Bankdir. Kraus, Generaldir. Hecht, Mannheim, KR. August Kahn, München, Staatsrat Dr. L. Haas, Karlsruhe, Bankier Ed. Röchling, KR. Gsell, Karlsruhe u. a. m.
„ 1000000.—	Gründer: Deutsche Werke und sonstig. Unternehmg. des Reiches. Bankbez.: Reichskredit-A.-G.

IV. Treuhand-Aktiengesell-

Nr	Name	Sitz	Gründungs-jahr
1.	Deutsche Treuhand-Gesellschaft für Warenverkehr AG.	Berlin	1921
2.	Treuhand-AG. für Verkehrs- und Industriewerte .	Berlin	1923
3.	Herzoglich Anhaltische Treuhand-Verwaltungs-AG. .	Berlin-Dessau	1923
4.	Grundwerte Treuhand AG.	Berlin	1912
5.	Pro Domo Treuhand AG. für Grundbesitz	Berlin	1917
6.	Deutsche Waren-Treuhand-AG.	Hamburg	1920
7.	Hersfelder Treuhand-AG.	Hersfeld	1918
8.	Treuhand-AG. für Haus- und Grundbesitz	Köln	1923

schaften für Spezial-Zwecke.

Aktienkapital	Bemerkungen
RM. 500000.—	Zweck: Mitwirkg. b. d. Durchfg. u. Sicherstellg. v. Gesch. all. Art, bes. solchen Gesch., welche d. Ein-, Aus- und Durchfuhr v. Rohst. u. Waren all. Art bezwecken, sowie die Ausübg. treuhänd. Funktionen in Ansehg. d. Sicherstellg. v. Industrie- u. Auslandskrediten od. Konsign.-Gesch. usw. — Bankbez.: Deutsche Bank, Berliner Handelsgesellschaft u. a. Banken.
RM. 70000.— und auf „ 733600.— umgestellte PM.-Anleihe.	Zweck: Treuhänd. Verwaltg. u. Verwertg. v. Aktien, Geschäftsanteilen, Beteiligungen, Schuldverschreibungen od. sonst. Forderungen an in- u. ausländische Verkehrs- u. Industrie-Untern. (Hat v. d. ausländ. Beteil. d. Allgemeinen Lokalbahn- und Kraftwerke AG. in Berlin Aktien der Wiborgs Gas- u. Elektrizitäts-AG. in Besitz) Bankbeziehungen: Berliner Handelsgesellsch. u. a.
RM. 1000000.—	Zweck: Treuhandschaftl. Verwaltg d. Vermög d Herzogl. Anh. Hauses, der Betrieb v. Land- u. Forstwirtschaft u. sonst. Untern., sowie der Betr. all. damit im Zusammenhang steh. Gesch.
„ 5000.—	Zweck: Verwaltung und Verwertung von Grundwerten.
„ 5000.—	Zweck: Treuhänderische Verwaltg. v. Grundstücken aus Abschluß von Geschäften, die mit dem Grundstückswesen im Zusammenhang stehen.
„ 1000000.—	Zweck: Jede Art v. Tätigkeit, die mit der Sicherung v. Warenkrediten, insbes. ausländ. Rohstoffveredelungskrediten für deutsche Untern. im Zusammenhang steht, auch alle and. Gesch., die mit der Sicherg. v. Kapitalien u. Vermögen, sowie mit d. Verwaltg v. Vermögen in Verbindg. stehen; abgesehen von Geschäften zur Belegung des eig. Kapitals sind Gesch. ausgeschlossen, die mit einem anderen Risiko, als der Haftung für ordnungsmäßige Erfüllung der unternommenen Aufgaben verbunden sind. — Bankbez.: Warburg, Mendelssohn-Bartholdy, Oppenheim, Levy, Hirschland u. a.
„ 60000.—	Zweck: Sicherstellg. d. Durchführg. d. bereits seit längerer Zeit zwischen d. Tuchfabr. Rechberg u. Georg Braun in Hersfeld bestehenden Betriebsgemeinschaft, insbes. deren weit. Ausbau, ferner Ankauf, Verwertg. u. Verwaltung v. Vermögensobjekten der an den Firmen Rechberg u. Braun beteil. u. sonst. Personen. — Aufsichtsr.: KR. Fritz Rechberg, Bildhauer Arnold Rechberg, Fabrikbes. Braun, Dir. Otto Braun-Roos.
„ 10000.—	Zweck: Treuhänd Verwaltg. u. Verwertg. fremd. Haus- u. Grundbes., Beaufsichtigung u. Nachprüfg. d. Gesch.-führg. fremd. Verwaltg. Begutachtg. u. Beratg i. all. d. Haus- u. Grundbes. betr. Ang. — Aufsichtsr.: Dir. Max Herberg (Treuhand AG., Köln), Prof. W. Mahlberg u. a.

V. Uneigentliche Treuhand-

Nr.	Name	Sitz	Gründungs-jahr
1.	Deutsche Industrie-Treuhand AG.	Berlin	1920
2.	Deutsche Kredit- und Handelsgesellschaft AG. (vorm. Reichstreuhand-Gesellschaft AG.)	"	1920
3.	„Märtag" Märkische Treuhand-Verwaltungs-AG. . .	"	1919
4.	Maschinenbau-Treuhand-AG.	Berlin-Charlottenbg.	1921
5.	Mittelstands-Treuhand-Kommanditges. a. Aktien . .	Berlin-Schöneberg	1924
6.	Deutsche Treuhand- und Handels-AG.	Berlin	1922
7.	„Roland" Finanz- und Treuhand-AG.	"	1923
8.	Wirtschaftsberatungs-Gesellschaft AG.	Düsseldorf	1919
9.	Ruhr AG. für Finanz- und Treuhandgeschäfte . .	Essen	1923
10.	Friedr. Geißelbrecht Treuhand- und Finanz-AG. . .	Frankfurt a/M.	1923
11.	Rhein. Immobilien Treuhand-AG.	"	1922
12.	„Saxo-Bavaria" Treuhand- und Finanz-AG. . . .	Leipzig	1923
13.	Treuhand-AG. der Hausbesitzer	"	1923

Aktiengesellschaften.

Aktienkapital	Bemerkungen
RM. 625000.—	Zweck: Kreditbeschaffg. f. d. Import von industr. Rohstoffen, Halb- u. Fertigfabrikaten, Organisation des Exports f. d genannten Gegenstände, Bank-, Waren-, sonst. Geschäfte all. Art, soweit sie vorgenannten Zwecken dienen.
„ 3000000.—	Zweck: Verwaltg. u. Verwertg. v. Vermögensmassen, sowie d. Betrieb v. Bank-, Handels- u. Industriegesch. all. Art, Pfandhalter- u. Treuhänderschaften f. Waren u. Wertpapiere, Vertretg. Dritter bei Ausübg. d. Akt.- od. Oblig.-Rechte, Interessenvertretg. v. Schutzvereinen, Revisionen, Reorganisationen.
„ 250000.—	Firma bis 1922: Industriestätte Kommandantenstraße. Zweck: Verwaltg. fremd. u. eig. Vermög., bes. eig. u. fremd. Grundstücke. — Aufsichtsr.-Vors.: RA. Dr. Fritz Blankenfeld.
„ 5000.—	Zweck: Sammlg. u. Verwaltg. von zur Förderung des deutschen Maschinenbaus bestimmten Geldmitteln u. Vermögenswerten; Vorn. v. Rev. d. Vermögensstandes industr. Untern. insbes. d. Maschinenbaus. — Aufsichtsr: Generaldir. Dr. Ing. h. c. Wolfgang Reuter in Duisburg, Dir. Dr. Ing. ter Mer in Hannover u. a.
„ 6000.—	Zweck: Betr. v. Treuh. u. Rev.-Gesch. f. Angeh. d. Mittelstandes, Vertretg. d. „Selbsthilfe" Krankenvers. f. d. Mittelstand a. G., Durchführg. v. Zwangsvergl. u. Sanierungen. — Aufsichtsr.-Vors.: Dr. Rob. Grundmann.
GM.-Umstellg. nicht festzustellen	Zweck: Treuh.- u. Rev.-Gesch., Handel m. Waren all. Art.
GM.-Umstellg. nicht festzustellen PM. 1 Milliarde	Zweck: Durchführg. v. Finanzierg. insbes. Vorbereitg. v. Gründungen und deren Durchführg., Umwandlungen, Fusionen, Interessengemeinschaften, Auseinandersetzungen, Sanierungen, Liquidationen usw. Übernahme v. Treuhandgesch. all. Art.
RM. 6000.—	Zweck: Beratg. in all. wirtschaftl. Ang., sowie auch in all. Sachen vor Verwaltungsbehörd. u. Gerichten, insbes. Steuersachen, weiterhin Beratg. auf dies. Gebieten, wo es erforderl. ist, Interessengegensätze auszugleichen, aus den Überschüssen einen Fonds zur Pflege d. Wirtschaftslebens zu speisen. An d. AG. ist ein Konsort. erster Firmen u. Persönlichk. all. Wirtschaftszweige mit einem größ. Kapital als still. Ges. beteiligt. — Aufsichtsr.: Fabrikant Dr. Georg Fischer, JR. Dr. Presser, Th. Douqué sen.
„ 5000.— GM.-Umstellung unbekannt.	Gegr. mit 100 Billionen PM.
„ gegr. mit PM 1000000.—	Zweck: Verwaltg. u. Verwertg. v. Immobilien u. Übernahme einschl. Treuhandgesch.
RM. 5000.—	Zweck: Neben Übernahme von Treuhandfunktionen jeder Art Geschäftsführg. und Beitreibung v. in- und ausländischen Vermögensforderungen.
„ 11800.—	Zweck: Wirtschaftl. Unternehmg., die im Interesse des Hausbes. liegen, vorzubereiten u. selbst durchzuführen, Verwaltungen von Hausgrundstücken u. Vermögen zu übernehmen, Instandsetzungsarbeiten u. Ausbauten zu übernehmen und zu finanzieren, als Treuhänder fremd. Vermögensteile tätig zu sein.

V. Uneigentliche Treuhand-

Nr.	Name	Sitz	Gründungsjahr
14.	Treuhand-AG. f. Grunderwerb u. Vermögensverwaltg.	Mannheim	1920
15.	AG. für private Vermögensverwaltung	München	1923
16.	Bayerische Finanzierungs- und Treuhand-AG. . .	Nürnberg	1923
17.	Treuhandbank AG.	Stuttgart	1921

Aktiengesellschaften.

Aktienkapital	Bemerkungen
GM.-Umstellung unbekannt.	Zweck: Erwerb u. Veräußerung v. Grundstücken, Verwaltung v. diesen und anderen Vermögen, Betrieb v. Bank- u. Handelsgeschäften jeder Art.
RM. 20000.—	Gegründet unter Beteilig. des Bankh. Martin & Co Zweck: Wahrnehmung eigener und fremder Vermögensinteressen.
„ 241200.—	Aufsichtsr.: Bankier Harbauer, RA. Dr. Erlanger, JR. Notar Franz Wittmann. Zweck: Finanzierung von Unternehmg. all. Art; Erwerb, Verwaltg. u. Verwertg. v. Grundstücken, d. Übernahme v. Vermögens- und Nachlaßverwaltg., v. Erbschaftsauseinandersetzungen, v. Revisions- u. Treuhandgesch. all. Art.
„ 40000.—	Gesellschaft darf Handelsgeschäfte jeder Art neben Treuhand- und Revisionsgeschäften betreiben.

Uneigentliche Treuhand-Aktiengesellschaften werden für unsere Betrachtungen ausscheiden müssen.

Die erwerbsmäßig orientierte Treuhand-A.-G. kann man als „Bücherrevisor auf Aktien" bezeichnen. Vielfach gelangen solche Unternehmungen so zur Entstehung, daß sich einige Fachleute zusammen tun, um ihrem bisherigen Gewerbe als Privat-Revisoren gemeinsam nachzugehen. Von den konzernmäßig orientierten Treuhandgesellschaften lassen sich die erwerbsmäßig orientierten nicht immer streng trennen; denn manchmal sind Bücherrevisoren und Konzerne gemeinsam Gründer von Treuhand-A.-G., ohne daß dem Fernerstehenden ein Urteil darüber möglich wäre, nach welcher Seite hin das betreffende Institut stärker orientiert ist. So sind in der obigen Aufstellung unter den konzernmäßig orientierten Gesellschaften nur solche aufgezählt, deren Zugehörigkeit zu Industriekonzernen unzweifelhaft feststeht.

Die erwerbsmäßig orientierten Treuhandgesellschaften betreiben, wie sich nicht nur aus praktischer Anschauung, sondern öfters auch aus den Gewinn- und Verlustrechnungen ersehen läßt, vorwiegend das Revisionsgeschäft. Die eigentlichen Treuhandgeschäfte spielen, abgesehen von der Durchführung von Vergleichen, meist nur in den Statuten eine Rolle. Viele von diesen Gesellschaften sind deshalb zu umfangreicheren Treuhandgeschäften ungeeignet, weil das für die ordnungsmäßige Durchführung haftende Vermögen der Gesellschaft vielfach so gering ist, daß eine hinreichende Sicherung dem Auftraggeber nicht geboten wird. Freilich ist auch bei den bankmäßig orientierten Gesellschaften teilweise nach der Goldmarkumstellung das Aktienkapital relativ nieder, wenn man bedenkt, daß vor dem Kriege ein solches von einer Million Mark als das übliche bei den Banktreuhandgesellschaften angesehen wurde.

So betrug vor dem Kriege das Aktienkapital bei der:

Deutschen Treuhand-Gesellschaft	ℳ	2 000 000.—
„Revision" Treuhand-A.-G., Berlin	„	1 000 000.—
Treuhand-Vereinigung A.-G., Berlin	„	1 000 000.—
Allgem. Revisions-A.-G.	„	1 000 000.—
Südd. Treuhand-Gesellschaft A.-G.	„	400 000.—
Bayer. Treuhand-A.-G.	„	1 500 000.—
Schlesischen Treuhand-A.-G.	„	500 000.—
Rheinischen Treuhand-A.-G.	„	1 500 000.—
Allgem. Treuhand-A.-G., Dresden	„	400 000.—

Es beträgt das Aktienkapital nach der Goldmarkumstellung bei der:

Deutschen Treuhand-Gesellschaft	RM	1 200 000.—
„Revision" Treuhand-A.-G., Berlin	„	200 000.—
Treuhand-Vereinigung A.-G.	„	300 000.—
Allgem. Revisions-A.-G.	„	40 000.—
Südd. Treuhand-Gesellschaft A.-G.	„	60 000.—
Bayer. Treuhand-A.-G.	„	30 000.—[117])
Schlesischen Treuhand-A.-G.	„	50 000.—
Rheinischen Treuhand-A.-G.	„	400 000.—
Allgem. Treuhand-A.-G., Dresden	„	50 000.—

So sind zwar die Aktienkapitalien der Bank-Treuhandgesellschaften im Durchschnitt erheblich geringer als vor dem Kriege. Sie sind aber immer noch wesentlich höher, als diejenigen der erwerbsmäßig orientierten Gesell-

[117]) Erhöhung auf 150 000.— RM. ist beantragt.

schaften, was aus der auf Seite 62 ff. gegebenen Übersicht ohne weiteres hervorgeht.

Das Aktienkapital einer Treuhandgesellschaft soll, wie wir bereits ausführten, dem Auftraggeber eine Sicherheit sein, daß er für einen etwaigen Schaden, welcher ihm durch unterlaufene Fehler zugefügt werden könnte, entschädigt werden wird. Trotzdem nun nach erfolgter Goldmarkumstellung auch die Aktienkapitalien der Bank-Treuhandgesellschaften gegenüber der Vorkriegszeit wesentlich niedriger geworden sind, sind die Garantien, welche diese Institute bieten, nicht geringer, als vor dem Kriege: Die wertvollste Garantie liegt im Ansehen der den Treuhandinstituten nahestehenden Großbanken. Daß diese für alle Verpflichtungen des ihnen nahestehenden Treuhandunternehmens, sofern dieses selbst sie aus eigenem Vermögen nicht decken könnte, aufkommen werden, ist bei der Sorgfalt, mit der die deutschen Großbanken alles vermeiden, was ihrem Ansehen irgendwie abträglich sein würde, selbstverständlich. Dieser Umstand ist es aber andererseits auch, welcher es dahin gebracht hat, daß die Bank-Treuhandgesellschaften sämtlich eine ebenso einwandfreie wie gute Geschäftsführung aufzuweisen haben.

Unter den erwerbsmäßig orientierten Aktiengesellschaften befindet sich eine Anzahl von älteren, bekanntermaßen gutgeleiteten Unternehmungen, deren Name und Kapital genügend bürgt. Daß aber ein Aktienkapital von 5000 bis 10 000 *RM* für eine Treuhandgesellschaft völlig ungenügend sein muß, liegt auf der Hand. Bei diesen Unternehmungen ist vielfach ein Bücherrevisor Gründer, Aktionär, Direktor, Buchhalter und Revisor in einer Person, seine Verwandten oder Freunde die Aufsichtsräte. Praktisch unterliegt die Geschäftsführung nicht der geringsten Kontrolle und der gute Klang der Bezeichnung „Treuhandaktiengesellschaft" soll das Publikum über den Umfang des Unternehmens täuschen. Doch bringt wenigstens der Zwang zur öffentlichen Rechnungslegung der Aktiengesellschaft die Wahrheit an den Tag.

Weit schlimmer steht es in dieser Hinsicht mit den Gesellschaften m. b. H., über deren Geschäftsführung die Öffentlichkeit überhaupt nicht wachen kann. Man hat daher in Kreisen der Berliner Handelskammer schon einmal Schritte erwogen, die Bezeichnung „Treuhandgesellschaft" auf die Aktiengesellschaften zu beschränken[118]). Die heute zweifellos vorhandenen Mißstände können allerdings zum großen Teil als Folgen der Inflation betrachtet werden. Der jahrelang herrschende Gründungstaumel, der Steuerdruck, die Menge neuartiger Probleme für den Kaufmann und alle die bekannten Erscheinungen brachten dem Treuhandwesen gute Verdienstmöglichkeiten und erleichterten es Einzelpersonen „Treuhandgesellschaften" auf zunächst genügend breiter Basis ins Leben treten zu lassen. So erklärt es sich, daß die erwerbsmäßig orientierten[119]) Treuhand-A.-G. seit 1914 eine außerordentlich starke Zunahme aufweisen (von 3 auf 97, d. i. also eine Erhöhung auf rund das 32 fache des Vorkriegsstandes!). In noch viel stärkerem Maße haben sich die G. m. b. H. vermehrt, deren Gründung ohne wesentliche Schwierigkeiten vor sich gehen konnte. Ein großer Teil dieser Gesellschaften m. b. H. ist bald nach der Stabilisierung wieder verschwunden; aber auch bei den kleinen Treuhand-A.-G. stellten sich die Schwierigkeiten ein, das Kapital mußte meist bis zur gesetzlich vorgeschriebenen Mindestgrenze reduziert werden und auch hier hat sich eine Anzahl von Gesellschaften

[118]) Vgl. Götz, Seite 70.
[119]) Einschließlich der konzernmäßig orientierten.

auflösen müssen. Die Wirtschaftslage wird noch eine weitere Reinigung in der Hinsicht erzwingen, als allmählich wohl diese Zwergtreuhandgesellschaften werden liquidieren müssen. Die praktische Beobachtung zeigt, daß immer mehr derartige Zwergunternehmungen gelöscht werden; ein genauer statistischer Überblick ist hierüber noch nicht möglich. Es wird Sache der Registergerichte und der Handelskammern sein, in Zukunft die Neueintragung solcher Zwerggesellschaften, die dem Wirtschaftsleben mehr schaden als nützen können, zu verhindern. Daß sich die Handelskammern ihrer Aufgabe in dieser Hinsicht bewußt sind, zeigen die zahlreichen dahingehenden Gutachten, welche Götz in seinem Buch über „Treuhandwesen und Wirtschaft" aufführt.

Die Form der G. m. b. H. wird in der Regel nur bei erwerbsmäßig orientierten Unternehmungen kleinen Umfanges angewandt; vor dem Kriege bestand nur 1 bankmäßig orientierte Treuhandgesellschaft m. b. H., die Mecklenburgische Treuhandgesellschaft in Schwerin. Zurzeit dürfte die „Treuhandgesellschaft des Frankfurter Bankvereins G. m. b. H." (vgl. S. 66/67 unter Nr. 42) die einzige Banktreuhandgesellschaft in der Form einer G. m. b. H. sein. Gerade die Notwendigkeit, dem Auftraggeber eine möglichst große Haftsumme zur Verfügung zu stellen und ihm die finanziellen Verhältnisse und das Geschäftsgebaren des Treuhänders offen zu legen, sowie andererseits die Tatsache, daß der Beruf des Treuhänders und Wirtschaftsberaters ein höchst persönlicher ist, machen die G. m. b. H. für das Treuhandwesen wenig geeignet. Bei den zurzeit bestehenden G. m. b. H. handelt es sich daher zumeist um Unternehmungen auf schmaler Basis, welche ohne bemerkenswerte Bedeutung für das deutsche Treuhandwesen sind. Ihre zuverlässige statistische Erfassung ist in Anbetracht des Umstandes, daß hier der Zwang zur öffentlichen Rechnungslegung usw. fehlt, kaum möglich, zumal die wirtschaftlichen Schwierigkeiten der gegenwärtigen Zeit schnelle und wesentliche Veränderungen mit sich bringen. Wir sehen daher von einer statistischen Aufstellung über sämtliche Treuhandgesellschaften m. b. H. ab, da eine solche schon bei ihrer Errichtung wesentlich überholt sein dürfte; gleiches ist von den Kommanditgesellschaften und den wenigen offenen Handelsgesellschaften zu sagen. Diejenigen G. m. b. H., welche dem Verband Deutscher Treuhand- und Revisionsgesellschaften angehören und daher Beachtung verdienen, sind in unserer Übersicht auf Seite 83 und 84 enthalten.

Die Zahl sämtlicher bestehenden Treuhandgesellschaften kann auf rund 450 geschätzt werden. Etwa die Hälfte dieser Gesellschaften ist während der Inflationsjahre entstanden und besitzt heute keine wesentliche Bedeutung mehr[120]).

Der Wahrung der gemeinsamen beruflichen und geschäftlichen Interessen soll der „Verband Deutscher Treuhand- und Revisionsgesellschaften" dienen, welcher 1920 in Berlin gegründet wurde; er hat sich insbesondere auch die Aufgabe gestellt, das berufliche Ansehen der Treuhandgesellschaften zu wahren und besitzt daher strenge Aufnahmevorschriften. Einen Zusammenschluß aller deutschen Treuhandgesellschaften konnte er nicht erreichen; insbesondere haben sich die Bank-Treuhandgesellschaften bis auf wenige Ausnahmen von ihm ferngehalten. Dies kann dann nicht verwunderlich erscheinen, wenn man, wie aus den folgenden Untersuchungen hervorgehen wird, in Erwägung zieht, daß die bankmäßig orientierten Treuhand-

[120]) Nach dem Archiv des Verbandes Deutscher Treuhand- und Revisionsgesellschaften; auf Grund mir gewordener Mitteilung.

gesellschaften im Grunde einer anderen Zweckbestimmung zu dienen haben, als die übrigen Organe des Treuhandwesens.

Im Verband Deutscher Treuhand- und Revisionsgesellschaften sind folgende Institute vereinigt:

Berlin:
1. Allgemeine Treuhand-Aktiengesellschaft *).
2. „Aufsicht", Revisions-Aktiengesellschaft.
3. Brandenburgische Treuhand-Aktiengesellschaft.
4. Deutsche Revisionsgesellschaft, Treuhand-Aktiengesellschaft.
5. Deutsche Treuhandgesellschaft für Handel und Industrie m. b. H.
6. Frommann & Sütterlin, Treuhand- und Revisionsgesellschaft m. b. H.
7. Liquidations- und Treuhandgesellschaft m. b. H.
8. Mittelstands-Treuhand-Kommanditgesellschaft auf Aktien.
9. Revisionsgesellschaft m. b. H. für Industrie und Handel.
10. Steuer-Treuhand-Gesellschaft m. b. H.
11. Treuhand-Aktiengesellschaft *).
12. Treuhand-Aktien-Gesellschaft für Industrie, Handel und Gewerbe.
13. Treuhänder-Aktiengesellschaft.
14. „Treuhand", Revisions- und Organisations-Aktiengesellsch.

Barmen:
15. Deutsche Wirtschafts-, Organisations- und Revisionsgesellsch. m. b. H. „Worga".

Bonn:
16. Rheinische Treuhand-Gesellschaft m. b. H. *)

Breslau:
17. Aktiengesellschaft für Wirtschafts- und Steuerberatung.

Chemnitz:
18. Chemnitzer Treuhand- und Revisions-Gesellschaft m. b. H.

Coblenz:
19. Treuhand-Gesellschaft Coblenz G. m. b. H.

Crefeld:
20. Treuhand- und Revisions-Aktiengesellschaft Niederrhein.

Cassel:
21. Deutsche Revisions- und Treuhand-G. m. b. H.

Dresden:
22. Allgemeine Treuhand-Aktiengesellschaft.
23. Treuhand-Aktiengesellschaft *).
24. Treuhandgesellschaft für Handel und Industrie.
25. Treuhandgesellschaft Uhde, Eisenreich G. m. b. H.

Dortmund:
26. Dortmunder Treuhand-Aktiengesellschaft.

Düsseldorf:
27. „Treuhand-Revision", Aktiengesellschaft.

Elberfeld:
28a. Rhein.-Westf. Finanz- und Treuhand Komm.-Gesellschaft F. Lücker & Co.
28b. Treuhand- und Finanz-Aktiengesellschaft.

Essen:
29. Revisions- und Treuhand-Aktienges. „Westdeutschland".
30. Treuhand- und Finanz-Aktienges. *).

Frankfurt a. M.:
31. Frankfurter Treuhand- und Revisionsges., A.-G.
32. Neuland, Treuhand- und Revisionsgesellschaft m. b. H.
33. J. & K. Seiffert, Treuhandgesellschaft.
34. Treuhand-Aktiengesellschaft *).
35. Vaterländische Treuhand- und Revisionsgesellschaft Ritter, G. m. b. H.

Göttingen:
36. Deutsche Buchstellen G. m. b. H.

Hannover:
37. Hannoversche Treuhand- und Revisions-A.-G.

Hildesheim:
38. Norddeutsche Treuhand-Aktiengesellschaft.

Hamburg:
39. Hamburger Buchprüfungs- und Verwaltungsgesellsch., A.-G.
40. Hamburger Revisions- und Treuhand-Akt.-Ges.
41. Norddeutsche Buchführungs- und Verwaltungs-A.-G.
42. Treuhand-Syndikat Aktiengesellschaft.

Harburg/Elbe:
43. Norddeutsche Revisions- und Treuhand-Aktienges.

Hanau:
44. Revisions- und Treuhand-Gesellschaft für Handel und Industrie G. m. b. H.
45. Treuhand-Aktiengesellschaft.

Heilbronn:
46. Heilbronner Treuhand-Gesellschaft m. b. H.

Köln a. Rh.:
47. Kölner Treuhand- und Revisionsges. Klaus & Co., Komm.-Gesellschaft.

Die mit *) bezeichneten Gesellschaften sind Zweigstellen.

48. Mittelrheinische Treuhand-Aktiengesellschaft.
49. Treuhand-Aktiengesellschaft vorm. Krumpe & Friedrich *).
50. Treuhand- und Steuerberatungs-Gesellsch. Böhm & Cie.
51. Treuhandges. für Handel und Industrie m. b. H.
52. Treuhand- und Revisions-Aktienges.
53. Rheinische Treuhand-Gesellschaft m. b. H.
54. Treuhand- und Steuerberatungs-Ges. Krausmann & Cie. m. b. H.

Karlsruhe: 55. Badische Treuhandgesellschaft A.-G.
Lübeck: 56. Treuhand G. m. b. H. für Handel und Industrie.
Leipzig: 57. Treuhand-Aktiengesellschaft.
Magdeburg: 58. Magdeburger Treuhand- und Revisionsgesellschaft m. b. H.
59. Treuhand-Aktiengesellschaft *).
M.-Gladbach: 60. Treuhand-Aktienges. vorm. Krumpe & Friedrich.
Meiningen: 61. Revisions- und Treuhand-Aktiengesellschaft Thüringen.
Mannheim: 62. Badische Treuhandgesellschaft m. b. H.
63. Treuhand Kurpfalz Aktiengesellschaft.
München: 64. Deutsche Allgemeine Treuhand-Aktiengesellschaft.
65. Münchener Allgemeine Treuhand-Aktiengesellschaft.
66. Syndikat für Handel, Gewerbe und Vermögensverwaltung G. m. b. H. *).
Neuß: 67. Neußer Treuhand- und Revisionsges. m. b. H.
Neustadt/Haardt: 68. Pfälzische Treuhand Gesellschaft m. b. H.
69. Treuhand Kurpfalz Aktiengesellschaft *).
Nürnberg: 70. Deutsche Allgemeine Treuhand-Aktiengesellschaft *).
71. „Fides", Treuhand-Aktiengesellschaft für Bayern *).
72. Nürnberger Allgemeine Treuhand-Aktiengesellschaft.
Oldenburg: 73. Treuhand-Aktiengesellschaft Oldenburg.
Offenburg: 74. „Badenia", Revisions- und Treuhandgesellsch. m. b. H.
Pforzheim: 75. Treuhand-Aktiengesellschaft *).
Remscheid: 76. Treuhand- und Revisionsgesellschaft Wiesenberg & Co.
Saalfeld: 77. Thüringisch-fränkische Revisions- und Treuhandges. m. b. H.
Singen a. H.: 78. Treuhand-Gesellschaft Dr. Waldschütz, Kopp & Co.
Varel: 79. Revisions- und Treuhand-G. m. b. H.
Wiesbaden: 80. Nassauische Revisionsgesellschaft beeidigter Bücherrevisoren G. m. b. H.
81. J. & K. Seiffert, Treuhandgesellschaft *).
Mailand: Primo Istituto di Revisione Aziendale.

Der Verband Deutscher Treuhand- und Revisionsgesellschaften dient dementsprechend vor allem den Interessen der kleineren Treuhandinstitute einschließlich der G. m. b. H.

Erst in der jüngsten Zeit haben sich auch die großen kreditbankmäßig orientierten Treuhandgesellschaften zu einem Verband, dem „Reichsbund Deutscher Treuhand-Aktiengesellschaften" zusammengeschlossen. Dieser Zusammenschluß war deshalb unumgänglich notwendig, weil gerade die wichtigsten deutschen Treuhandinstitute bisher ihre Interessen gegenüber den Behörden und der Öffentlichkeit nicht wirksam vertreten konnten, vielmehr lediglich die kleineren Gesellschaften, deren Bestrebungen naturgemäß oft anders geartet sein mußten, durch ihren Verband einen entsprechenden Einfluß besaßen. Die Initiative ging hierbei von der Deutschen Treuhand-Gesellschaft, der „Revision" Treuhand-A.-G. und der Treuhandvereinigung aus. Die konstituierende Versammlung fand am 13. März 1926 statt. Dem Reichsbund gehören folgende Gesellschaften an:

Bayerische Treuhand-A.-G., München;
Deutsche Treuhand-Gesellschaft, Berlin;
Deutsche Treuhand-Aktiengesellschaft für Warenverkehr, Berlin;
Deutsche Waren-Treuhand-A.-G., Hamburg;

Die mit *) bezeichneten Gesellschaften sind Zweigstellen.

Rheinisch-Westfälische „Revision" Treuhand-Aktiengesellschaft, Köln;
„Revision" Treuhand-Aktiengesellschaft, Berlin;
Sächsische Revisions- und Treuhand-A.-G., Leipzig;
Schlesische Treuhand- u. Vermögensverwaltungs-Aktiengesellschaft, Breslau;
Schwäbische Treuhand-Aktiengesellschaft, Stuttgart;
„Securitas" Revisions- und Treuhand-Aktiengesellschaft, München;
Süddeutsche Revisions- und Treuhand-Aktiengesellschaft, Mannheim;
Süddeutsche Treuhand-Gesellschaft A.-G., München;
Treuhand-Vereinigung Aktiengesellschaft, Berlin;
Allgemeine Revisions- und Verwaltungs-A.-G., Frankfurt a. M.;
Rheinische Treuhand-A.-G., Mannheim.

Die Frage, ob der Einzelrevisor oder das in Gesellschaftsform betriebene Revisions- und Treuhandinstitut besser geeignet sei, die Aufgaben zu erfüllen, welche dem Treuhandwesen obliegen, wird seit langem von den interessierten Kreisen heftig umstritten. Den Bücherrevisoren ist dadurch, daß sich die Treuhandgesellschaften in Deutschland nicht auf die Treuhandgeschäfte allein beschränkten, sondern ihre Tätigkeit in hervorragendem Maße auch auf das Revisionsgeschäft ausdehnten, eine schlimme und, wie man bei unparteiischer Beurteilung feststellen muß, erfolgreiche Konkurrenz entstanden. Denn gerade große Unternehmungen bevorzugen auch für ihre Revisionsarbeiten, wie man ohne weiteres aus den Bilanzbescheinigungen ersehen kann, heute die Treuhandgesellschaften. Auseinanderzusetzen, ob und welche Vorteile die Gesellschaftsform im Treuhandwesen bietet, sei daher Aufgabe der nachstehenden Ausführungen.

Das Treuhandwesen produziert Leistungen; allein diese Leistungen sind recht verschiedener Art und liegen dementsprechend auf Gebieten, deren Bearbeitung bald diese, bald jene Sonderausbildung erforderlich macht. Die Tätigkeit der Steuerberatung hat beispielsweise mit derjenigen bei Durchführung einer Sanierung oder einer Reorganisation zunächst nichts Gemeinsames. Dazu kommt noch, daß diese verschiedenartige Tätigkeit an Objekten vorgenommen werden muß, welche unter sich ebenfalls wiederum die stärksten Unterschiede aufweisen. Die Organisation z. B. einer Schuhgroßhandlung muß ganz andere Gesichtspunkte berücksichtigen, als diejenige einer Fahrradfabrik; ja selbst der Betrieb einer Fahrradfabrik, die hauptsächlich an Kleinhändler liefert, kann unmöglich genau so organisiert werden, als der einer sonst ganz gleichgearteten, welche aber nur mit Großabnehmern in Geschäftsverbindung steht.

Bedenkt man, daß es sich um umfangreiche Einzelgebiete handelt, die im Fachgebiet verschiedener Wissenschaften und Berufszweige gelegen sind, so könnte man annehmen, daß hier der volkswirtschaftliche Vorgang der Arbeitsteilung sich dahin auswirken müsse, innerhalb des Treuhandwesens eine Spezialisierung nach bestimmten Einzelfunktionen herbeizuführen.

Bis heute ist es aber dazu nur in beschränktem Ausmaß gekommen. Der Grund muß darin gesehen werden, daß in der Praxis die einzelnen Tätigkeitsgebiete des Treuhandwesens dauernd ineinander übergreifen. So erfordert beispielsweise die Durchführung einer Sanierung vielfach auch die Vornahme von Revisionen und Reorganisationen; genaue Kenntnis der Steuergesetze, der Konkursordnung, des Bürgerlichen Rechts ist ebenso notwendig, wie beispielsweise die vollständige Beherrschung der Technik der Aktienemission, des internationalen Zahlungsverkehrs o. ä. So ist für die

Durchführung von Treuhandgeschäften Vertrautheit mit dem Revisionsgeschäft und seinen Hilfsgeschäften notwendig. Die Revisionstätigkeit kann zwar ohne Verbindung mit der Treuhändertätigkeit ausgeführt werden. Allein der Bücherrevisor ist, worauf wir schon früher[121]) hinwiesen, heute Wirtschaftsberater geworden. Die Revision einer Bilanz verlangt nicht nur eingehende betriebswirtschaftliche Kenntnisse, sondern darüber hinaus handels- und steuerrechtliches Wissen im weitesten Umfang, eingehende Kenntnis der Gründungs- und Fusionstechnik usw., wozu dann noch, je nach der Unternehmungsform und Betriebsart bestimmte Sonderkenntnisse kommen müssen; dabei müssen diese Kenntnisse so gut fundiert sein, daß sie eingehende Bearbeitung der verschiedenartigsten Sonderfragen ohne weiteres ermöglichen. So wird ein Bücherrevisor, der nur Buchführungs- und Bilanztechnik beherrschen würde, so wie es früher, wo man sich vielfach mit formellen Prüfungen begnügte, oft der Fall war, auch nur eine materielle Revision nicht durchführen können; denn bei Prüfung jeder einzelnen Bilanzposition müssen Gesichtspunkte berücksichtigt werden, welche auf anderen Gebieten liegen.

So stellen sich der Arbeitsteilung innerhalb des Treuhandwesens in dem Sinne, daß die einzelnen Funktionen desselben von verschiedenen selbständigen Personen ausgeführt werden, erhebliche Schwierigkeiten entgegen. Zu dem allen kommt, daß die Mentalität des Publikums einer solchen schärfsten Widerstand entgegensetzen würde. Man schenkt einer bestimmten Stelle rückhaltloses Vertrauen und gewährt dieser vollständigen Einblick in alle Verhältnisse. Dieser Vertraute wäre aber bei einer derartigen Arbeitsteilung gezwungen, wieder dritte Personen zuzuziehen, die solche Fragen bearbeiten müßten, die nicht seinem Spezialgebiet angehören. So müßte, um bei der Revision zu bleiben, nicht nur der Revisor, sondern ein Steuerberatungsbüro, unter Umständen ein Organisator, oftmals auch der Rechtsanwalt usw. in alle Einzelheiten eingeweiht werden. Dazu wird sich in Deutschland vorläufig noch in der Regel niemand verstehen. Man will mit der Revisionsinstanz keinen Dienstvertrag abschließen, sondern einen Werkvertrag.

Es bliebe noch die Möglichkeit, eine Arbeitsteilung nach Objekten, also nach den verschiedenen Industrie- und Handelszweigen durchzuführen. Tatsächlich hat diese sich bereits in beschränktem Umfange herausgebildet, da sie durch die wirtschaftlichen Verhältnisse erzwungen ist. Bezüglich der Standortsfrage kommt für Treuhandunternehmungen nur die Orientierung nach der Absatzmöglichkeit in Betracht. Demnach werden sich nur dort, wo die Verwaltungen größerer Unternehmungen ihren Sitz haben, Revisionsinstitute betätigen können. Das hat zur Folge, daß die Revisionsunternehmungen, welche am Standort bestimmter Industriezweige ihre Niederlassung haben, vorzugsweise in Betrieben dieser Branche tätig sein werden. Diese Art der Arbeitsteilung entwickelt sich auch dort, wo es gilt im Auftrag einer Kartellverwaltung die dem Kartell angeschlossenen Unternehmungen, meist in Hinsicht auf Einhaltung der Kartellbestimmungen, zu kontrollieren, dann aber naturgemäß vor allem auch bei Konzerntreuhandgesellschaften. Auch bei den Bücherrevisoren haben sich für bestimmte Branchen Spezialrevisoren herausgebildet, wie man aus dem Anzeigenteil von Fachzeitschriften entnehmen kann. Der Vorteil liegt in der genauen Kenntnis der üblichen Geschäftsmethoden, der dadurch bedingten Eigenheiten

---

121) Vgl. Seite 38.

des Verrechnungssystems und der Möglichkeit, daß auch derjenige, welcher nicht Steuerfachmann ist, in kurzer Zeit alle für das Gewerbe wesentlichen Sonderbestimmungen nach Steuergesetzgebung und -rechtsprechung in allen Einzelheiten beherrschen wird. Immerhin sind die Methoden des Verrechnungswerkes bei allen Gewerbezweigen durchaus die gleichen und der Revisor findet sich in der Regel sehr schnell in den Eigentümlichkeiten, die nicht nur jede Branche, sondern jedes einzelne Unternehmen aufweist, zurecht; allein dort, wo auch die Geschäftsführung selbst nachgeprüft, neue Anregungen für die Außen- und Innenorganisation gegeben, das Kalkulationssystem verbessert werden soll, ist eine genaue Branchenkenntnis doch sehr von Vorteil, oft unentbehrlich.

Bedenkt man nun die Fülle von Kenntnissen und Fähigkeiten, die eine Person aufweisen muß, um auf allen Gebieten des Treuhandwesens tätig sein zu können, so wird man zu der Überzeugung kommen, daß die Gesellschaftsform ein wirksamer Ausweg aus den geschilderten Schwierigkeiten sein wird. Die innere Organisation der Treuhandgesellschaften ist nach dem Prinzip weitgehender Arbeitsteilung aufgebaut, wie dies durch Verwendung einer Mehrzahl von Personen ermöglicht ist. Aber aus den vorhergehenden Ausführungen wird ersichtlich geworden sein, daß im Treuhandwesen der Arbeitsvereinigung eine besonders wichtige Rolle zukommt.

In vielen Fällen wird es sich nur um eine einfache technische Arbeitsteilung handeln, welche zum Zweck größerer Wirtschaftlichkeit und aus sonstigen Zweckmäßigkeitsgründen vorgenommen wird: Der erfahrene Revisor vollzieht nur die schwierigen und materiellen Kontrollarbeiten und überläßt die mehr mechanischen Arbeiten seinem Assistenten, oder aber eine Anzahl von Revisoren revidieren, jeder für sich, gleichzeitig die Filialbetriebe eines Unternehmens und übermitteln ihre Ergebnisse dem Revisionsleiter, welcher seine Tätigkeit so auf den Hauptbetrieb beschränken kann.

Was aber den Hauptvorteil der Gesellschaftsform ausmacht, ist der Umstand, daß so das Zusammenarbeiten von Spezialkräften ermöglicht wird. Im Rahmen ein und derselben Arbeit werden die Einzelfragen vom jeweiligen Fachmann erledigt, der sie von Fall zu Fall vom ausführenden Beamten vorgelegt bekommt. Dort, wo es sich um schwierigere Arbeiten handelt, wird die Erledigung von vorneherein mehreren Beamten übertragen, welche den gesamten Fragenkomplex gemeinsam unter dem Gesichtspunkt ihres Spezialfaches durcharbeiten.

Dementsprechend werden bei den größeren, vor allem den Bank-Treuhandgesellschaften, für die hauptsächlichsten Tätigkeitsgebiete Spezialabteilungen gebildet. Leiter und Beamte der einzelnen Abteilungen werden nach ihrer fachlichen Vorbildung unter Berücksichtigung der speziellen Erfahrungen auf diesem Tätigkeitsgebiet ausgewählt. Die Spezialabteilungen haben nicht nur die Aufgabe, alle in ihr Gebiet treffenden Arbeiten auszuführen, sondern auch die Arbeiten der anderen Abteilungen unter den Gesichtspunkten ihres Sondergebietes zu ergänzen bzw. zu prüfen. Die wesentliche Aufgabe der Direktion der Treuhandgesellschaft ist, die Arbeitsvereinigung der Spezialabteilungen in entsprechender Weise durchzuführen.

Entsprechend den Tätigkeitsgebieten umfaßt eine größere Treuhandgesellschaft in der Regel folgende Abteilungen:

a) die Revisionsabteilung: sie zählt, da ihr die Bearbeitung des ausgedehntesten Geschäftszweiges obliegt, gewöhnlich die meisten Beamten. Die Deutsche Treuhandgesellschaft hat nach der Angabe Sponheimers[122]) zeitweise 80 Revisoren beschäftigt. Bei mittleren Gesellschaften wird sich deren Zahl im Durchschnitt zwischen 8 und 12 bewegen. Der Leiter der Revisionsabteilung hat die Tätigkeit der Revisionsbeamten zu überwachen, insbesondere die erste Überprüfung der Revisionsberichte vorzunehmen. Im Außendienst ist er als Leiter großer oder schwieriger Revisionsarbeiten tätig. Neben selbständigen Revisoren weist jede Treuhandgesellschaft eine Anzahl von Assistenten auf, welche die Hilfsarbeiten, insbesondere solche formaler Natur unter der Anweisung und Aufsicht der Revisoren durchführen, für Nachtrags- und Abschlußarbeiten usw. verwendet werden. Die Assistenten stehen unter ständiger Kontrolle erfahrener Revisoren und werden, abgesehen von ihrer praktischen Tätigkeit, vom Abteilungsleiter theoretisch unterwiesen und fortgebildet[123]). So ist man in der Lage, sich von den Fähigkeiten und der Eignung des Assistenten bald ein genaues Bild zu machen. Mit der Revisionsabteilung steht im engen Zusammenhang

b) die Organisationsabteilung. Es bedarf ganz besonderer Fähigkeiten, um als Organisator tätig sein zu können. Nicht jeder tüchtige Revisor besitzt genügend Umsicht, Kombinationsgabe und schöpferische Initiative, um erfolgreich Organisationen durchführen zu können. Hierzu kommt die Notwendigkeit, mit allen modernen Verrechnungssystemen eingehend vertraut sein zu müssen. Neben kaufmännischen Organisatoren verfügen größere Gesellschaften in ihrer Organisationsabteilung über Ingenieure, welche die technische Seite der Organisationen, fabrikwirtschaftliche Beratung u. dgl. ausführen.

c) Der Steuerabteilung obliegt die Erledigung aller Steuerangelegenheiten, die Überprüfung der Bilanzen, Gesellschaftsgründungen usw. auf ihre steuerliche Zweckmäßigkeit. Ihr ist gewöhnlich eine Rechtsabteilung eingegliedert, was deshalb zweckmäßig ist, weil die Beamten der Steuerabteilung eine akademische Fachausbildung besitzen müssen und dementsprechend die Bearbeitung vorkommender Rechtsfragen ohne weiteres übernehmen können; dementsprechend pflegt man gewöhnlich der Steuerabteilung gleichzeitig die Erledigung der rechtlichen Seite der allgemeinen Wirtschaftsberatung, vor allem soweit es sich um Gründungs- und Fusionsfragen, Arbeitsrecht, Abfassung von Gesellschaftsverträgen u. ä. handelt, zu übertragen.

d) Die Treuhandabteilung erledigt treuhänderische Funktionen, Vermögensverwaltungen, Testamentsvollstreckungen u. ä. Bei Gesellschaften kleineren Umfanges besteht hierfür eine eigene Abteilung vielfach nicht, vielmehr wird die Erledigung von Aufträgen dieser Art besonders geeigneten Beamten übertragen und zwar gewöhnlich die rechtliche Seite einem entsprechend vorgebildeten Beamten der Steuer- bzw. Rechtsabteilung, die kaufmännische Seite einem erfahrenen kaufmännischen Beamten der Gesellschaft.

e) Die Direktion hat zunächst, wie überall, alle Verwaltungsgeschäfte der Gesellschaft zu erledigen. Die für die Kundschaft bestimmten Berichte der einzelnen Abteilungen über die Durchführung der ihnen übertragenen Arbeiten werden der Direktion vorgelegt, welche sie einer letzten Prüfung unterzieht. Gerade diese Berichtsprüfung durch die Direktion ist

---

122) A. a. O. S. 85.

123) Auf dieses Verfahren legt die „Revision" Treuhand A.-G. besonderen Wert.

ein wesentlicher Vorteil der Organisation der Gesellschaftsunternehmungen. Zunächst wird die Tätigkeit jedes Beamten einer genauen Nachkontrolle unterworfen; denn der Revisionsbericht, welcher bei vielen Instituten an Hand eines wohl durchdachten Formulars abzugeben ist, zeigt genau, ob der ausführende Beamte seine Tätigkeit in richtiger Weise durchgeführt und alle notwendigen Gesichtspunkte berücksichtigt hat. Dann aber dient diese Maßregel in hervorragender Weise dazu, die Arbeitsvereinigung zu fördern. Die praktischen Erfahrungen, welche der einzelne Beamte anläßlich seiner Tätigkeit macht, finden ihren Niederschlag in seinem Bericht. Dadurch, daß alle Berichte jeder Abteilung der Direktion vorgelegt werden müssen, erhält diese genaue Kenntnis sämtlicher Einzelerfahrungen aller Beamten. Über besonders wichtige Fälle hat der betreffende Beamte der Direktion mündlich genauen Aufschluß zu geben. Die überragende Bedeutung der Arbeitsvereinigung für die Organisation der Treuhandgesellschaften ist es auch, welche neben anderem[124]) offenbar Anlaß gegeben hat, daß die älteren, in Berlin ansässigen Banktreuhandgesellschaften grundsätzlich der Errichtung von Filialen abgeneigt sind; denn hierdurch würde die geübte enge Zusammenfassung aller Erfahrungen an einer Stelle und deren Nutzbarmachung für das gesamte Unternehmen praktisch wesentlich erschwert und teilweise unmöglich gemacht.

Die so gewonnenen Erfahrungen der Gesellschaft sollen nun jedem einzelnen Beamten zugänglich gemacht werden. Zunächst geschieht dies in der Form von Revisionsplänen und Dienstanweisungen, die ständig auf Grund der gesammelten Erfahrungen verbessert und ergänzt werden. Alle Neuerungen in der Gesetzgebung, so besonders bezüglich der Steuergesetze, neue wissenschaftliche Ergebnisse auf dem Gebiete der Betriebswirtschaftslehre u. ä. werden den Beamten in zweckmäßiger Weise zur Kenntnis gebracht, denn der im Außendienst Beschäftigte hat durchaus nicht die Zeit, sich durch fortlaufendes Studium der überaus umfangreichen Materie selbständig auf dem Laufenden zu halten; es würde auch für den Einzelnen einen ganz unwirtschaftlichen Kraftaufwand bedeuten, wollte er sich auf allen Spezialgebieten selbst informieren, wobei vielfach auf Sondergebieten dem einzelnen Beamten der Blick für das Wesentliche fehlen kann. So gibt die Direktion ihren sämtlichen Beamten laufend schriftliche Informationen in die Hand, die gewöhnlich in Form von Instruktionen auf die Bedürfnisse der Praxis zugeschnitten sind. Über schwierigere Fragen grundsätzlicher Art werden den Beamten von seiten der betreffenden Fachleiter von Zeit zu Zeit Vorträge gehalten und bei dieser Gelegenheit gewöhnlich auch interessante Fälle aus der Praxis der Einzelnen mit ihrer Nutzanwendung bekannt gegeben. Bei großen Gesellschaften ist dieses Verfahren so weit ausgebildet, daß diese für ihre Beamten besondere Seminare abhalten[125]).

---

124) Um auch bei den Filialen die gleiche Organisation, wie sie die Gesellschaft am Hauptsitz besitzt, durchführen zu können, hätte es laufend der Aufwendung ganz erheblicher Kosten bedurft. Denn die Zahl der beschäftigten Beamten spielt für die Kosten der geschilderten Einrichtungen keine wesentliche Rolle; man denke nur an den mehrfach erwähnten Unterrichts- und Seminarbetrieb, der zum überwiegenden Teil fixe Kosten verursacht. Mit der Zersplitterung der Kräfte hätte die Filialerrichtung eine außerordentlich starke Vermehrung der Unkosten gebracht. Die andere Möglichkeit, von einer Ausgestaltung der Organisation nach der geübten Weise für die zu errichtenden Filialen abzusehen, erschien aber mit den geschäftlichen Grundsätzen der Institute im Hinblick auf die dadurch bedingte qualitative Minderung der Leistungen nicht vereinbar.

125) Beispielsweise die „Revision" Treuhand A.-G. in Berlin.

Alle diese Maßnahmen sind darauf zugeschnitten, dem einzelnen Beamten insbesondere auch Informationen über das Tätigkeitsgebiet der anderen Abteilungen zu geben. Der Revisor erhält genaue Anleitungen über die Anwendung der Vorschriften neuer Steuergesetze, der Steuerberater Aufklärung über Bilanzierungsfragen, der Organisator unterweist seine Kollegen über die Eigentümlichkeiten neuer Organisationsmethoden und deren Einfluß auf die Revisionstechnik und die Ermittlung des steuerbaren Gewinnes usw.

Wenn wir dies alles so ausführlich geschildert haben, so geschah es, um nachzuweisen, daß bei den Treuhandgesellschaften keineswegs künstlich ein Spezialistentum herangezüchtet wird, welches dazu führen würde, daß der einzelne Beamte nur einseitige Kenntnisse und Erfahrungen auf einem bestimmten Gebiet besitzt. Daß diese Ansicht weitverbreitet ist, beweist beispielsweise die Bestimmung in den Prüfungsvorschriften der sächsischen Handelskammern, wonach Beamte einer Treuhandgesellschaft längere praktische Tätigkeit nachweisen müssen als Assistenten eines Einzelrevisors. Im Regelfall wird der Treuhandbeamte dank des größeren Geschäftskreises seiner Gesellschaft und der erleichterten Fortbildungsmöglichkeit durch ständige Berührung mit Personen, welche auf anderen Gebieten des Treuhandwesens ihre Spezialtätigkeit ausüben, sich umfassendere Kenntnisse und Erfahrungen aneignen, als der Assistent des Bücherrevisors[125a]). Praktisch könnte eine Treuhandgesellschaft in der Tat mit reinen Spezialisten unmöglich erfolgreich arbeiten. Ein Revisor, der zwar ausgezeichnet die Revisionstechnik beherrscht, aber die grundlegenden Bestimmungen der Steuergesetze nicht kennt, ist für den Außendienst unbrauchbar; wie wollte er in der Lage sein, eine Steuerbilanz zu erstellen oder bei seiner Revision auf die Ordnungsmäßigkeit der Buchführung in steuerrechtlicher Hinsicht zu achten u. a. m.! Der Steuerberater muß seinerseits soweit die Bilanzierungs- und Revisionstechnik beherrschen, daß er die wesentlichsten Arbeiten aus diesen Gebieten anläßlich seiner Fachtätigkeit selbst ausführen kann und insbesondere weitgehendes Verständnis für alle diese Gebiete betreffenden Fragen besitzt[126]). Nur so ist überhaupt ein Zusammenarbeiten der einzelnen Fachbeamten möglich; denn jeder muß den Gedankengängen des anderen zu folgen in der Lage sein, um bei dem engen Zusammenarbeiten mit diesem seine Spezialtätigkeit ausüben zu können.

Das führt zu der überaus wichtigen Personalfrage im Treuhandwesen. Sie wäre keinesfalls richtig gelöst, wenn man nur auf die Vorbildung in einem Spezialfach sehen würde. Der Jurist, welcher das Handels- und Steuerrecht theoretisch beherrscht, ist noch lange nicht für die Tätigkeit bei einer Treuhandgesellschaft befähigt; er muß die entsprechenden bilanztechnischen Kenntnisse, die Fähigkeit, wirtschaftlich zu denken, rein kaufmännischen Erwägungen zu folgen u. ä. besitzen, um reibungslos mit dem Revisor zusammenarbeiten zu können. Umgekehrt muß der Revisor befähigt sein, juristische Gedankengänge zu verstehen. So muß jeder in erster Linie „Treuhänder" und dann erst auf seinem Spezialgebiet Fachmann sein.

Vom „Treuhänder" verlangt Götz[127]) folgende Ausbildung: 1. Betriebswissenschaftliches Studium. Hierzu gehört allgemeine Betriebswirt-

[125a]) Vgl. Sponheimer, Seite 116.

[126]) Hier sei vor allem an die Notwendigkeit erinnert, daß der Steuerberater die finanzamtlichen Buchprüfungsberichte zu überprüfen hat, deren Beanstandungen sich häufig auf buchtechnische Fragen beziehen.

[127]) A. a. O. S. 51.

schaftslehre, Buchführungskunde, Betriebstechnik, Bilanzlehre, Betriebsorganisation und Kalkulation. Ferner Kenntnis der gesamten Finanzierungs- und Sanierungspraxis.

2. Volkswirtschaftliches Studium. Hierzu ist zu rechnen: Allgemeine Volkswirtschaftslehre, spezielle Volkswirtschaftslehre, Finanzwissenschaft. Bei der Finanzwissenschaft wird besonderes Augenmerk auf Steuerrecht und Steuerwesen, Zölle und Abgaben zu legen sein. Daneben wird ein Studium der Statistik für den Treuhänder nicht ohne Vorteil sein. Die allgemeinen Lehren der Statistik, sowie die Handels-, Wirtschafts- und Betriebsstatistik werden sich für die organisatorischen Aufgaben des Treuhänders nutzbringend erweisen. Eine genaue Kenntnis des gesamten Geld-, Bank- und Börsenwesens, insbesondere des Geld-, Bank- und Börsenrechts, wird weiterhin wichtige Grundlage für jede Tätigkeit des Treuhänders und des Wirtschaftsberaters sein.

3. Juristische Ausbildung. Hierzu sind vor allem wichtig Handelsrecht unter besonderer Berücksichtigung der gesellschaftsrechtlichen Bestimmungen und der gesellschaftsrechtlichen Nebengesetze, Konkurs- und Wechselrecht und soweit es für den Beruf direkt oder indirekt in Frage kommt, Prozeßrecht, Strafrecht, bürgerliches und öffentliches Recht.

Für die Tätigkeit in der Revisions- und Organisationsabteilung wird, wie auch Götz feststellt, der Diplomkaufmann und der Volkswirt besonders geeignet sein. Für die Steuerabteilung kommt der Volkswirt oder der Jurist in Frage. Die technische Seite von Organisationen obliegt Ingenieuren mit spezieller Vorbildung und praktischer Erfahrung. In die Direktion teilen sich regelmäßig bei den größeren Gesellschaften der Kaufmann und der juristisch Vorgebildete (Volkswirt oder Jurist). Auch die eigentlichen Treuhandgeschäfte lassen sich durch Zusammenarbeit juristischer und kaufmännischer Fachleute erfolgreich abwickeln. Der besondere Vorteil der Gesellschaftsform beruht hier darin, daß gegenüber der vielfach langsamen Abwicklung treuhänderischer Aufträge, die juristische Person infolge ihrer unbegrenzten Lebensdauer Gewähr für eine restlose Durchführung der ihr übertragenen Tätigkeit bietet.

Die Auswahl des Personals erfolgt, insbesondere bei den größeren Treuhandgesellschaften, mit einer außerordentlichen Sorgfalt. Vor der Einstellung werden die Bewerber nach ihren Zeugnissen, Referenzen usw. mit großer Vorsicht ausgesucht; denn ein einziger Mißgriff könnte das Ansehen der Gesellschaft sehr beeinträchtigen. Regelmäßig werden aber die Revisionsbeamten zunächst einige Monate zur Probedienstleistung eingestellt, während welcher Zeit sie einer äußerst genauen Kontrolle nicht nur im Hinblick auf ihre fachliche Tätigkeit und Leistungen unterliegen, die sie bei manchen Gesellschaften vor der endgültigen Einstellung noch durch eine Fachprüfung nachzuweisen haben, sondern auch insbesondere wird ihre moralische Eignung beobachtet. Das tägliche enge Zusammenarbeiten gibt die beste Möglichkeit, die Charaktereigenschaften des Einzelnen in relativ kurzer Zeit kennen zu lernen. Der Revisionsbeamte wird zunächst eingehend über seine praktische Tätigkeit — gewöhnlich durch Tätigkeit in solchen Abteilungen, die ihm eine genaue Orientierung über die Technik der wichtigsten Arbeiten gewähren — unterwiesen, bevor er überhaupt im Außendienst Verwendung finden darf; auch hier hat er dann zunächst nur als Hilfskraft unter Überwachung und Anleitung erfahrener Beamter zu arbeiten und erst nach und nach, wenn er sich gut bewährt, erhält er die

Möglichkeit zu selbständiger Betätigung. Auch späterhin, bei selbständiger Tätigkeit, ist der Treuhandbeamte dauernd in jeder Hinsicht überwacht. Der Versuch zur Vornahme unerlaubter Handlungen würde dadurch wohl regelmäßig von seinen Vorgesetzten entdeckt werden.

Es wird weiterhin bei jeder Treuhandgesellschaft sich noch eine Arbeitsteilung nach der individuellen Veranlagung herausbilden, die zu fördern eine Aufgabe der Geschäftsleitung ist. Neben der Auswahl der zur organisatorischen Tätigkeit geeigneten Kräfte, von der bereits die Rede war, ist der Umstand zu nennen, daß sich der einzelne Revisor zur Ausführung der einen oder anderen Art von Revisionen, wie sie auf Seite 36 aufgezählt wurden, besonders eignen wird. Mancher hat ein besonderes Geschick, vorgekommene Veruntreuungen bis in alle Einzelheiten schnellstens aufzuklären, während er vielleicht an feststellende Revisionen mit zu großem Mißtrauen herangeht und so schwerfällig und langsam arbeitet; sein Kollege, der eine konstatierende Revision ebenso zuverlässig wie schnell ausführt, braucht vielleicht, wenn er vorgekommene Unregelmäßigkeiten klären will, lange Zeit, bis ihm die richtige Kombination der Vorgänge einwandfrei gelungen ist[127a]). Gerade der Umstand, daß sich solche Fähigkeiten nicht erlernen lassen, macht die Möglichkeit einer Arbeitsteilung besonders wertvoll.

Die Arbeitsteilung nach Objekten läßt sich bei großen Treuhandinstituten ebenfalls ohne Schwierigkeiten in nutzbringender Weise zur Durchführung bringen. Denn der große Kundenkreis bringt es mit sich, daß eine Mehrzahl von Unternehmungen gleicher Branchen ständig der Bearbeitung unterliegt, was bei dem beschränkteren Tätigkeitsfeld des Einzelrevisors selten ist; während daher der Einzelrevisor, soferne er nicht am Standort eines bestimmten Industriezweiges tätig ist, die verschiedenartigsten Unternehmungen bearbeitet und selten bei mehreren Betrieben der gleichen Art Spezialerfahrungen und genaue Branchenkenntnisse sammeln kann, ist dies dem Beamten einer Treuhandgesellschaft möglich. Denn soweit es tunlich ist, erhält immer der gleiche Revisor die Unternehmungen gleicher oder verwandter Art zugeteilt. Das ermöglicht dann eine besonders sachkundige Beratung und Unterstützung der Geschäftsleitung in jeder Hinsicht. Für die Vorteile, welche die Möglichkeit einer derartigen Arbeitsteilung bietet, ist die erfolgreiche Tätigkeit der Revisoren der genossenschaftlichen Revisionsverbände, die ja in besonderem Maße unter diesen Voraussetzungen arbeiten, ein Beweis.

Bedenkt man die Menge von Kenntnissen und Fähigkeiten, welche zur Ausübung des Treuhänder- wie des Bücherrevisorenberufes notwendig ist, so wird man zu der Überzeugung kommen, daß eine Einzelperson selten allen Anforderungen wird vollständig nachkommen können, welche dieser Beruf in seinen sämtlichen Tätigkeitsgebieten stellt. Der allein oder nur mit einem Assistenten, welcher ihm die mechanischen Arbeiten abnimmt, arbeitende Einzelrevisor muß, sofern es sich nicht um eine ganz außergewöhnlich befähigte Persönlichkeit handelt, in seiner allgemeinen Leistung bei umfangreicheren Aufträgen der Treuhandgesellschaft unterlegen sein, denn er kann nicht auf mehreren Gebieten zugleich Fachmann sein. Die Treuhandgesellschaften arbeiten weiterhin bei größeren Aufträgen stets mit mindestens zwei Revisoren, so daß die Tätigkeit des einen vom andern zwangsläufig überwacht wird. Weitere vielfache Kontrollen erfolgen bei Durchsicht des Revisionsberichtes durch die übergeordneten Stellen. Die

[127a]) Vgl. hiezu auch die Feststellungen Sponheimers, a. a. O. S. 67.

Möglichkeit, daß bei der Revision Fehler gemacht werden, ist damit außerordentlich eingeschränkt. Für schuldhaftes Versehen haftet das meist erhebliche Kapital der Gesellschaft, welches auf Grund der Publizität dem Interessenten bekannt ist, während das Vermögen des Einzeltreuhänders oder -revisors vielleicht gering ist und jedenfalls dem Kunden nicht ohne weiteres offen liegt. Umfangreiche Revisionsaufträge, welche, um irgendeine Feststellung zu machen, schnell erledigt sein müssen, kann der Einzelrevisor nicht durchführen, während die Treuhandgesellschaft durch eine Mehrzahl von Revisoren an vielen Stellen zugleich arbeiten lassen kann. So ist es vor allem anderen die Arbeitsteilung, welche die Überlegenheit der Treuhandgesellschaft im Hinblick auf Leistungsfähigkeit gegenüber dem Bücherrevisor ausmacht. Hat aber nicht auch die Tätigkeit des Einzelrevisors Vorteile gegenüber der gesellschaftlichen Revision aufzuweisen?

Das Treuhandwesen produziert Leistungen und zwar solche, die persönlicher Art sind und gegenseitiges Vertrauen in weitem Maße erfordern. Der Wert der Bücher- und Bilanzrevision hängt vollständig und ausschließlich von der Person des Revisors ab[128]). Der Einzelrevisor stellt allein seine Person in den Vordergrund. Er steht in rein persönlicher Beziehung zu seinem Auftraggeber, kennt, sofern er regelmäßig für ihn tätig ist, seine Besonderheiten, seine Wünsche und genießt dementsprechend unbeschränktes Vertrauen. Bei Fehlern oder gar ehrlosem Verhalten haftet er mit seinem ehrlichen Namen, seinem ganzen Vermögen und untergräbt vielleicht für immer seine Existenz[128a]). Demgegenüber steht die unpersönliche Aktiengesellschaft, die nur ihr Kapital, freilich auch ihr Ansehen, aufs Spiel setzt. Das ist aber der Punkt, in welchem u. E. der Bücherrevisor der kleinen Erwerbstreuhandgesellschaft wesentlich überlegen ist. Die Kapitalhaftung beträgt bei den kleinen Treuhandinstituten nur wenige tausend Reichsmark, an welchen nicht allzu viel verloren ist, wenn sie auch oft das ganze Vermögen des oder der Aktionäre ausmachen. Kommt eine Verfehlung vor, so liegt das Odium vor allem auf der Gesellschaft, die einen unpersönlichen Firmennamen trägt; den Namen der verantwortlichen Personen erfahren die wenigsten. Die Gesellschaft muß zwar nach solchen Affären gewöhnlich liquidieren, aber der Name und das persönliche Ansehen der verantwortlichen Leiter werden selten Schaden leiden, ganz im Gegensatz zu den Folgen, welche die gleiche Angelegenheit für den Einzelrevisor haben müßte. Während bei der Aktiengesellschaft vielleicht noch die Institution des Aufsichtsrates je nach der Zusammensetzung desselben einen gewissen Vorteil in dieser Hinsicht bringen kann, ist bei der Treuhandgesellschaft m. b. H., die noch dazu nicht zur Publizität gezwungen ist, keinerlei Sicherheit mehr gegeben. Das sind die Nachteile der Zwergtreuhandgesellschaften, deren Auswirkungen auch ohne Böswilligkeit eintreten können. Besitzen aber diese kleinen „Treuhandgesellschaften" die Vorteile, welche die großen Institute durch Arbeitsteilung und innere Organisation gegenüber dem einzelnen Bücherrevisor aufweisen? Das ist keineswegs der Fall. Zunächst ist es selbstverständlich, daß ein solch erheblicher Apparat, wie wir ihn oben beschrieben, eine nicht unwesentliche Kapitalkraft verlangt. Das Geschäft muß umfang- und ertragreich genug sein, um so viel an Gehältern ausschütten zu können, daß gut vorgebildete Fachkräfte eingestellt werden können; weiterhin muß das Personal zahlreich genug sein, um überhaupt die Arbeits-

---

128) Schmidt, a. a. O. S. 14.

128a) Vgl. Beigel, „Lehrbuch" passim.

teilung wirksam werden zu lassen. Tatsächlich ist es damit natürlich bei solchen Zwergbetrieben schlecht bestellt, denn vielfach ist der Direktor zugleich der einzige sachlich tätige Angestellte. Aber auch bei 2 oder 3 Angestellten liegen die Dinge nur wenig besser, wenn nämlich aus Mangel an der Gesellschaft zur Verfügung stehenden Mitteln sich unter diesen keine gut vorgebildeten Fachkräfte befinden. Gerade ein wesentlicher Vorteil der Gesellschaftsorganisation, das enge Zusammenarbeiten der Fachleute verschiedener Gebiete, ist dann hier nicht erreichbar. Dazu kommt, daß bei geringem Personalstand eine gegenseitige Kontrolle kaum stattfinden wird und kann. So weisen die Zwergunternehmungen zwar die Nachteile, nicht aber die Vorteile der gesellschaftlichen Unternehmungsform auf[128b]).

Betrachtet man hingegen die Verhältnisse bei den Bank- wie auch bei den anderen großen Treuhand-Instituten, so zeigt sich, daß die erwähnten Nachteile praktisch kaum wesentlich in Erscheinung treten werden. Das haftende Kapital ist auch heute nach der Goldmarkumstellung noch nicht unbeträchtlich; die Gesellschaft erhöht die Haftsumme durch Eingehen einer entsprechenden Versicherung im Regelfalle erheblich. So ist die rein kapitalmäßige Garantie höher als beim Einzelrevisor, der nur ausnahmsweise so hohes Privatvermögen besitzen wird[129]). Den Verlust des Ansehens und der geschäftlichen Ehrenhaftigkeit wird eine seit Jahrzehnten bestehende Gesellschaft ebenso zu vermeiden versuchen, wie eine Einzelperson. Denn — das ist das Wichtigste — jede Verfehlung einer bankmäßig orientierten Treuhandgesellschaft gefährdet die geschäftliche Ehre der nahestehenden Großbankinstitute, ebenso wie die der meist weithin bekannten, im öffentlichen Leben stehenden Mitglieder des Aufsichtsrates und der oft nicht minder angesehenen Direktoren. Das veranlaßt die Geschäftsleitung der Treuhandgesellschaften, äußerste Sorgfalt bei Neueinstellung von Personal walten zu lassen, welches dann weiterhin mit Hilfe der schon geschilderten Einrichtungen dauernd eingehend überwacht wird; diese sorgfältige Kontrolle wird dementsprechend allgemein als besonderer Vorteil der Treuhandgesellschaften betrachtet.

Was nun das rein persönliche Vertrauensverhältnis zwischen Auftraggeber und Revisionsinstanz betrifft, so ist zu sagen, daß die großen Treuhandgesellschaften diesem Umstande in weitgehender Weise Rechnung zu tragen pflegen. Man ist daher auch im Interesse einer möglichst reibungslosen Abwicklung der Arbeiten bemüht, der Kundschaft immer die gleichen Revisoren usw. zu Diensten zu stellen; es entwickelt sich hier dann oft das gleiche Vertrauensverhältnis, wie beim Einzelrevisor, da die Beamten der großen Treuhandgesellschaften gewöhnlich jahrelang in deren Diensten stehen. Im übrigen wird es oft direkt als Nachteil empfunden werden, wenn, wie beim Einzelrevisor, stets die gleiche Person die Revision ausführt. Es entwickeln sich so häufig persönliche Beziehungen zu den Angestellten des revidierten Betriebes, die oft zu einer unangebrachten, jedenfalls dem Revisionszweck nicht dienlichen Vertrauensseligkeit führen und auf alle Fälle den unparteiischen Blick des Revisors trüben. Die Treuhandgesellschaft hat hier die Möglichkeit, von Zeit zu Zeit andere Revisionskräfte anzusetzen, die, was bei einem Wechsel des Revisionsorgans sonst unvermeidlich

[128b]) Zur Beurteilung der Zwergtreuhandgesellschaften vgl. auch Götz (a. a. O. Seite 72) und Sponheimer (a. a. O. passim).

[129]) Selbstverständlich wird auch dieser versuchen müssen, sich gegen Regreßansprüche zu versichern; erfahrungsgemäß ist der Abschluß eines solchen Versicherungsvertrages besonders für Einzelpersonen nicht immer ganz leicht.

wäre, ohne ihre erstmalige Tätigkeit bei dem Unternehmen durch notwendig werdende Fragen störend bemerkbar machen zu müssen, in alle Einzelheiten ihres Auftrages bereits genau durch die Direktoren ihrer Gesellschaft auf Grund der früheren Tätigkeit eingeweiht sind.

Beigel[130]) hebt als besonderen Nachteil der Tätigkeit der Treuhandgesellschaft hervor, daß der Treuhandbeamte nur die Befehle seiner Direktoren auszuführen habe, während gegenüber dem Auftraggeber nur ein mittelbares Rechtsverhältnis bestehe. Dieser Umstand dürfte aber gerade als besonderer Vorteil zu betrachten sein, da so die Unabhängigkeit und Unparteilichkeit des Revidierenden weit besser gewahrt werden kann. Der Bücherrevisor, der in seiner „Prinzipaleigenschaft“ einem nicht zu billigenden Verlangen seitens des zu revidierenden Unternehmens nicht nachkommt, riskiert für sich persönlich finanziellen Schaden, nicht aber der festbesoldete Treuhandrevisor, der nur seiner Gesellschaft gegenüber für eine sachgemäße Revisionsarbeit verantwortlich ist[130a]).

Gegen die Bank-Treuhandgesellschaften hat man das Schlagwort geprägt, daß nicht das Kapital, sondern der Verstand revidiere[131]) und man glaubt damit die Gründung von Treuhand-A.-G. als verfehlt nachgewiesen zu haben. Aber das Vorhandensein einer gewissen Kapitalmenge ist Vorbedingung für jede Arbeitsteilung und ermöglicht die Schaffung besserer Produktionsmittel. Diese Regel gilt auch in unserem Fall. Das Produkt der Treuhandgesellschaft sind Leistungen; größere Kapitalkraft ermöglicht dementsprechend die Schaffung eines tüchtigeren Beamtenstabes und damit die Erzielung besserer Leistungen. Das alles schafft wieder eine zweite Grundlage für die Arbeitsteilung, nämlich einen umfangreicheren Markt infolge größerer Konkurrenzfähigkeit. So ist das Kapital das Mittel, leistungsfähige Beamte einzustellen und zwar in solcher Anzahl, daß die Arbeitsteilung wirksam werden kann.

Doch erfüllt ein großes Aktienkapital noch eine weitere Aufgabe, nämlich der Treuhandgesellschaft einen finanziellen Rückhalt und damit vollkommene Unabhängigkeit zu gewährleisten. Viele Gesellschaften beziehen aus den Erträgen ihres Kapitals genug Mittel zur Aufrechterhaltung ihres Betriebes auch in ungünstigen Zeiten und kommen daher nicht in Versuchung, dem Ansinnen irgendeiner unzweckmäßigen oder verwerflichen Einschränkung bei ihrer Tätigkeit nachzugeben, wenn hiervon die Erteilung eines Auftrages abhängig gemacht wird, was hingegen leicht der Fall sein kann, wenn Betriebsmittel benötigt werden. Gegenüber solchen Beeinflussungen, welche in der Treuhandpraxis leicht versucht werden, ist der finanziell Schwache naturgemäß bedeutend weniger widerstandsfähig.

Dem gegenüber kann nicht verkannt werden, daß an sich die Form der Kapitalgesellschaft für Unternehmungen, welche nur auf persönlichen Fähigkeiten und Leistungen aufgebaut sind, weit weniger geeignet ist, als solche Unternehmungsformen, die nicht das Kapital, sondern die Person in den Vordergrund stellen. Auch die Rentabilitätsaussichten, die bei einer

---

[130]) Vgl. „Treuhandgesellschaften oder beeidigte Bücherrevisoren“ S. 29, 30.

[130a]) In ähnlichem Sinne äußert sich Sponheimer (a. a. O. S. 66): „Das Problem ist also, den Revisor von der Abhängigkeit den revidierten Stellen gegenüber zu lösen. Und das ist gerade durch die gesellschaftliche Revision gelungen, weil bei ihr die Revision durch festbesoldete Angestellte ausgeführt wird, die ein Interesse daran haben, ihre Arbeit gut auszuführen, damit ihre Direktion mit ihnen zufrieden ist und ihnen mehr Gehalt gibt.“

[131]) „Lehrbuch“ S. 16.

Kapitalgesellschaft ein Kardinalpunkt sein müßten, sind im Treuhandwesen durchaus nicht günstig.

Es sei hier, ohne daß im Rahmen der vorliegenden Arbeit auf Einzelheiten eingegangen werden kann, auf folgendes verwiesen. Die Auslagen für Gehälter stellen natürlicherweise die hauptsächlichsten Unkosten der Treuhandgesellschaften dar. Auch Außenbeamte niederer Gehaltsklassen beziehen bereits regelmäßig ein relativ gutes Einkommen. Diese beträchtlichen Aufwendungen an Gehältern sind aber unbedingt notwendig, um brauchbare Kräfte mit guter Vorbildung zu bekommen. Es ist weiterhin selbstverständlich, daß man bestrebt sein muß, bei der überaus verantwortlichen Tätigkeit, die jeder einzelne Beamte einer Treuhandgesellschaft auszuüben hat, jede Korruptionsgefahr, welche gerade durch ungenügende Entlohnung besonders wächst, von vornherein zu bannen.

Die oben geschilderten organisatorischen Maßnahmen, welche der eingehenden Kontrolle und der Fortbildung und ständigen Information des Personals dienen, verursachen, besonders letztere in einer Zeit ständig fließender Wirtschafts- und Steuergesetzgebung einen erheblichen Aufwand an zunächst unproduktiven Ausgaben.

Eigenartig sind die Arbeitsmöglichkeiten für die Revisions- und Steuerberatungstätigkeit gelagert. Es liegt in der Natur der Sache, daß sich die Mehrzahl der Aufträge auf bestimmte Zeiträume zusammendrängen wird. Die meisten Unternehmungen beendigen ihr Geschäftsjahr mit dem Jahresschluß, woran sich dann unmittelbar die Veranlagung zur Steuer anschließt; nur einige Industriezweige schließen ihr Geschäftsjahr zu anderer Zeit, so vor allem im Herbst oder Sommer. So sind Revisoren und Steuerberater in den ersten Monaten jedes Jahres überlastet, während in den Sommermonaten die Aufträge spärlich gesät sind. Die vorhandenen Kräfte können so während eines Teiles des Jahres nicht voll ausgenützt werden. Viele Treuhandgesellschaften helfen sich damit, daß sie sich mit ihrer ständigen Kundschaft ins Benehmen setzen, um bereits während des Jahres Teilrevisionen vornehmen zu können; für die Steuerabteilung ergibt die Einlegung von Rechtsmitteln nach der Durchführung der Veranlagungen, die gewöhnlich erst in den Sommermonaten beendet sind, auch eine gewisse Beschäftigungsmöglichkeit. Dagegen ist auf den anderen Tätigkeitsgebieten, so vor allem bei der Organisationsabteilung, bei der allgemeinen Wirtschaftsberatung, bei Treuhandgeschäften u. ä. eine laufende Arbeitsmöglichkeit vorhanden. Dementsprechend sind am ungünstigsten in dieser Hinsicht solche Organe gestellt, die sich nur mit Bücherrevision befassen, da sie während des Teils des Jahres, wo die Inanspruchnahme von Revisionskräften gering ist, anderweitige Beschäftigungsmöglichkeit nicht haben.

Die ganz erheblichen Unkosten lassen es, wenn man noch die allgemeinen Regiekosten einer Aktiengesellschaft hinzurechnet, erklärlich erscheinen, daß die Ertragsmöglichkeiten von Revisionsgesellschaften gering sind. In dieser Hinsicht ist die Bilanz der Deutschen Treuhandgesellschaft zum 31. Dezember 1924 lehrreich. Diese Gesellschaft, welche das umfangreichste Revisionsgeschäft unter allen deutschen Treuhandgesellschaften besitzen dürfte, weist einen Reingewinn von 145 784 *RM* aus. Die Gewinn- und Verlustrechnung führt die Erlöse aus Zinsen, auf welche nennenswerte Unkosten nicht entstanden sein können, mit 175 020 *M* auf, die Erlöse aus Revisionsgebühren mit 590 092 *M*. So hat offenbar das Revisionsgeschäft nicht nur keinen Gewinn gebracht, sondern die hierbei entstandenen Unkosten mußten zum Teil aus den Zinseinnahmen bestritten werden. Die relativ hohe Dividende[132]), welche die Gesellschaft zu verteilen in der Lage ist, kann nur infolge günstiger Anlage des Kapitals ausgeschüttet werden. Sonst sind im allgemeinen die Dividenden auch großer Treuhandgesellschaften gering.

So verteilte:

die Rheinische Treuhand AG.:

	1912/13	1913/14	1914/15	1915/16	1916/17	1917/18	1918/19	1919/20	1920/21	1921/22	1922/23	1923/24
%	5	4	4	5	5	5	5	5	6	6	0	0

die Sächsische Revisions- und Treuhand AG.:

	1917	1918	1919	1920	1921	1922	1923	1924
%	6	6	6	8	10	20	0	8

die Allgemeine Treuhand AG., Dresden:

	1914	1915	1916	1917	1918	1919	1920	1921	1922	1923	1924
%	7	7	8	8	8	9	9	10	15	0	10

die Süddeutsche Treuhand-Ges. AG.:

	1914	1915	1916	1917	1918	1919	1920	1921	1922	1923	1924
%	12	12	12	12	8	6	8	8	0	0	10

die Deutsche Revisions- u. Organisations-AG., Köln:

	1914	1915	1916	1917	1918	1919	1920	1921	1922	1923	1924
%	4	5	5	7	0	0	0	0	30	0	0

Die hohen Unkosten der Treuhandgesellschaften wirken sich entsprechend in ihren Gebühren aus. Hier kann als weiterer Vorteil der Bücherrevisoren angeführt werden, daß ihre Gebühren im allgemeinen niedriger sind, wie die der Treuhandgesellschaften. Gerade die besonders hohen Unkosten für den Informationsdienst, Direktion, Kontrolle usw. entfallen bei ihnen. Hierbei darf aber nicht übersehen werden, daß zu Zeiten, wo, wie gegenwärtig, die Gesetzgebung schnell wechselt, dauernd neue Probleme auftauchen usw., die Kenntnisse des Bücherrevisors auf Spezialgebieten (Steuer- und Wirtschaftsrecht, moderne Organisationsmethoden u. ä.) nicht denen gleich sein können, die sich der Treuhandbeamte mühelos infolge der Arbeitsteilung erwirbt. Da der Bücherrevisor aber alle ins Revisionswesen einschlägigen Fragen selbst zu bearbeiten hat, müßte er bessere Kenntnisse als der Treuhandrevisor aufweisen können, welcher Spezialfragen ohne weiteres der betreffenden Fachabteilung übergibt. Diese Kenntnisse sich anzueignen, würde für den Einzelrevisor, noch dazu, wenn er auf einem Gebiet fachlich (beispielsweise juristisch) nicht vorgebildet ist, einen solch erheblichen Zeitaufwand erfordern, daß seine Unkosten keinesfalls hinter denjenigen der Treuhandgesellschaft zurückstehen würden.

Praktisch liegen nun aber die Dinge so, daß der Treuhandrevisor seine Erfahrungen und Kenntnisse in einfacher gelagerten Fällen nicht vollständig verwerten kann, die Zuziehung von Spezialfachleuten wegen des Fehlens schwierigerer Einzelfragen ebenso wie die Verwendung von mehreren Arbeitskräften überflüssig ist. Hier kann der Einzelrevisor genau das Gleiche leisten, wie die Treuhandgesellschaft und dabei noch billiger sein. Das führt dazu, daß sich eine Teilung der Interessensphären vollzieht. Schwierige und umfangreichere Aufträge bei größeren Betrieben pflegt die leistungs-

[132]) 1914: 12½%, 1915: 12½%, 1916: 12½%, 1917: 15%, 1918: 15%, 1919: 15%, 1920: 15%, 1921: 20%, 1922: 24%, 1923: 0%, 1924: 10%.

fähigere Treuhandgesellschaft, solche bei kleineren Unternehmungen und einfacherer Art der Einzelrevisor zu erhalten[133]).

Halten wir die Ergebnisse der bisherigen Untersuchungen fest, so ist folgendes zu sagen: Die Form der Kapitalgesellschaft erscheint für das Treuhand- und Revisionswesen ihres unpersönlichen Charakters wegen an und für sich nicht als durchaus geeignet. Beim Bücherrevisor steht hingegen entsprechend dem persönlichen Charakter der Leistungen die Persönlichkeit im Vordergrund. Doch haben die großen Treuhandgesellschaften es verstanden, tüchtige Leiter und Beamte heranzuziehen, welche gleichfalls durch ihre Persönlichkeit in jeder Hinsicht Gewähr zu leisten imstande sind und die Herstellung eines persönlichen Vertrauensverhältnisses zu der Kundschaft herbeiführen. Das Vorhandensein eines größeren Aktienkapitals gibt einerseits dem Auftraggeber Sicherheit gegen Schäden, welche durch fehlerhaftes Versehen entstehen und andererseits dem Unternehmen einen finanziellen Rückhalt, der die erforderliche Selbständigkeit gegenüber seinen Auftraggebern ermöglicht. Die durch finanzielle Leistungsfähigkeit ermöglichte Verwendung zahlreichen Personals mit verschiedener Berufsvorbildung führt beim Gesellschaftsunternehmen eine zweckmäßig organisierte Arbeitsteilung herbei, welche durch Zusammenarbeit von Spezialisten auf den verschiedenen Gebieten des Treuhandwesens eine Verbesserung der Gesamtleistung bewirkt. Zwerggesellschaften weisen die Nachteile der unpersönlichen Unternehmungsform auf, ohne sich aber deren Vorteile, vor allem hinsichtlich der Arbeitsteilung zu eigen machen zu können.

Es war davon die Rede, daß sich allmählich zwischen Treuhandgesellschaften und Einzelrevisoren eine gewisse Arbeitsteilung herausgebildet hat, indem nämlich die Treuhandgesellschaften, ihrem großen Personalstab entsprechend, mehr in großen Betrieben und bei schwierigeren Aufgaben tätig werden, während der Bücherrevisor Aufträge geringeren Umfanges ausführt, insbesondere bei Personenfirmen, bei denen das persönliche Vertrauen bei Vergebung eines Revisionsauftrages die maßgebende Rolle zu spielen pflegt. Diese Teilung der Interessensphären hat sich, was im Hinblick auf die frühere Alleinherrschaft des Bücherrevisors durchaus verständlich ist, nicht ohne Kämpfe vollzogen. War es doch ursprünglich hauptsächlich die Aktiengesellschaft und der Großbetrieb gewesen, welche dem Bücherrevisor die einträglichste Arbeitsgelegenheit gegeben hatten[134]). So mußte hier notgedrungen ein starker Konkurrenzkampf einsetzen. Die Verwendung eines ohne Rücksicht auf Kosten ausgezeichnet geschulten Personals, das Zusammenarbeiten von Kaufleuten, Revisoren, Volkswirten, Juristen und Ingenieuren in allen schwierigeren Fragen, die Möglichkeit, zahlreiche Erfahrungen zu sammeln und zu verarbeiten, der Umstand, daß auch umfangreiche Aufträge in kurzer Zeit erledigt werden können, kurz, alle die Vorteile einer wohldurchdachten und zweckmäßigen Arbeitsteilung waren es, die die Treuhandgesellschaften hier zum überlegeneren Teil machten. Es kam aber hinzu, daß in der Zeit, als dieser Kampf einsetzte, die Bücherrevisoren, wie gerade aus ihren eigenen Kreisen heraus bestätigt[135]) wird, im Durchschnitt eine

---

[133]) Vgl. auch die nämlichen Feststellungen Gerstners („Revisionstechnik" S. 65) und Sponheimers (a. a. O. S. 49).

[134]) Beigel betont in seiner Schrift „Treuhandgesellschaften oder Bücherrevisoren?" auf S. 23: „Erst als die Aktiengesellschaften auf den Plan traten, änderte sich diese Situation" (nämlich die ungenügende Beschäftigung der Bücherrevisoren) „zunächst langsam, aber doch stetig".

[135]) Vgl. S. 53 f.

ungenügende Ausbildung aufwiesen, die sich gegenüber den guten Fachleistungen der Treuhandgesellschaften besonders bemerkbar machen mußte. Welchen Umfang die Kenntnislosigkeit damals unter den Bücherrevisoren angenommen hatte, geht daraus hervor, daß in einem Referat[136]) über die Vereidigung ungeeigneter Personen als Bücherrevisoren darüber geklagt wird, daß es vorgekommen sei, daß ein Bücherrevisor bei einer einfachen Bilanz die Aktiva auf die Passivenseite und die Passiva auf die Aktivenseite eingestellt habe! So konnte die Verdrängung der Bücherrevisoren vor allem bei den größeren Unternehmungen, die schwierigere Arbeiten verlangten, durch die Treuhandgesellschaften nicht ausbleiben. Es kam hinzu, daß die damaligen Treuhandgesellschaften zunächst sämtlich Bankkonzernen angehörten. Hatte eine der beteiligten Banken anläßlich der Hingabe von Krediten und bei ähnlichen Gelegenheiten Interesse daran, den Stand des Unternehmens von einer sachkundigen Stelle nachprüfen zu lassen[137]), so beauftragte sie naturgemäß das ihr nahestehende Treuhandinstitut mit der Vornahme der erforderlichen Arbeiten. Auf diese Weise wurde den Treuhandgesellschaften vielfach ein ständiger Kundenstamm auch für späterhin zugeführt.

Bei ihrem Vordringen wurden die Treuhandgesellschaften des öfteren Gegenstand von Angriffen und zwar hauptsächlich seitens einer interessierten Stelle, nämlich des Verbandes Deutscher Bücherrevisoren. Bereits auf dem ersten Verbandstag 1905 wurde nachzuweisen versucht, daß die Treuhandgesellschaften nicht in der Lage seien, zuverlässig zu arbeiten[138]). E. Römer behauptete in einem Artikel 1908[139]), die deutschen Revisionsgesellschaften seien „Schleppträgerinnen bestimmter Großbankorganisationen und nur zu dem Zweck ins Leben gerufen, nicht Licht, sondern nur Dunkel zu verbreiten". Ein Fernerstehender, A. Lansburgh[140]), bezweifelte die Unparteilichkeit der Banktreuhandgesellschaften, wobei er sich des öfteren auf Ausführungen von Georg Bernhard im „Plutus"[141]) beruft. Endlich erschien 1912 eine Broschüre von R. Beigel[142]), welche, vom Verband Deutscher Bücherrevisoren herausgegeben, mit ähnlichen Vorwürfen, wie es Lansburgh getan, die Treuhandgesellschaften angriff. Es handelt sich bei all diesen ganz offenbar um Angriffe agitatorischer Art, die bezweckten, das Vertrauen zu den Treuhandgesellschaften, denen im wirtschaftlichen Konkurrenzkampf nichts anzuhaben war[143]), zu untergraben und ihrem erfolgreichen Vordringen so Abbruch zu tun. Wenn Lansburgh und Beigel die Diskretion der Treuhandgesellschaften gegenüber ihren Banken bestreiten (ohne hierfür im übrigen einen Beweis zu erbringen)[144]), so

---

[136]) Auf dem ersten Verbandstage der deutschen Bücherrevisoren, gehalten von Rüdiger, Chemnitz.

[137]) Vgl. S. 124ff.

[138]) Vgl. Referat des Bücherrevisors E. Huschke, Berlin.

[139]) In der Monatsschrift für Handel, Industrie und Schiffahrt, Halberstadt.

[140]) „Die Bank" 1908. Lansburghs Ausführungen wiederholen sich in einem in der gleichen Zeitschrift 1912 erschienenen Artikel.

[141]) Jahrgang 1905 und 1906.

[142]) „Treuhand-(Revisions-)Gesellschaften oder beeidigte Bücherrevisoren?"

[143]) So betont selbst A. Lansburgh („Die Bank" 1908, S. 858), daß an der Gewissenhaftigkeit der einzelnen Revisionsgesellschaften nicht im geringsten zu zweifeln sei. Über die Verwaltung einiger von ihnen höre man nur Lobenswertes.

[144]) Lansburgh behauptet beispielsweise („Die Bank" S. 860): „Der in die Provinz gesandte Beamte hat seinem Berliner Bürochef, dieser dem Direktor und dieser wiederum dem Aufsichtsrat (!) Rapport zu erstatten. Die Aktenstücke über die Revision stehen ständig zur Verfügung der Verwaltung."

beruht dies offenbar auf ihrer Unkenntnis der Organisation der Treuhandgesellschaften und deren praktischen Zweck. Beigel behauptet[145]), daß neben der offiziellen Aufgabe, eine Revision vorzunehmen, jede Treuhandgesellschaft noch eine zweite habe, nämlich der Bank einen geheimen Bericht über die Punkte abzustatten, die für diese von Interesse seien.

Sponheimer[146]) hat bereits diese nicht bewiesenen und durchaus unbegründeten Vorwürfe widerlegt. Eine Ausfolgung von Revisionsberichten an den Aufsichtsrat der Treuhandgesellschaft oder Mitteilung an ihn über deren Inhalt würde Treu und Glauben aufs schwerste verletzen und keine Direktion sich deshalb jemals dazu hergeben. Die Angriffe haben zur Folge gehabt, daß mehrere Treuhandgesellschaften[147]) in ihren Statuten ausdrücklich bestimmten, daß vom Inhalt der Tätigkeitsberichte nur der Auftraggeber, keinesfalls Mitglieder des eigenen Aufsichtsrates Kenntnis nehmen dürfen. Im übrigen sind Indiskretionen bei Treuhandgesellschaften schon deswegen sehr erschwert, weil die Berichte nicht nur ständig sorgfältig unter Verschluß gehalten werden, sondern auch vielfach nur unter Chiffrezeichen zur Ablage kommen, so daß praktisch die Einsichtnahme Unbefugter so gut wie unmöglich ist.

Die Abhängigkeit der bankmäßig orientierten Treuhandgesellschaften von ihren Aktionären, den Großbanken, wird von verschiedenen (Lansburgh, Römer, Schmidt, Buxbaum u. a. m.) deshalb für schädlich gehalten, weil der Revisor seines Amtes nur unparteiisch und objektiv walten dürfe und deshalb unabhängig sein müsse. Daß der Revisor bei seiner Tätigkeit sich nicht davon abhalten lassen darf, das zu untersuchen und festzustellen, was ihm wichtig erscheint, auch wenn dies dem Betroffenen unangenehm ist, ist selbstverständlich. Den Personen und Stellen gegenüber, die veranlaßt sein könnten, den Revisor in dieser Hinsicht zu ihren Gunsten zu beeinflussen, muß er unabhängig sein. Diese Unabhängigkeit gegenüber dem revidierten Unternehmen ist aber bei den Bank-Treuhandgesellschaften ebenso vorhanden, wie bei jeder anderen Revisionsinstanz. Die Abhängigkeit von Bankinstituten kann der Objektivität der Treuhandgesellschaften nicht im geringsten Schaden tun, da die Banken am Revisionsergebnis nur von Fall zu Fall mittelbar interessiert sind und lediglich darum bemüht sein werden, ein sachlich richtiges Resultat zu bekommen[148]).

Die Unabhängigkeit vom Auftraggeber ist hingegen bei einer anderen Art von Treuhandgesellschaften nicht gegeben, nämlich bei den konzernmäßig orientierten Treuhandgesellschaften. Die Konzern-Treuhandgesellschaften sind nichts anderes als in die Form einer äußerlich selbständigen Gesellschaft gekleidete interne Revisionsbüros; sie besitzen deren Vorteile, in verstärktem Maße aber auch ihre Nachteile[149]). Die zu überwachenden Unternehmungen können dank ihres Einflusses als Aufsichtsräte und Aktionäre der Treuhandgesellschaft bestimmen, was revidiert werden darf und was nicht. Darin besteht aber eine besondere Gefahr, daß beim Uneingeweihten der Anschein erweckt werden wird, die Revision des Konzernes erfolge von einer unabhängigen Treuhandgesellschaft, wodurch der Revisions-

---

145) „Treuhandgesellschaften oder Bücherrevisoren?“ S. 15.

146) A. a. O. S. 62/63.

147) Vgl. die Statuten der Deutschen Treuhand-Gesellschaft (§ 19) von 1910; die Statuten der „Revision“ Treuhand-Aktiengesellschaft (§ 21) von 1910.

148) Vgl. auch Sponheimer, S. 65.

149) Vgl. S. 49ff.

vermerk Aktionäre und Gläubiger unberechtigterweise in Sicherheit wiegt. Die Gefahren der Konzern-Treuhandgesellschaften werden selbstverständlich wesentlich vermindert, wenn an dem Treuhandinstitut dem Konzern nicht angehörige Stellen maßgebend beteiligt sind und hierdurch den Revisoren wenigstens im beschränkten Umfange ihre Unabhängigkeit bewahrt bleibt. Den internen Kontrollabteilungen gegenüber besitzen die selbständigen Konzern-Treuhandgesellschaften den Vorzug, daß sie die Möglichkeit haben, auch bei anderen Unternehmen tätig zu sein, welche dem Konzern nicht angehören, wodurch sie ihren Erfahrungskreis erweitern können.

Die erwähnten Vorwürfe gegen die Bank-Treuhandgesellschaften wurden im übrigen zu einer Zeit erhoben, wo es sich noch um relativ junge Einrichtungen handelte, über deren praktische Tätigkeit und Geschäftsgebaren man in weiteren Kreisen weder Erfahrung besaß, noch hinreichende Beobachtungsmöglichkeit hatte. Seit der Agitationsschrift Beigels lassen sich, soweit wir sehen können, derartige Angriffe in der Literatur nicht mehr feststellen[150]).

Es ist zu bedauern, daß der Verband Deutscher Bücherrevisoren sich dazu hergegeben hat, unbegründete Verdächtigungen als Mittel im Konkurrenzkampf zu benützen. Aber diese Agitation war keinesfalls das einzige Kampfmittel. Der Verband Deutscher Bücherrevisoren hat sich in der jüngsten Zeit um die Hebung des ganzen Bücherrevisorenstandes, insbesondere auch durch seine Bemühungen um die Förderung der fachlichen Kenntnisse seiner Mitglieder große Verdienste erworben. Die Fachreferate auf den Verbandstagen zeigen teilweise einen bemerkenswerten Hochstand und dürften den Mitgliedern manche wertvolle Anregung für ihre Praxis gegeben haben[151]). Wer die „Mitteilungen" des Verbandes durchsieht, findet fast in jeder Nummer sehr beachtenswerte Abhandlungen über die verschiedensten Fachprobleme, deren Inhalt jedenfalls dem Bücherrevisor ein gutes Rüstzeug für die praktische Tätigkeit geben kann.

Den Bemühungen um die Hebung der fachlichen Leistungsfähigkeit der Bücherrevisoren ist der Umstand günstig, daß diese sich gegenwärtig immer mehr durch Studium an Handelshochschulen theoretisch auf ihren Beruf vorzubereiten suchen, wodurch die fachliche Vorbildung eine ganz andere Qualität aufweist, als es früher der Fall war. Trotzdem hat sich die Vorherrschaft der Treuhandgesellschaften immer mehr verstärkt. Die Bedrängnis der Bücherrevisoren durch deren Konkurrenz setzte in besonderem Maße erst nach den Kriegsjahren ein, obwohl die Bücherrevisoren durch die gegenüber früher bessere fachliche Ausbildung in die Lage versetzt waren, dem Vordringen der Treuhandgesellschaften weit mehr Widerstand entgegenzusetzen, als dies vor dem Kriege der Fall war. Die auffällig lange Verzögerung im Vordringen der Treuhandgesellschaften läßt sich aus folgendem erklären: Vor dem Kriege gab es in ganz Deutschland nur 11 Treuhandaktiengesellschaften. Es war natürlich nicht möglich, daß die Konkurrenz dieser wenigen Institute allgemein in Deutschland das Arbeitsgebiet der deutschen Bücherrevisoren schon wesentlich hätte einschränken können. Vor allem in der Provinz dominierte bis nach dem Krieg der Einzelrevisor. Es hing dies damit zusammen, daß die drei größten und ältesten Bank-Treuhandgesellschaften in Berlin ansässig und Filialerrich-

[150]) Vgl. auch verschiedene Andeutungen Sponheimers, welche dies zu bestätigen scheinen (vor allem a. a. O. S. 46).

[151]) Vgl. Götz, a. a. O. S. 35.

tungen prinzipiell abgeneigt waren[152]). Da auch die übrigen Gesellschaften nur in großen Handels- und Industriezentren[153]) ihren Sitz hatten, waren für die auswärtigen Interessenten die Kosten ihrer Inanspruchnahme sehr verteuert, wenn man bedenkt, daß neben dem Fahrgeld für die Revisoren, auch noch die Aufenthaltsspesen zu Lasten des Auftraggebers gingen[154]). Das erleichterte dem außerhalb der Hauptstädte ansässigen Einzelrevisor wesentlich die Konkurrenz. Allein späterhin wurden die Neugründungen bankmäßig orientierter Treuhandgesellschaften sämtlich außerhalb Berlins vollzogen. Denn es bestanden Ende 1924:

in Berlin (wie 1914) .	3	Banktreuhandgesellschaften,
in Süddeutschland . .	8	„
im übrigen Deutschland	11	„

Auch von den erwerbsmäßig orientierten Treuhandaktiengesellschaften befindet sich heute die Mehrzahl außerhalb Berlins. Es hatten Ende 1924 ihren Sitz

in Berlin	25	erwerbsmäßig orientierte Treuhandgesellschaften[155])
in Süddeutschland	14	„ „ „
im übrigen Deutschland	58	„ „ „

Der deutsche Bücherrevisor hat nicht nur in den großen Bank-Treuhandgesellschaften eine starke Konkurrenz gefunden, sondern auch in den während der Nachkriegsjahre in großer Anzahl ins Leben getretenen kleineren Treuhandgesellschaften, welche wegen ihrer geringeren Leistungsfähigkeit bei großen Betrieben auf die Dauer nicht mit den großen Treuhandinstituten erfolgreich konkurrieren konnten und deshalb auch bei Unternehmungen kleineren Umfanges die Erwerbsmöglichkeiten des Bücherrevisors beeinträchtigten. Auf der anderen Seite gibt es im Bücherrevisorenstand gerade gegenwärtig in größerer Anzahl Personen, die lediglich dadurch sich Aufträge zu erringen suchen, daß sie — in Ermangelung von Fähigkeiten, welche sie qualifizieren könnten — ihre Kollegen im stärksten Ausmaße unterbieten. Dadurch werden auch die Honorare der guten Revisoren ungünstig beeinflußt.

---

[152]) Vgl. S. 89. Zweigniederlassungen der „Revision" wurden bald in selbständige Institute umgewandelt.

[153]) So vor allem München, Frankfurt, Mannheim, Breslau.

[154]) Beigel (S. 29) nennt allein als Aufenthaltskosten für den Tag 25.— bis 30.— Mark.

[155]) Einschließlich der rein konzernmäßig orientierten.

III. Vergleichende Untersuchungen über das englische und deutsche Revisionswesen. Die Reformvorschläge.

In Deutschland hat das Revisionswesen, wie wir sahen, eine gesetzliche Regelung in keiner Hinsicht erfahren. Es sind weder an die Betätigung als Bücherrevisor bestimmte Erfordernisse geknüpft, noch unterliegt die Berufsbezeichnung irgend einem Schutz. So hat der tüchtige Revisionsfachmann keine Möglichkeit, sich bei völliger Gewerbefreiheit vom Pfuscher zu unterscheiden. Die Nachteile, die hierin liegen, sind im Laufe der Zeit sehr merklich in Erscheinung getreten.

Gerade in der Gegenwart sind dunkle Existenzen dazu übergegangen, unter dem Decknamen des „Bücherrevisors" ihre wenig einwandfreien Geschäfte zu betreiben[1]). Sogar vorbestrafte Personen können nicht daran gehindert werden, sich als Bücherrevisoren zu betätigen und eine entsprechende Standesbezeichnung sich beizulegen.

Die hieraus resultierenden schlimmen Vorkommnisse schädigen das Ansehen des gesamten Treuhandwesens empfindlich. Auch die Berufsausübung der guten Treuhandgesellschaften, der zuverlässigen Bücherrevisoren, gleichgültig ob beeidigt oder nicht beeidigt, kommt durch solche unzuverlässige, oft betrügerische Elemente in ein ungünstiges Licht, da letztere ja ungehindert sich der gleichen Berufsbezeichnung bedienen können und so dem Publikum ein Unterscheidungsmerkmal nicht zur Verfügung steht. Wie nachteilig die hieraus entstehenden Folgen sein können, wird ersichtlich, wenn man bedenkt, daß das Treuhandwesen seine wichtigen Aufgaben nur zu erfüllen in der Lage ist, wenn es das uneingeschränkte Vertrauen aller Wirtschaftskreise genießt; daß aber dieses Vertrauen bei dieser Sachlage sehr schnell schwinden muß, liegt auf der Hand, denn niemand kann aus der Berufsbezeichnung allein beurteilen, ob er es mit einer zuverlässigen Stelle zu tun hat oder nicht. Da sich aber heute die wirtschaftlichen Beziehungen über große Entfernungen erstrecken, ist es meist dem Interessierten unmöglich sich aus eigener Anschauung ein Urteil über die Vertrauenswürdigkeit und Fähigkeit des in Frage stehenden Organes zu bilden; so steht man vielfach der Tätigkeit auswärtiger Bücherrevisoren und weniger bekannten Treuhandgesellschaften mit Mißtrauen gegenüber; dies gilt auch für die beeidigten Bücherrevisoren, deren moralische Qualitäten zwar nicht in

[1]) Vor kurzem ging beispielsweise eine Nachricht durch die Zeitungen, wonach der frühere Geschäftsführer eines zusammengebrochenen Inflationsunternehmens ein „Treuhandbüro" eröffnet hatte, obwohl gegen ihn eine Untersuchung wegen betrügerischen Bankerotts eingeleitet war. Im Falle von Zahlungsschwierigkeiten wenden sich unsolide Geschäfte mit Vorliebe gerade an solche „Vergleichsagenten", „Treuhänder", „Bücherrevisoren" u. a., deren wenig reelles Geschäftsgebaren ihnen bekannt ist, um zu erreichen, daß diese als anscheinend unparteiische Sachwalter bei den Gläubigern eine möglichst niedrige Abfindungsquote erschleichen. Vor allem die vielen unsoliden Gründungen der Inflationszeit, die nach der Stabilisierung in der überwiegenden Mehrzahl in Schwierigkeiten geraten sind, haben sich vielfach derartiger unlauterer Persönlichkeiten bedient. Handelskammern sahen sich dementsprechend wiederholt gezwungen, vor solchen Machenschaften die Oeffentlichkeit zu warnen. (Vgl. Benachrichtigung der Handelskammer München im Abendblatt der Frankfurter Zeitung vom 20. 3. 26.)

Zweifel gezogen werden können, deren fachliche Eignung hingegen meist nicht geprüft ist.

Da hierdurch aber das Treuhandwesen seiner allgemeinen Vertrauensstellung verlustig geht, stehen gerade heute wieder Reformpläne im Mittelpunkt des Interesses; so ist ein Gesetzentwurf vorgelegt worden, der die Betätigung im Treuhandwesen von der Erteilung einer behördlichen Konzession abhängig macht.

Das Fehlen jeder Regelung des Treuhandwesens hemmt zweifellos dessen Vorwärtsentwicklung. Solange kein Schutz des Berufstitels zugunsten derjenigen, welche den Beweis ihrer Leistungsfähigkeit erbracht haben, besteht, ist die Hebung des Bücherrevisorenstandes sehr erschwert. Denn alle dahin gerichteten Bestrebungen der guten Bücherrevisoren kommen in gleicher Weise auch den Außenseitern und Schädlingen zugute, die durch Führung des gleichen Berufstitels ebenfalls davon Nutzen ziehen; Verfehlungen der letzteren aber schädigen den ganzen Stand in seinem Ansehen.

Die gleichen Feststellungen lassen sich in einem Lande machen, in welchem das Revisionswesen schon frühzeitig eine besondere Blüte erreicht hatte, in England. Bis zum Jahre 1880 kannte man auch dort kein äußeres Unterscheidungsmerkmal für den fachlich qualifizierten Bücherrevisor. Obwohl damals schon dank der weit fortgeschrittenen wirtschaftlichen Entwicklung England ein hochentwickeltes, leistungsfähiges Revisionswesen besaß[2]), machten sich insbesondere in den siebziger Jahren recht unangenehme Mißstände, verursacht durch das schädliche Treiben von Außenseitern, bemerkbar.

So erstrebte man seitens der englischen Bücherrevisoren (Accountants) einen entsprechenden Schutz des Berufstitels, welcher dadurch gewährt wurde, daß die Mitglieder der großen Berufskorporationen das Recht besitzen, sich als „Chartered Accountants" (C. A.) zu bezeichnen. Diese Standesbezeichnung genießt heute allgemein höchstes Ansehen und empfiehlt ihren Träger als einen tüchtigen Fachmann[3]). Auch in der Union besitzt der Inhaber eines Prüfungszeugnisses[4]) als Bücherrevisor das Vorrecht, sich einen besonderen Titel, nämlich den eines „Certified Public Accountant" (C.P.A.) beizulegen. Der Besitz dieser Titel ist insoferne sehr wertvoll, als die hohen Anforderungen, welche an seine Erlangung geknüpft sind, dem Publikum als Garantie dafür erscheinen, daß der Bücherrevisor allen an ihn gestellten Anforderungen zu genügen in der Lage ist. Dieser Umstand hat allmählich zur Beseitigung der Mißstände im Revisionswesen geführt, da man sich praktisch immer mehr fast ausnahmslos der auf diese Weise der Öffentlichkeit kenntlich gemachten Fachleute bediente, wodurch die minderwertigen Kräfte, denen der Titel fehlt, in eine bedeutungslose Stellung zurückgedrängt wurden.

Diese guten Erfahrungen, verbunden mit dem Umstand, daß der Stand der Chartered Accountants sich durch eine in aller Welt anerkannte hohe fachliche Leistungsfähigkeit auszeichnet, die ihm eine sehr geachtete soziale Stellung verschafft hat, gaben Anlaß, in Deutschland bald der Gestaltung des englischen Revisionswesens besondere Aufmerksamkeit zu schenken, indem

---

[2]) Vgl. Seite 19.

[3]) Die zur Erlangung des Titels abzulegenden Prüfungen tragen einen privaten Charakter, da sie von Seiten der Verbände selbst ohne Mitwirkung staatlicher Organe vorgenommen werden.

[4]) Diese Prüfungszeugnisse, als welche insbesondere in vielen Staaten Universitätszertifikate gelten, haben in den Vereinigten Staaten offiziellen Charakter. (Vergl. Schmidt, a. a. O. Seite 123).

man gleichfalls einen ähnlichen Titelschutz anstrebte. Dazu kommt, daß das englische Revisionswesen eine außerordentlich wichtige Stellung im englischen Wirtschaftsleben einnimmt, das sich seiner Tätigkeit im ausgiebigsten Maße bedient. Auch das englische Recht weist dem Revisionswesen insoferne eine bedeutsame Aufgabe zu, als die englischen Aktiengesellschaften verpflichtet sind, sich jährlich regelmäßig einer Revision zu unterwerfen (Audit)[5].

Dies alles erklärt es, daß alle Erörterungen, welche der Hebung des deutschen Revisionswesens dienen wollen, sich mit den englischen Verhältnissen beschäftigen. So wünscht Beigel, daß sich auch in Deutschland die Bücherrevisoren zu einem einzigen Zentralverband mit juristischer Persönlichkeit, einer Disziplinarkammer und einem über ganz Deutschland verbreiteten Filialnetz zusammenschlössen, für welches Gleichheit der Vorbildung, der Aufnahmebedingungen, der Arbeitsmethoden und der Honorarsätze bestehen müsse[6]). Das sei das einzige, was den deutschen Bücherrevisoren fehle. Weiterhin müsse jede Aktiengesellschaft gesetzlich verpflichtet werden, ihre Buchführung und Bilanz der formellen und materiellen Prüfung durch einen der Berufsorganisation angehörenden Revisor zu unterwerfen. Die gleichen Ziele verfolgt Römer; beide verweisen immer wieder auf das englische Vorbild und tatsächlich entsprechen die Vorschläge der Berufsorganisation der Chartered Accountants bzw. den rechtlichen Bestimmungen über das Audit, wobei allerdings manche Irrtümer über verschiedene Punkte unterlaufen sind. Buxbaum[7]) macht ganz ähnliche Vorschläge, nach welchen nach Art der englischen Accountants in Deutschland ein Revisorenstand gebildet werden solle, der eine ähnliche Ausbildung durchzumachen habe, um sich die Bezeichnung als Revisor beilegen zu dürfen. Endlich erhofft sich auch Liefmann[8]) von einer Regelung des Revisionswesens nach englischem Muster einen wesentlichen Erfolg.

Es wird daher unsere Aufgabe sein, nachzuprüfen, ob eine Reformierung des deutschen Revisionswesens nach dem Muster des englischen Systems durch Übertragung des Instituts der Chartered Accountants tunlich ist. Zu diesem Zweck soll zunächst eine kurze Schilderung der Gestaltung des englischen Revisionswesens gegeben werden; die sich hierbei gegenüber dem deutschen Revisionswesen zeigenden, sowohl die äußere Gestaltung als auch die Bedeutung im Wirtschaftsleben betreffenden Unterschiede sollen sodann auf ihre Ursachen untersucht werden.

1. Das englische Revisionswesen und das Institut der Chartered Accountants.

Eine Regelung im strengen Sinne des Wortes durch gesetzliche Vorschriften hat auch der englische Bücherrevisorenstand nicht erfahren. Denn jeder ist berechtigt, das Gewerbe des Accountant frei auszuüben. Es besteht keinerlei Privileg für Inhaber bestimmter Diplome, Mitglieder von anerkannten Korporationen o. ä. zur alleinigen Ausübung des Revisorenberufes[9]).

[5]) „Ständige Revision" (Schirrmeister), wie sie durch das Gesetz für die Jahresbilanzen vorgeschrieben ist. Das ausführende Organ heißt Auditor und ist demnach nicht gleichbedeutend mit Accountant (Bücherrevisor). Accountant ist der weitere Begriff und bezeichnet den Beruf, Auditor hingegen eine bestimmte Tätigkeit innerhalb dieses Berufes (vgl. Gertung, a. a. O. Seite 8 ff.).

[6]) „Lehrbuch" S. 56.

[7]) „Die Bank" 1910.

[8]) Vgl. Seite 6.

[9]) Dies wird jedoch vielfach angenommen (s. u.), wodurch die Bestrebungen zur Einführung eines Konzessionszwanges in Deutschland offenbar gefördert wurden.

Die hervorragende, praktisch fast einem Monopol gleichkommende Stellung, welche das englische Bücherrevisorentum errungen hat, ist vielmehr allein durch Selbsthilfe und Selbstzucht erreicht worden.

Es wurde bereits ausgeführt[10]), daß das englische Revisionswesen eine viel ältere Entwicklung als das deutsche aufweist. Das umfangreiche Rechnungswerk der großen Landgüter gab den englischen Revisoren das erste Tätigkeitsfeld. Früher als in Deutschland setzte in England die kapitalistische Entwicklung im Wirtschaftsleben ein, so daß der Accountant bereits zu einer Zeit in den Großbetrieben eine umfangreiche, ertragbringende Tätigkeit entfalten konnte, als in Deutschland der Bücherrevisor noch reiner Gelegenheitsarbeiter im Nebenamt war. Bei jeder größeren Krise treten Accountants in Tätigkeit[11]). Bereits um das Jahr 1840 war eine recht beträchtliche Anzahl von Accountants vorhanden[12]). Es läßt sich annehmen, daß bei der guten Beschäftigungsmöglichkeit, welche schon damals der Accountant hatte, sich der Bücherrevisorenstand durch umfassende Erfahrungen in seinem Fache auszeichnete. Denn andernfalls wäre es unmöglich gewesen, daß die Gesetzgebung nunmehr dazu überging, den Aktiengesellschaften (Eisenbahngesellschaften) zur Pflicht zu machen, sich jährlich einer Revision zu unterziehen. Schon der Umstand, daß der Gesetzgeber sich dazu entschloß, eine derartige Bestimmung zur Einführung zu bringen, weist darauf hin, daß die englischen Revisoren durch ihre guten Leistungen der Öffentlichkeit den Wert einer sachgemäßen Revision vor Augen geführt hatten. Die Act von 1844 führt erstmalig durch die Abschnitte 101—108 das obligatorische Audit für Eisenbahngesellschaften ein. Freilich kam diese Bestimmung in den Neuregelungen des Aktienwesens in den Jahren 1855, 1856, 1862 wieder in Wegfall. Immerhin war ein günstiger Anstoß gegeben worden und nachdem das Aktienwesen durch Einführung der beschränkten Haftung (1855 und 1862) einen mächtigen Aufschwung genommen hatte, bot sich den Accountants eine weitgehende Betätigungsmöglichkeit; die Companies hielten zudem an der durch das Gesetz von 1844 eingeführten Revision auch nach Aufhebung des obligatorischen Audit fest[13]). Denn die Erwartungen, die man von den Auditors gehegt und ebenso die Ansprüche, die man an sie gestellt hatte, waren durchaus erfüllt worden. So machte man aus freiem Antrieb die Überwachung des Buch- und Rechnungswesens zu einer allgemeinen Einrichtung, um sich deren Vorteile weiterhin zu erhalten[14]). Die Zahl der Bücherrevisoren nahm daher ständig zu; 1879 wurde dann durch eine neuerliche gesetzliche Anordnung[15]) die Revisionspflicht wiederum eingeführt; allerdings wurden hiervon nur die Aktienbanken betroffen, die nunmehr ihre Bilanzen durch Auditors nachprüfen lassen mußten. Gerade die Tätigkeit bei diesen großen, zahlungskräftigen Unternehmungen mit umfangreichem Rechnungswerk hat dem Berufe offenbar einen weiteren Aufschwung gegeben. Denn 1883 finden sich bereits 840[16]) Accountants allein in London. Lediglich an Chartered

---

[10]) Vgl. Seite 19.

[11]) Vgl. Nachod, a. a. O. Seite 122.

[12]) Vgl. Seite 19.

[13]) Vgl. Gertung, a. a. O. Seite 13.

[14]) Vgl. die Aeußerungen des zeitgenössischen englischen Schriftstellers D. Morier Bell, zitiert bei Römer, „Bücherrevisoren-Praxis" S. 150.

[15]) Companies Act von 1879.

[16]) Nach Nachod, a. a. O. Seite 123.

Accountants waren in England 1881 1025, 1901 hingegen bereits 2813[17]) vorhanden. Gegenwärtig beträgt ihre Zahl über 5000[18]).

Für unsere Untersuchungen ist es von Interesse, festzustellen, daß in England dieses schnelle Emporblühen des Revisionswesens nicht ohne die auch bei uns gegenwärtig sich zeigenden, wenig erfreulichen Begleiterscheinungen abging, die sich durch das Auftauchen unredlicher oder wenigstens unfähiger Accountants ergaben[19]). Vor allem war es auch die Bankruptcy Act (Konkursordnung) von 1869, die infolge ihrer schlaffen Vorschriften[20]) dazu führte, daß sich moralisch minderwertige Leute dem Accountant-Berufe zuwandten, welche, ohne die Kenntnisse und Fähigkeiten zur richtigen Erfüllung ihrer Aufgaben zu besitzen, ein durchaus nicht einwandfreies Verhalten an den Tag legten; auf diese Weise wurde der Ruf des ganzen Standes in Gefahr gebracht.

Zwischen 1870 und 1879 hatten sich nun bereits in Liverpool, London, Sheffield, Manchester insgesamt 6 Vereine von Accountants gebildet. Früher schon waren in Schottland derartige Vereinigungen ins Leben getreten, von denen diejenige in Edinburgh 1854, die in Glasgow 1855, durch königliches Patent beglaubigt wurde. Die englischen Vereinigungen gaben, um so den Mißständen zu steuern, sich selbst strenge Aufnahmevorschriften für ihre Mitglieder und erwirkten dann 1880 eine Royal Charter, wodurch das nunmehrige „Institute of Chartered Accountants in England and Wales" die Rechte einer juristischen Person erhielt; gleichzeitig wurde die Verfassung des Institute in den Grundzügen geregelt. Die Ausführungsbestimmungen sind der Initiative des Instituts selbst vorbehalten worden, für deren Inkrafttreten jedoch die Genehmigung des Staatsrates notwendig ist. Die Mitglieder sind strengen Satzungen unterworfen und müssen ein hohes Maß allgemeiner und beruflicher Bildung aufweisen, um so ihren Stand zu heben. Mit anderen Geschäften, als solchen, die zum Bereich des Bücherrevisionsgewerbes gehören, dürfen sich die Mitglieder nicht befassen, ebensowenig Personen anderer Berufe Gewinnanteile oder Provisionen gewähren. Dagegen dürfen mehrere Mitglieder zusammen eine gemeinsame Firma unterhalten, jedoch nicht mit Nichtmitgliedern des Instituts. Eine Verletzung dieser Vorschriften, sowie eine strafrechtliche Verurteilung, Eröffnung des Konkursverfahrens über das Vermögen des Mitgliedes u. ä. haben ein ehrengerichtliches Verfahren vor dem Council, dem Vorstand, zur Folge, in welchem auf zeitweise Suspension oder auch auf Ausschließung erkannt werden kann.

Wer Mitglied des Institutes werden will, muß eine Vorprüfung, die das Vorhandensein einer guten Allgemeinbildung dartun soll (ähnlich unserem Absolutorium), ablegen. Davon befreit sind solche Personen, die ein akademisches Examen bestanden haben. Hiernach hat der Bewerber erst das Recht, bei einem Chartered Accountant als „Articled Clerk" seine praktische Lehrzeit durchzumachen, die je nach Vertrag gewöhnlich 3 Jahre dauert[21]). Nach der ersten Hälfte des vertragsmäßigen Ausbildungszeitraumes muß eine Mittelprüfung abgelegt werden, die über die Fortschritte

---

[17]) Nach **Römer**, Seite 153/154.

[18]) **Schmidt**, a. a. O. Seite 67.

[19]) Vgl. **Nachod**, a. a. O. Seite 123.

[20]) Vgl. **Hagens**, „Organisation u. Wirksamkeit der Bücherrevisoren in England" Seite 154.

[21]) Nach der Angabe **Nachods**, a. a. O. Seite 124.

in der beruflichen Ausbildung Aufschluß geben soll[22]). Nach Ablauf seiner Praktikantenzeit hat der Bewerber eine Schlußprüfung, die jedoch frühestens 2 Jahre nach der Mittelprüfung stattfinden darf[23]), abzulegen[24]). Jetzt erst kann der Clerk beantragen, als Mitglied des Instituts aufgenommen zu werden, worüber nach freiem Ermessen entschieden werden darf.

Die Mitglieder zerfallen in zwei Klassen: Der „Associate" kann selbständig das Gewerbe ausüben, ist aber bezüglich seiner Rechte innerhalb des Institute ein Mitglied zweiter Ordnung. Nach 5jähriger, selbständiger Berufsausübung wird er sodann „Fellow", ordentliches Mitglied. Die Mitglieder haben als einziges „Privileg" das Recht, sich als „Chartered Accountants" zu bezeichnen. Dies geschieht durch Hinzusetzung eines F. C. A. (Fellow of the Chartered Accountants) bzw. A. C. A. (Associate of the Chartered Accountants) zum Namen; sie führen außerdem ein Siegel, das die Mitgliedschaft zum Verband dartut.

Diese hohen Anforderungen, die das Institut an seine Mitglieder stellt, im Zusammenhang mit strenger Selbstzucht, haben bewirkt, daß diese in beruflicher und sozialer Hinsicht höchstes Ansehen genießen; sie stehen ungefähr auf der gleichen Stufe mit dem englischen Rechtsanwalt, dem Solicitor[25]). Soferne ein Accountant einen größeren Kundenkreis besitzt, bezieht er im Regelfalle ein Einkommen von bedeutender Höhe. Die außerordentlich guten Fachkenntnisse, die umfangreichen Erfahrungen, die ein Chartered Accountant besitzen muß, um den hohen Prüfungsanforderungen genügen zu können, haben bewirkt, daß das englische Revisionswesen in allen Ländern als unübertrefflich gilt.

Aber die Chartered Accountants besitzen keine Monopolstellung. So existiert außer dem Institute of the Chartered Accountants noch die „Society of Accountants and Auditors", welche 1885 durch Certificate of the Board of Trade ins Leben trat. Schon die Tatsache, daß dieser Verein nicht durch königlichen Freibrief, sondern durch Zertifikat des Handelsministeriums gegründet wurde, deutet darauf hin, daß es sich hier um eine weniger exklusive Vereinigung handelt. Allerdings sind die Prüfungsbestimmungen fast denen des Institutes angepaßt, so daß der Unterschied mehr ein sozialer sein dürfte, wenn man bedenkt, daß der Vorbereitungsdienst, die Prüfung und die Aufnahme dem Chartered Accountant erhebliche Summen kosten[26]).

Daneben gibt es noch eine Anzahl „outside" Accountants, denen, wie aus allen Autoren über englisches Revisionswesen zu entnehmen ist, eine wesentliche Bedeutung heute nicht mehr zugesprochen werden kann. Auch hierin zeigt sich der Erfolg des englischen Systems.

---

[22]) Prüfungsgegenstände: 1. Buchhaltung und Abrechnung (accounts) einschließlich Teilhaberschaft und Vollstreckerschaft. 2. Revisionstechnik (Auditing). 3. Rechte und Pflichten der Liquidatoren, Bevollmächtigten, Einnehmer.

[23]) Ausgenommen hiervon sind Besitzer eines akademischen Grades, welche insgesamt nur drei Jahre Ausbildungsdienst benötigen.

[24]) Prüfungsgegenstände: 1. Buchhaltung und Abrechnung (accounts) einschließlich Teilhaberschaft und Vollstreckerschaft. 2. Revisionstechnik (Auditing). 3. Rechte und Pflichten der Liquidatoren, Bevollmächtigten, Einnehmer. 4. Grundzüge des Konkursgesetzes. 5. Grundzüge des Gesetzes, betreffend die Aktiengesellschaften. 6. Grundzüge des Handelsrechts. 7. Grundzüge des Gesetzes über die richterlichen Entscheidungen. (Vgl. Römer, S. 185).

[25]) Nach englischer Auffassung ist auch der Solicitor in erster Linie Geschäftsmann und es ist zu berücksichtigen, daß eine akademische Vorbildung ebensowenig bei Solicitors wie bei Accountants erforderlich oder auch nur üblich ist (Hagens).

[26]) Vgl. Stein, „Die Kontrolle der Rechnungslegung" Seite 45.

Der Geschäftskreis des englischen Accountant ist[27]):

1. Die ständige Überwachung und Begutachtung des gesamten Verrechnungswesens bei Gesellschaften, Korporationen (juristischen Personen), Erwerbs- und Wirtschaftsgenossenschaften, Instituten und Einzelfirmen.
2. Aufstellung von Bilanzen — Anfertigungen von Berechnungen und Übersichten über die allgemeine Finanz- und Betriebslage von Geschäften jeder Art — Aufstellung von Verteilungsplänen in Erbschafts- und anderen Angelegenheiten — Aufmachung von Abrechnungen verschiedenster Art — Erstattung von Gutachten über Buch- und Rechnungsfragen.
3. Sonderprüfungen von Büchern und Schriften zu dem besonderen Zweck, um durch sie genau zu ermitteln und autoritativ zu bescheinigen, welcher Gewinn oder Verlust erzielt worden ist und woher beide stammen.
4. Klärung aller von den Gerichten als unklar zurückgewiesenen Bücher und Abrechnungen und Berichterstattungen darüber.
5. Büchereinrichtungen und Feststellung der für jeden Einzelfall geeignetsten Buchführungsmethode.
6. Ausübung der Funktionen als Schiedsrichter und Sachverständiger in Zivilprozessen und in allen Privatstreitigkeiten, bei denen Buch- und Rechnungsfragen irgendwie eine Rolle spielen.
7. Ausübung der Tätigkeit als Sekretär oder Auditor bei solchen Gesellschafts- und anderen Unternehmungen, die nicht eigene Beamte der Art haben.
8. Übernahme des Amtes als gesetzlicher und privater Vermögensverwalter, sowie als Testamentsvollstrecker und als Zwangsverwalter im Interesse von Judikats- und Hypothekengläubigern.
9. Ausübung der Tätigkeit als Liquidator und Konkursverwalter (namentlich auch von Aktiengesellschaften).
10. Eventuelle Übernahme von Direktor-, Sekretär- und Geschäftsführerstellen bei Aktiengesellschaften.

Eine Haupttätigkeit des Accountant ist das wiederholt schon erwähnte Audit (regelmäßige Prüfung der Jahresrechnung) bei Aktiengesellschaften. Aber ebensowenig wie für Ausübung des Berufes im allgemeinen besitzt der Accountant hierfür ein Monopol. Wenn Beigel[28]) sagt: „Die Rechtsstellung des Accountant ist gegeben mit der gesetzlichen Verpflichtung für die Aktiengesellschaften, sich eines Accountant zu Revisionszwecken zu bedienen", so ist dies ein Irrtum, der allerdings weit verbreitet ist und Anlaß gegeben hat, anzunehmen, dieses „Monopol" sei Ursache des Hochstandes der englischen Bücherrevisoren[29]). Auch Römer hält den Auditor der englischen Aktiengesellschaft für einen „fachmännisch ausgebildeten Revisor".

Tatsächlich schreibt die Companies Act von 1900, durch welche das obligatorische Audit für die Companies allgemein eingeführt wurde, gar nichts vor, wer als Auditor zu bestellen ist. Es ist im Gesetz niemanden das alleinige Recht verliehen worden, als Auditor bestellt zu werden, sondern auch in dieser Hinsicht herrscht durchaus Freizügigkeit.

Die Vorschriften über die obligatorische Bücherprüfung bei Aktiengesellschaften haben in Deutschland viel Beachtung gefunden und man hat

---

[27]) Vgl. Römer, „Bücherrevisoren-Praxis" Seite 126.
[28]) „Lehrbuch" S. 297/298.
[29]) Vgl. Seite 145.

von verschiedenen Seiten ihre Nachahmung empfohlen[30]). Jedenfalls aber beleuchten sie die hohe Bedeutung des englischen Revisionswesens für das Wirtschaftsleben. Die Kenntnis der einschlägigen Bestimmungen ist daher für unsere Untersuchungen erforderlich und so sollen diese, wie sie in der Aktiennovelle vom 8. August 1900, unwesentlich ergänzt 1907[31]), enthalten sind, in ihren Grundzügen dargestellt werden.

Zunächst sei noch auf folgendes hingewiesen:

Nach dem englischen Recht, das einen einheitlichen Begriff der Aktiengesellschaft gleich dem unseren nicht kennt, sind folgende Arten von Incorporated Companies zu unterscheiden[32]):

1. Companies incorporated by royal charter
2. „ „ by special Act of Parliament
3. „ „ by subscription and registration of a memorandum of association under the companies Acts 1862/1900.
4. eine Reihe von Sonderarten.

Die zu 3. genannten Incorporated Companies, welche am ehesten unserer Aktiengesellschaft entsprechen[33]), betreffen die Vorschriften der Aktiennovelle von 1900. Für die anderen Arten von Incorporated Companies war das obligatorische Audit zum Teil schon früher angeordnet worden (s. z. B. 1879 für die Aktienbanken [vgl. S. 106], 1877 Universities of Oxford and Cambridge Act, 1894 Building Societies Act u. a. m.).

Die wesentlichen Bestimmungen über die Rechnungsprüfung sind folgende: In der ordentlichen Generalversammlung sind einer oder mehrere Auditors[34]) für die Company zu bestellen (§ 21), deren Honorar ebenfalls von der Generalversammlung bestimmt wird (§ 22); diese Auditors amtieren bis zur nächsten Generalversammlung. Jeder Auditor hat das Recht, zu jeder Zeit Einsicht in die Bücher zu verlangen und von allen Organen und Beamten der Company die erforderlichen Auskünfte und Erläuterungen einzuholen. Die Auditors haben (§ 23): 1. am Fuße der Bilanz zu bescheinigen, ob alle ihre Wünsche, die sie in ihrer Eigenschaft als Auditors geäußert haben, erfüllt worden sind[35]); 2. über die von ihnen während ihrer Amtsdauer geprüften Abrechnungen und über jede Bilanz, welche der Generalversammlung vorgelegt wird, einen Bericht an die Aktionäre zu verfassen. In diesem Bericht haben sie anzugeben, „ob nach ihrer Ansicht die Bilanz, auf die sich der Bericht bezieht, in angemessener Weise aufgestellt ist, um ein wahrheitsgemäßes und richtiges Bild von der Geschäftslage der Company, wie sie sich nach den Büchern der Company darstellt, zu gewähren“. Dieser Bericht ist in der Generalversammlung der Gesellschaft zu verlesen.

Bei Neugründung können die Revisoren von dem Board of Directors[36]) ernannt werden und amtieren dann so lange, bis sie durch einen General-

[30]) Vgl. Seite 141 ff.

[31]) 1908 erfolgte lediglich eine Neufassung des englischen Aktienrechtes, das in nicht weniger als 16 Novellen niedergelegt war, ohne daß jedoch hierbei wesentliche Aenderungen des geltenden Rechtes vorgenommen wurden. (Vergl. Böhm, „Aktionärschutz“ Seite 6). Das Gleiche ist von der Novelle von 1913 zu sagen.

[32]) Vgl. Gertung, a. a. O. Seite 9.

[33]) Vgl. Gertung, a. a. O. Seite 9.

[34]) Schirrmeister übersetzt dies als „ständige Revisoren“, was aber mißverständlich sein dürfte, vgl. Gertung S. 10.

[35]) Die im deutschen Reichsfinanzdienst tätigen amtlichen Buchprüfer fügen gleichfalls eine dahingerichtete Bemerkung ihrem Berichte bei.

[36]) Dieser entspricht im wesentlichen unserem Aufsichtsrat, jedoch auch in einigem unserem Vorstand der Aktiengesellschaft. Vgl. Seite 132/133).

versammlungsbeschluß der Aktionäre abgesetzt werden oder die erste ordentliche Generalversammlung stattfindet (§ 21, IV). Sind vor der ersten Generalversammlung Revisoren bestellt worden, so ist gem. § 10 (C. A. 1900) Name und Anschrift der Auditors im Prospekt der Gesellschaft aufzunehmen und, wie § 12, III vorsieht, von diesen der von den Directors zu erstellende Bericht über bestimmte Gründungsvorgänge als in Ordnung gehend zu bestätigen. Im übrigen ist die Bestellung von Revisoren vor der ersten Generalversammlung nicht zwingendes Recht.

Wird das Amt eines regulär von der ordentlichen Generalversammlung bestellten Auditors „durch Zufall" frei, so können die Directors die notwendige Ergänzung vornehmen.

Soweit der wesentliche Inhalt der gesetzlichen Bestimmungen nach der Companies Act von 1900. Durch das Gesetz wird die Prüfungspflicht des Auditors weder im genügenden Umfang, noch mit der notwendigen Klarheit erläutert; außerdem ist wenig getan, um die Stellung des Auditors gegenüber den Organen der Company in dem erforderlichen Maße zu stärken. Die rechtlichen Mängel der Vorschriften sind von Gertung[37]) in erschöpfender Weise dargelegt worden und wir können uns daher darauf beschränken, nur die wichtigsten Punkte hervorzuheben.

Am bedenklichsten erscheint, daß das Gesetz keine Bestimmung darüber enthält, welche Qualitäten der Auditor besitzen muß. Es kann also jeder Beliebige, auch wenn er in Buchführung und Bücherrevision nicht die geringsten Kenntnisse besitzt, zum Auditor bestellt werden[38]). Man wird nun sagen, daß ja die Generalversammlung, also die Aktionäre, nur das eine Interesse haben können, möglichst tüchtige, in jeder Hinsicht zur unabhängigen Kontrolle der Geschäftführung befähigte Auditors zu bestellen. Allein die Directors müssen einerseits, da die Generalversammlung über die Vergütung der Auditors bereits beschließen soll, mit diesen schon vorher Verhandlungen pflegen, andererseits verfügen sie meist über einen so großen Teil des Aktienkapitals[39]), daß praktisch eben die Auditors gewählt werden, welche die Directors wünschen. Hinzu kommt die Vorschrift des § 21, V, welche die Directors ermächtigt, jede durch Zufall eintretende Vakanz zu ergänzen. Einwandfrei geleitete Gesellschaften, derentwegen aber das obligatorische Audit sicher nicht geschaffen worden ist, werden die genannten Vorschriften bestimmt nicht mißbrauchen, wohl aber solche, die unlautere Geschäftsgrundsätze haben; zu einem Mißbrauch besteht aber, ohne daß das Gesetz dies zu verhindern suchte, reichlich Gelegenheit. Ein „zufälliges" Freiwerden von Auditorstellen kann, nachdem das Gesetz nicht sagt, was darunter zu verstehen sei, im Bedarfsfalle von den Directors leicht herbeigeführt werden, beispielsweise, indem man den von der Generalversammlung bestellten, zuverlässigen Auditor einerseits durch die Weigerung, beanstandete Bilanzpositionen abzuändern, andererseits durch den Hin-

[37]) „Die Bücherprüfung im englischen Aktienrecht" 1906.

[38]) Mit Recht bemerkt Gertung (a. a. O. S. 26): „Es liegt auf der Hand, daß die Einrichtung des Audits nur Zweck hat, wenn zu diesem Amt nur tüchtige und ehrenwerte Leute genommen werden. Ist der Auditor nicht gut für seinen Beruf vorbereitet, so hat seine Prüfung überhaupt keinen Wert, kann im Gegenteil nur unheilvoll wirken. Nimmt man gar einen Mann von zweifelhaftem Charakter, so läuft man Gefahr, daß der Auditor die Kenntnisse, die er bei seiner Prüfung von dem Geschäftsbetriebe erlangt, zu seinem eigenen Nutzen und zum Schaden der Gesellschaft verwendet. Nach dem Gesetz steht aber nichts im Wege, einen Analphabeten oder Verbrecher zum Auditor einer Company zu machen."

[39]) Gertung, a. a. O. S 20.

weis, daß eine Verweigerung der Bilanzbescheinigung auf Grund dieser Tatsache die Interessen der Aktionäre schädigen werde, in eine solche Zwangslage bringt, daß dieser es vorzieht, stillschweigend sein Amt niederzulegen[40]). Sogar soweit ist man schon gegangen, daß seitens der Directors in einem Falle, wo durch die Generalversammlung kein Auditor gewählt worden war, dies als zufällige Vakanz angesehen wurde, obwohl bei dieser Sachlage nach § 21, II auf Antrag eines Aktionärs vom Board of Trade[41]) der Auditor bestellt werden müßte. Auch für die Revision anläßlich einer Neugründung werden manchmal, um die Aktionäre zu beruhigen, als Auditors erstklassige Accountants im Prospekt benannt, die aber dann durch alle möglichen Schiebungen[42]) niemals in Tätigkeit treten. Es finden sich dann gefügige Subjekte, die für das Revisionshonorar jede Bilanz unterzeichnen und es ist daher ohne weiteres verständlich, wenn Gertung[43]) berichtet, daß es sich in den Prozessen, wo ein Auditor für vorsätzliche oder fahrlässige Pflichtverletzung zur Verantwortung gezogen wurde, meistens um Leute handelt, die überhaupt nicht Accountants sind. Der Wortlaut des § 23 (C. A. 1900) ließe vielleicht darauf schließen, daß die Prüfung der Bilanz durch den Auditor nur eine formelle sein solle. Die Ansicht englischer Juristen[44]) geht aber dahin, daß die Bilanz nicht nur mit den Büchern übereinstimmen, sondern insbesondere ein tatsächliches Bild von der Geschäftslage geben müsse. Die mangelhaften Vorschriften des englischen Rechts[45]) werden aber auch hier wohl den Auditor vielfach vor unlösbare Aufgaben stellen, wenn er weder seine Interessen, noch die der Gesellschaft in Gefahr bringen will.

Bedenkt man all die vielen, hier nur kurz angedeuteten Lücken und Klippen des Gesetzes, so wird es klar, daß der Wert des Audits steigen und fallen muß mit den Leuten, durch die es ausgeübt wird. Wir haben gesehen, eine welch vorzügliche Gattung von Revisoren die Chartered Accountants sind, und wenn man überlegt, daß unmittelbar nach Einführung der Companies Act von 1900 bereits über 90% aller größeren Gesellschaften von in den großen Verbänden zusammengeschlossenen Accountants geprüft worden waren[46]), so ist es trotz der gesetzlichen Mängel erklärlich, daß die Fälle, wo auch bei Tätigkeit eines Fachmannes Unregelmäßigkeiten nicht ans Licht kamen, selten sind. Ob freilich in positiver Hinsicht Erfolge erzielt werden, welche ohne die vom Staat vorgeschriebene Revision nicht erreicht worden wären, mag bezweifelt werden; denn Unregelmäßigkeiten und Bilanzfälschungen mit nachfolgendem Zusammenbruch, hat es in England in ebenso großem Ausmaße wie in Deutschland gegeben; dagegen schützte auch das obligatorische Audit nicht. So sind die Erfolge dieser Einrichtung, wie Warschauer[47]) feststellt, durchaus nicht ermutigend. Wie wenig eine gesetzlich auferlegte Verpflichtung, Revisionen vornehmen zu lassen, ein unbedingtes Schutzmittel gegen Schädigung der Aktionäre und Gläubiger sein kann, zeigt gerade der Umstand, daß selbst so hervorragende Revisionsfachleute, wie es die Chartered Accountants sind,

[40]) Vgl. Gertung, S. 23.
[41]) Handelsministerium.
[42]) Näheres bei Gertung, a. a. O. S. 22.
[43]) S 28.
[44]) Vgl. Römer, „Bücherrevisoren-Praxis" S. 210 bis 227, wo eine Anzahl von Entscheidungen der Gerichte abgedruckt ist.
[45]) Vgl. Seite 131 ff.
[46]) Vgl. Gertung, a. a. O. Seite 27.
[47]) „Die Treuhandgesellschaften."

Zusammenbrüche infolge von Bilanzfälschungen und Unregelmäßigkeiten nicht unter allen Umständen verhindern konnten: Bei manchen schlimmen Zusammenbrüchen ist die Revision der Bilanzen, welche sich dann als falsch herausstellten, durch beste Chartered Accountants vorgenommen worden[48]). Jaffé[49]) meint bezüglich der Tätigkeit der Auditors bei den englischen Banken, daß zwar wissentlich falsche Zertifikate eine Seltenheit seien[50]), aber dort, wo die Directors den Status verschleiern wollen, gelinge ihnen dies mit Leichtigkeit, trotz aller Auditors, wie denn auch schuldhafte Zusammenbrüche durch die Einrichtung der obligatorischen Revision nicht verhindert worden seien.

[48]) Vgl. die von Gertung aufgeführten Fälle (a. a. O. S. 82 u. 90).
[49]) „Das englische Bankwesen" S. 188.
[50]) Als Ausnahme hiervon nennt Jaffé den Fall des Zusammenbruches von Dumbells Bank.

2. Das deutsche und das englische Revisionswesen in seiner Stellung zum Wirtschaftsleben.

Unsere bisherigen Darlegungen haben bemerkenswerte Verschiedenheiten zwischen dem englischen und dem deutschen Revisionswesen in bezug auf Entwicklung und Gestaltung gezeigt. Noch im ersten Jahrzehnt dieses Jahrhunderts besaß das deutsche Revisionswesen für das Wirtschaftsleben keine erhebliche praktische Bedeutung. Zu Revisionen entschloß man sich damals meist nur in Ausnahmefällen (bei Veruntreuungen u. ä.). So fanden sich relativ nur sehr wenige Berufsrevisoren mit guter praktischer Erfahrung vor[51]), während der großen Masse der Bücherrevisoren die Möglichkeit, die notwendigen umfassenden praktischen Erfahrungen zu sammeln, fehlte; denn die Nachfrage nach der Tätigkeit der Bücherrevisoren war im allgemeinen recht gering und das kaufmännische Revisionswesen erfreute sich dementsprechend keiner großen Wertschätzung.

Wie groß allein der rein zahlenmäßige Unterschied in der Entwicklung des deutschen Bücherrevisorenstandes gegenüber dem Englands war, geht daraus hervor, daß beispielsweise 1905 das Institut der Chartered Accountants weit über 3000 Mitglieder besaß[52]), der Verband der Deutschen Bücherrevisoren hingegen 147. Schon bei seiner Gründung (1881) zählte das Institut 1025 Mitglieder[53]), zwanzig Jahre später schon 2813[54]). Dabei kam als besonderer Umstand noch hinzu, daß, wie wiederholt betont, bei der Mehrzahl der deutschen Bücherrevisoren auch die Brauchbarkeit in ihrem Berufe recht gering war[55]). Dies kann aber keinesfalls nur darauf zurückgeführt werden, daß den Bücherrevisoren damals eine straffe Berufsorganisation, ähnlich derjenigen der Chartered Accountants mangelte, bei deren Vorhandensein sich von selbst der Standard des deutschen Revisionswesens auf die Höhe desjenigen in England gehoben hätte; denn Römer[56]) betont insbesondere, daß „die Stellung der englischen Accountants schon lange vor der Gründung des Institutes eine wesentlich angesehenere war, als diejenige, deren sich der deutsche Bücherrevisor im allgemeinen heute noch [1905] erfreut."

Auch der Stand der wirtschaftlichen Entwicklung, der, wie wir sahen, auf die Nachfrage nach Revisionen großen Einfluß besitzt, kann diesen außerordentlichen Vorsprung des englischen Revisionswesens nicht allein verursacht haben. Denn um das Jahr 1905 besaß Deutschland bereits allein rund 6000 Aktiengesellschaften (nach der wohl etwas zu hoch gegriffenen Schätzung Römers) und die Bücherrevisoren waren praktisch immer noch die einzigen Kontrollorgane der Wirtschaft[57]); auch mit der immer mehr zunehmenden Entwicklung der Kapitalgesellschaften wurde die Lage des Bücherrevisorenstandes im allgemeinen nur wenig besser.

---

51) Vgl. Schmidt, S. 73 u. 88.
52) Vgl. Römer, S. 154.
53) Vgl. Römer, S. 154.
54) Vgl. Römer, S. 154.
55) Vgl. S. 53.
56) a. a. O. S. 266. Aus dieser seiner Feststellung zieht aber Römer nicht die richtige Schlußfolgerung.
57) Abgesehen von der Deutschen Treuhand-Gesellschaft, welche eben erst das Revisionsgeschäft aufgenommen hatte.

Diese außerordentliche Verschiedenheit zwischen der Entwicklung des deutschen und englischen Bücherrevisorenstandes hat seinerzeit wohl viel Beachtung, aber u. E. keine ausreichende Erklärung gefunden.

In Deutschland spielen, wie unsere bisherigen Darstellungen zeigten, seit Beginn dieses Jahrhunderts die Treuhandgesellschaften, vor allem die Bank-Treuhandgesellschaften, eine an Bedeutung immer mehr zunehmende Rolle. Zwar hatten auch diese, nachdem sie dazu übergegangen waren, als wesentlichsten Geschäftszweig neben der Übernahme treuhänderischer Funktionen Revisionstätigkeit auszuüben, anfänglich Schwierigkeiten, im Revisionswesen ausreichende Beschäftigung zu finden; aber ihr Beschäftigungsgrad wuchs schnell, so daß teilweise sogar Aufträge zurückgestellt werden mußten[58]).

Diese hervorragende Bedeutung der Revision durch Gesellschaftsunternehmungen kennt das Ausland nicht[59]). Vor allem in Großbritannien ist die Tätigkeit von Revisionsgesellschaften, insbesondere von bankmäßig orientierten Treuhandgesellschaften, wie sie in Deutschland der Bedeutung nach an erster Stelle stehen, etwas durchaus Unbekanntes und der Bücherrevisor ist allein Träger des Revisionswesens.

Es könnte nun scheinen, daß das Fehlen der Bank-Treuhandgesellschaften in England, dessen Revisionswesen an Güte kaum zu übertreffen ist, zum Schluß berechtigen müsse, die deutschen Treuhandgesellschaften seien eine „Zufallsschöpfung der Großbanken"[60]) und das deutsche Revisionswesen könne seine Aufgaben ohne sie ebenso gut oder vielleicht noch besser erfüllen, wenn man nur den Bücherrevisoren entsprechende Vorrechte verleihe, damit sie es den Accountants gleichtun könnten.

Daß die deutschen Treuhandgesellschaften keine überflüssige Zufallsschöpfung sind, beweist die Tatsache, daß sie heute, nachdem sie seit nunmehr rund 25 Jahren sich im Revisionswesen betätigen, sich des größten Ansehens und zahlreichen Zuspruches erfreuen und allmählich die Bücherrevisoren stark verdrängen konnten. In besonderem Maße gilt dies von den Bank-Treuhandgesellschaften, welche lange Zeit die einzigen Treuhandinstitute waren und für Gründung anderer Treuhandgesellschaften das Vorbild gegeben haben.

Wenn wir die Gründe der eigenartigen Gestaltung des deutschen Revisionswesens untersuchen wollen, wird es daher unsere Aufgabe sein müssen, besondere Aufmerksamkeit den Bank-Treuhandgesellschaften zu schenken, den Anlaß ihrer Entstehung zu klären und festzustellen, ob diesen eine besondere Stellung in der deutschen Volkswirtschaft zukommt, welche über die allgemeinen Aufgaben des Treuhandwesens hinaus die Erfüllung besonderer Funktionen mit sich bringt.

Als 1890 die Deutsch-Amerikanische Treuhandgesellschaft (German-American-Trust-Company), wie die Deutsche Treuhand-Gesellschaft zunächst benannt wurde, gegründet wurde, lag für sie bereits ein durch ihre Gründer, die Deutsche Bank und das dieser nahestehende Bankhaus Jacob S. H. Stern, im voraus bestimmter Arbeitsplan vor.

---

[58]) Vgl. Geschäftsbericht der Deutschen Treuhand-Gesellschaft 1904.

[59]) In der Nordamerikanischen Union existiert wohl eine Anzahl von Audit-Companies, doch steht auch hier die Bedeutung des Bücherrevisorenstandes nicht hinter der in Großbritannien zurück.

[60]) Beigel, „Lehrbuch" S. 52.

Die Statuten führen als Zweck der Gesellschaft vor allem solche Funktionen auf, welche die amerikanischen Trust-Companies als Individual-trustees und als Corporate-trustees[61]) zu übernehmen pflegen, nämlich:

1. Die Übernahme des Amtes als Pfandhalter oder Treuhänder (trustee).
2. Die Ausstellung von Certificaten oder Hinterlegungsscheinen von Wertpapieren, welche bei der Gesellschaft hinterlegt werden.
3. Die Vertretung inländischer und ausländischer Gesellschaften zum Zwecke von Aktienregistrierungen und zur Vornahme von Aktienumschreibungen.
4. Die Vertretung der Besitzer in- und ausländischer Wertpapiere.
5. Die Ausgabe verzinslicher Obligationen, für welche der Gegenwert in bestimmten Wertpapieren sich im Besitz der Gesellschaft befindet. Diese Wertpapiere müssen sein:
   a) Schuldverschreibungen von Staaten, Städten, Kommunen, Kommunalverbänden.
   b) Durch Hypothek, Faustpfand oder Mortgage gesicherte Schuldverschreibungen von juristischen Personen, Korporationen, Aktiengesellschaften, Kommandit-Gesellschaften auf Aktien, Genossenschaften, G. m. b. H. usw.
   c) Aktien von Verkehrs-, Transport- und elektrischen Unternehmungen aller Art, z. B. Eisenbahnen, Hafenanlagen, elektrische Kraft- und Lichtanlagen, sofern denselben bestimmte Zinsen von Staaten, Städten, Kommunen und Kommunalverbänden oder juristischen Personen zugesichert sind.

Doch war die Absicht der Gründer tatsächlich von Anfang an dahingerichtet, von der Gesellschaft vor allem Wertpapiere zum Zwecke guter Kapitalsanlage kaufen und Verkehrsinstitute finanzieren zu lassen[62]); dies erklärt das hohe Aktienkapital von 20 Millionen Mark.

Ein Anlaß, zur Vornahme von derartigen Finanzierungsgeschäften ein eigenes Institut ins Leben zu rufen, lag vor: die Deutsche Bank hatte sich stark in amerikanischen Eisenbahn- und Industriepapieren interessiert, welche von der Deutsch-Amerikanischen Treuhandgesellschaft angekauft und hierfür Obligationen ausgegeben werden sollten. Daneben sollte die Treuhandgesellschaft auch dadurch den Absatz guter amerikanischer Werte fördern, daß sie die juristische und finanzielle Vertretung der europäischen Besitzer amerikanischer Aktien und Bonds im regelmäßigen Geschäft oder auch in Notlagen übernehmen sollte[63]).

Praktisch war also die Deutsch-Amerikanische Treuhandgesellschaft zunächst zu dem Zweck gegründet worden, das starke Engagement der Deutschen Bank in nordamerikanischen Werten zu verringern. So wird man dem Unternehmen nach seinen damaligen Aufgaben den Charakter einer „Erleichterungsbank" zusprechen, wie es Lansburgh nennt[64]). Zur Charakterisierung der damaligen volkswirtschaftlichen Stellung der Deutschen Treuhand-Gesellschaft darf weiterhin nicht übersehen werden, daß sie sich durchaus an das Vorbild der amerikanischen Trust-Company anlehnen wollte[65]); diese betreibt, wie bereits ausgeführt wurde (vgl. S. 9) auch

---

[61]) Vgl. S. 9.
[62]) Vgl. Nachod, a. a. O. S. 92/93.
[63]) Vgl. Rosendorff, a. a. O.
[64]) „Die Bank" 1908, S. 854.
[65]) So berichtet Hecht („Die Deutsche Treuhandgesellschaft", S. 104): „Auf Grund der scharfen Beobachtungen, die ein Delegierter der Deutschen Bank in den Vereinigten

das Bankgeschäft, ist sogar ein gefährlicher Konkurrent der Banken geworden[66]). Schließlich liegt auch die treuhänderische Tätigkeit, vor allem Vermögensverwaltung, in der Richtung der Banktätigkeit, wenn auch die Prinzipien bei der Durchführung dieser Geschäfte verschieden sind. In dem damaligen Stadium stellte also die Deutsche Treuhand-Gesellschaft ein Finanzinstitut dar, das von dem herkömmlichen Typ nur insoferne abwich, als es vor allem eine Reihe spezieller Aufgaben[67]), die zum Teil außerhalb der allgemein üblichen Geschäfte lagen, erfüllen sollte.

Die Aufgabe der Gesellschaft, den Absatz amerikanischer Papiere zu erleichtern, konnte nicht ausgeführt werden. Als die Ausgabe von Obligationen gegen Hinterlegung amerikanischer Bonds und die Übernahme von Registrierungen amerikanischer Werte eben erfolgen sollte[68]), setzte die bekannte amerikanische Krisis (um 1893) ein, so daß alle diese Pläne nicht zur Ausführung gelangen konnten; infolge der ungünstigen Situation auf dem amerikanischen Markt mußte auch weiterhin von einer Durchführung der gedachten Aufgaben Abstand genommen werden. Äußerlich kam dies dadurch zum Ausdruck, daß das Aktienkapital der Deutschen Treuhand-Gesellschaft auf 10 Millionen herabgesetzt wurde; auch die Befugnis zur Ausgabe von Obligationen kam in Wegfall.

Die Deutsche Treuhand-Gesellschaft widmete sich nun hauptsächlich der Vertretung der Interessen deutscher Kapitalisten bei amerikanischen und anderen ausländischen Unternehmungen, sowie bei notleidenden Anlagen ausländischer Staaten. Die Vertretung der Interessen von Kapitalisten bei Gefährdung von deren Kapitalsanlagen wurde dann, da dies einem Bedürfnis entsprach, welches sich durch die Krise im deutschen Wirtschaftsleben um die Jahrhundertwende eingestellt hatte, auch mehr und mehr gegenüber inländischen Unternehmungen übernommen.

Dementsprechend stellte sich nach Nachods Ansicht[69]) die Deutsche Treuhand-Gesellschaft auf Grund ihrer Statuten dar:

1. Als Investment-Trust und Financial-Trust (nach Jörgens[70]): Trust zur Kapitalsanlage — Trust zur Finanzierung.
2. Als Treuhänder und Pfandhalter mit Aktienregistrierung, Aufgaben, welche der amerikanischen Trust-Company obliegen.
3. Als Schutzvereinigung.

Doch hat in diesem zweiten Stadium ihrer Entwicklung die Deutsche Treuhand-Gesellschaft den Charakter eines Finanzierungsinstituts verloren. Denn die Absicht, selbst finanzielle Transaktionen von großem Umfange durchzuführen, war inzwischen aufgegeben worden. Schon 1894, nachdem man gesehen hatte, daß eine Durchführung der nordamerikanischen Geschäfte auch in Zukunft nicht tunlich sei, wurde das Aktienkapital der Gesellschaft nochmals erheblich, nämlich auf 1 Million Mark reduziert. Die Höhe des Aktienkapitals erscheint demnach ungenügend für die Durchführung selbständiger Transaktionen eines Tochterinstituts der Deutschen Bank; trotzdem beließ man der Gesellschaft die Berechtigung, auf eigene Rechnung

Staaten gemacht hatte und namentlich auf Grund von Studien über die amerikanische Trust-Gesellschaft, sah sich die Deutsche Bank veranlaßt, die Deutsche Treuhandgesellschaft zu gründen."

[66]) Vgl. Nachod, a. a. O. S. 69/76.

[67]) Effektensubstitution im Sinne Liefmanns.

[68]) Vgl. Rosendorff a. a. O.

[69]) a. a. O.

[70]) „Finanzielle Trust-Gesellschaften", Berlin 1902.

Geschäfte zu tätigen, offenbar deshalb, weil man in Ermangelung einer deutschen Tradition am Vorbild der amerikanischen Trust-Company, welche ebenfalls spekulative Geschäfte neben ihren treuhänderischen Funktionen betreibt, festhielt. Hierfür werden auch außerdem Zweckmäßigkeitsgründe maßgebend gewesen sein: die Gesellschaft wollte in der Hauptsache Geschäftszweige betreiben, die in Deutschland durchaus neuartig waren, und deren Ertragsfähigkeit man daher keinesfalls abschätzen konnte; so schuf man ihr die Möglichkeit, sich auf alle Fälle die Mittel zur Betriebsführung anderweitig, durch Finanzgeschäfte, zu beschaffen. Vor allem aber hatte das Kapital der Deutschen Treuhand-Gesellschaft praktisch noch die Funktion zu erfüllen, den Auftraggebern durch seine Höhe Vertrauen einzuflößen und Garantie gegen fehlerhaftes Verschulden der Gesellschaft zu geben. Tatsächlich hat die Gesellschaft stets sehr vorsichtig mit ihrem Vermögen operiert und ihre ganze Geschäftstaktik läßt erkennen, daß man, auch als das Kapital später wieder erhöht wurde[71]), lediglich eine gute Verzinsung der investierten Mittel erreichen, nicht aber Finanzierungs- oder Spekulationsgeschäfte als Selbstzweck durchführen wollte.

Die Bedeutung der Berechtigung, eigene Finanzgeschäfte zu betreiben, ist bei den Versuchen, die volkswirtschaftliche Stellung der Treuhandgesellschaften zu klären, späterhin noch lange zweifellos überschätzt worden. Die nach der Deutschen Treuhand-Gesellschaft gegründeten Institute haben, ohne die charakteristische Entwicklung der Deutschen Treuhand-Gesellschaft als Hilfsbank eines Großbankinstituts durchgemacht zu haben, lange Zeit in ihren Satzungen die Berechtigung zur Vornahme eigener bankmäßiger Geschäfte zugestanden erhalten. Wir nennen hier vor allem die älteren süddeutschen Treuhandgesellschaften, nämlich die Delcredere- und Treuhand-Aktiengesellschaft, die Rheinische Treuhandgesellschaft, die Süddeutsche Treuhandgesellschaft und die Bayerische Treuhand-A.-G., die sämtlich Geschäfte auf eigene Rechnung betreiben dürfen bzw. durften; sie ahmen in ihren Satzungen mehr oder weniger genau die Statuten der Deutschen Treuhand-Gesellschaft, die als Prototyp der deutschen Treuhandgesellschaften fungiert, nach. Als Finanzgeschäfte auf eigene Rechnung betrieben sie insbesondere Diskontierung und Beleihung von Wechseln und Wertpapieren, oder auch die Diskontierung von Buchforderungen. Der Erfolg war der denkbar ungünstigste, was nicht wundernehmen kann, wenn man bedenkt, daß gerade Diskontierungsgeschäfte sehr riskant zu sein pflegen. Die Delcredere- und Treuhand-A.-G. erlitt dabei so empfindliche Verluste, daß sie, obwohl die Treuhandgeschäfte guten Ertrag abwarfen, 1911 liquidieren mußte. Auch der Bayerischen Treuhand-A.-G. brachte die Diskontierung von Buchforderungen — ein Geschäft, das im Grunde genommen ja heute noch ein ungelöstes Problem darstellt — Verluste, die sie zur Aufgabe dieses Geschäftszweiges veranlaßten[72]).

Die Durchführung derartiger Finanzgeschäfte auf eigene Rechnung gab offenbar Anlaß, daß noch 1908 die Treuhandgesellschaften von Warschauer[73]) als eine „interessante Spielart von Finanzinstituten, die keinen einheitlichen Charakter mit streng gezogener Demarkationslinie, wie die Effekten-, Hypotheken- und Zettelbanken haben", bezeichnet werden. Auch

[71]) 1901 auf 1500000.—, 1909 auf 2000000.—, wobei das Kapital entgegen der sonstigen Uebung im Treuhandwesen voll eingezahlt wurde.

[72]) Näheres hierzu vergl. Roth, a. a. O. S. 56—61.

[73]) „Die Treuhandgesellschaften."

Nachod, Roth u. a. betrachten die Deutsche Treuhand-Gesellschaft schlechtweg als Typus aller deutschen Treuhandinstitute; ihrer Berechtigung, eigene Finanzgeschäfte zu betreiben, maß man hierbei so große Bedeutung zu, daß man keine Bedenken trug, ohne weiteres auch Banken u. ä., die lediglich eine den Treuhandgesellschaften ähnliche Firmenbezeichnung führten, in Wirklichkeit aber, wie z. B. die Treuhandbank für Sachsen[74]), reine Sparbanken, oder, wie die Treuhandbank für elektrische Industrie, reine Finanzierungsinstitute waren, dem Treuhandwesen zuzurechnen, mit dem sie ihrem wirtschaftlichen Charakter nach nichts gemeinsam hatten.

Es darf nicht übersehen werden, daß die Deutsche Treuhand-Gesellschaft, wie oben ausgeführt, als Tochterinstitut der Deutschen Bank ursprünglich die bankmäßige Tätigkeit ihrer Muttergesellschaft unterstützen sollte. Hierzu mußte sie selbständig Finanzgeschäfte durchführen, wozu man als äußeres Vorbild die amerikanische Trust-Company wählte, die ja gleichfalls Bankgeschäfte vornimmt. Auch die Vertretung der Kapitalisten gegenüber ihren notleidenden Unternehmungen, sowie der Schutz gegenüber zahlungsunfähigen ausländischen Staaten ist eine Tätigkeit, welche vielfach die deutschen Banken selbst auszuführen pflegten[75]), da sie bestrebt sein müssen, auf diese Weise ihren Emissionskredit zu schützen.

So läßt sich auf Grund der geschilderten Tätigkeitszweige sagen, daß die deutschen Treuhandgesellschaften seinerzeit im wesentlichen den gleichen Geschäftskreis wie die amerikanischen Trust-Companies pflegen wollten. Die Tatsache, daß einzelne Funktionen übernommen wurden, welche bei den amerikanischen Gesellschaften nicht zum Aufgabenkreis zählen, erklärt sich daraus, daß derartige Institute in Deutschland vollständig neuartig waren und ihre Betätigung nicht genau nach dem einer fremden Volkswirtschaft entlehnten Vorbild festgelegt werden konnte, sondern sich den Bedürfnissen im eigenen Lande anpassen mußte, um Beschäftigung finden zu können.

Bei der Deutschen Treuhand-Gesellschaft hat man, als sich die Tätigkeitsgebiete gegenüber den früheren wesentlich zu ändern begannen und das Revisionsgeschäft immer mehr in den Vordergrund trat, den alten Rahmen beibehalten, welcher dann das Vorbild für die neu gegründeten Institute gab, obwohl diese die gleichen Entwicklungsphasen nicht durchmachten.

Die Tätigkeitsgebiete des deutschen Treuhandwesens haben sich in der Zwischenzeit gegenüber dem Geschäftskreis, welchen ursprünglich die Deutsche Treuhand-Gesellschaft pflegte, wesentlich geändert. Insbesondere ist die Durchführung eigener Finanz-Geschäfte vollkommen in den Hintergrund getreten. Das Aktienkapital der alten, zur Vornahme von Geschäften auf eigene Rechnung berechtigten Gesellschaften ist nach der Goldmarkumstellung zu gering geworden, um die Vornahme von Finanzgeschäften zu ermöglichen. Außerdem ist mit Ausnahme der Deutschen Treuhand-Gesellschaft bei den meisten Treuhandinstituten schon in der Vorkriegszeit das Aktienkapital nur mit 25% eingefordert worden, was heute als das allgemein Übliche bezeichnet werden kann; hieraus erhellt die Tatsache, daß das Kapital vor allem als Garantiesumme für den Auftraggeber dienen

---

[74]) Allerdings besaß dieses Unternehmen eine Revisionsabteilung.

[75]) So schreibt Lansburgh („Die Bank" 1908 Seite 854): „Die deutschen Interessen in Amerika bedurften einer Instanz, die sie mit Nachdruck und Ausdauer vertrat. Die stark engagierte Deutsche Bank hätte diese Funktion unter gewöhnlichen Verhältnissen wohl selbst übernommen."

soll. Die später gegründeten Bank-Treuhandgesellschaften besitzen nach ihren Satzungen meist nicht die Berechtigung zur Durchführung eigener bankmäßiger Geschäfte, manchen Gesellschaften ist sogar ausdrücklich untersagt, Geschäfte auf eigenes Risiko vorzunehmen. Nur die Deutsche Treuhand-Gesellschaft ist ihrer Übung treu geblieben, ohne daß aber auch für sie heute die Durchführung von Geschäften auf eigene Rechnung einen anderen Zweck, als den einer günstigen Anlage ihres Eigenkapitals hätte, welche es ermöglichen soll, eine stetige, angemessene Dividende auszuschütten, was sonst bei der geringen Ertragsfähigkeit des Revisionsgeschäftes kaum möglich wäre.

So zerfallen die heutigen Tätigkeitsgebiete der Treuhandgesellschaften in zwei Gruppen:

1. Die Ausübung der Funktionen des Treuhänders, wie sie im wesentlichen der Tätigkeit des trustee entsprechen.
2. Die Ausübung von Revisionsfunktionen, wie sie sich aus dem Tätigkeitskreis des Accountant ergeben.

Die letztere Funktion hat heute die wesentlichste Bedeutung. Schon ein Vergleich der Tätigkeitsgebiete der Accountants[76]) und der deutschen Treuhandgesellschaften zeigt, daß diese die größte Ähnlichkeit besitzen, ja sich, wenn man von den heute nicht mehr bedeutungsvollen reinen Treuhandgeschäften absieht, beinahe decken. An Leistungsfähigkeit werden die deutschen Treuhandgesellschaften gleichfalls dem Accountant gleichzusetzen sein; denn auch hier erfolgt die Auswahl der Mitarbeiter in der gleichen, überaus sorgfältigen Weise und die weitgehende Arbeitsteilung ermöglicht die Erzielung besonders guter Fachleistungen. Auch die großen und besonders leistungsfähigen Accountants-Firmen haben sich diesen Vorteil der Arbeitsteilung in ähnlicher Weise zunutze gemacht; sie sind tatsächlich nichts anderes, als Revisionsgesellschaften. Denn sie unterstehen der Leitung einer Mehrzahl von Inhabern und beschäftigen oft bis zu hundert Angestellte, im Regelfall mehr als 10 Beamte[77]). So entsprechen die großen Accountants-Firmen durchaus ihrer Art nach den deutschen Treuhandgesellschaften; der rein äußere Unterschied liegt lediglich darin, daß letztere in die Form einer juristischen Person gekleidet sind, erstere hingegen als offene Handelsgesellschaften betrieben werden.

Im wesentlichen sind also die deutschen Treuhandgesellschaften im Hinblick auf ihr Tätigkeitsgebiet, ihre innere Organisation, die Auswahl ihrer Mitarbeiter usw. den englischen Accountants-Firmen gleichzusetzen. Daneben üben sie gleich der amerikanischen Trust-Company treuhänderische Funktionen aus, ohne jedoch wie diese bankmäßige Geschäfte zu tätigen.

So waren die deutschen Treuhandgesellschaften eine neuartige Erscheinung im Wirtschaftsleben. Wenn in der Volkswirtschaft neue Gebilde entstehen, so ist der Anlaß hierzu stets das Vorliegen eines dahin gerichteten Bedürfnisses. Es können neuartige Bedürfnisse sein, deren Befriedigung erstrebt wird. Aber vielfach handelt es sich darum, daß die bisherige Art, in welcher diesen Bedürfnissen Genüge geleistet wurde, als nicht mehr ausreichend angesehen wird, da man aus irgendwelchen Gründen seine Ansprüche steigert oder steigern muß. Das ist eine der Ursachen für

---

[76]) Vgl. Seite 109.

[77]) Schmidt, a. a. O. Seite 68.

den Vorgang der beruflichen Arbeitsteilung, die eine bessere Bedürfnisbefriedigung durch Ausbildung besonderer Fähigkeiten, Ermöglichung größerer Fertigkeit durch fortwährende Übung u. ä. erstrebt.

Auch der Beruf des Bücherrevisors ist auf diese Weise entstanden. Solange es nur Unternehmungen kleineren Umfanges gab, befriedigte der Unternehmer das Bedürfnis, seine Beamten zu überwachen und die Ordnungsmäßigkeit seiner Buchführung unter regelmäßiger Kontrolle zu halten, selbst. Mit dem Fortschreiten des Kapitalismus, dem Anwachsen der Unternehmungen werden an diese Kontrolltätigkeit quantitativ und qualitativ wesentlich gesteigerte Anforderungen gestellt, die der Unternehmer in Anbetracht seiner sonstigen Aufgaben bald selbst nicht mehr befriedigen kann. So bedient er sich zunächst eines hierzu befähigten Angestellten[78]. Aber auch die Anforderungen an dessen Tätigkeit wurden immer größer, verlangten neben buchhalterischen Kenntnissen immer mehr eine ausgezeichnete kaufmännische Allgemeinbildung, Gesetzeskunde u. ä. und man benötigte einen Ratgeber für alle schwierigen wirtschaftlichen Fragen, kurz, die gestellten Ansprüche überstiegen die Fähigkeiten, Erfahrungen und die Arbeitskraft eines Durchschnittsangestellten. Daneben gab es Personen mit entsprechenden Kenntnissen und Fähigkeiten, die geneigt waren, sich durch Ausübung eines derartigen Berufes eine selbständige wirtschaftliche Existenz zu gründen. So entstand, hervorgerufen durch die Steigerung und Verfeinerung des Bedürfnisses nach Kontroll- und Überwachungstätigkeit, als neuer kaufmännischer Berufszweig der Bücherrevisor. Er übernimmt Funktionen, die ursprünglich Aufgabe des Unternehmungsleiters waren. Daß zu dieser Tätigkeit auch bald noch andere Aufgaben traten, davon sei hier abstrahiert. Denn es steht die Tatsache fest, daß auch heute noch der Einzelrevisor sich vorwiegend in der eben genannten Hinsicht betätigt.

Die Entstehung der deutschen Bank-Treuhandgesellschaften muß auf andere Ursachen zurückgeführt werden. Denn zur Überwachung des eigenen Geschäftsbetriebes der Banken werden von seiten der diesen nahestehenden Treuhandgesellschaften Revisionen nicht durchgeführt. Da aber gute Gewinnmöglichkeiten im Treuhandwesen keinesfalls vorhanden sind[79], bestand für die deutschen Bankinstitute schlechterdings kein Grund, sich der Befriedigung des Bedürfnisses fremder Unternehmungsleiter nach Schaffung von Organen, welche Überwachungsfunktionen auszuüben haben, anzunehmen. In Erkenntnis dessen verfiel man daher auf den Gedanken, es seien vielleicht seitens der Banken insoferne unlautere Absichten Anlaß zur Gründung von Treuhandinstituten gewesen, als man auf diese Weise insgeheim Unternehmungen ausfindig machen wollte, die günstige Möglichkeiten für Kapitalanlagen boten. Abgesehen davon, daß eine Unterstellung derartiger verwerflicher Geschäftsmethoden weder auf Grund des bisherigen Geschäftsgebarens der deutschen Großbanken, noch im Hinblick auf das tatsächliche Verhalten der Treuhandgesellschaften gerechtfertigt ist, wäre ein solches Vorgehen derartig plump, daß es gegenüber dem vorsichtigen, ja mißtrauischen deutschen Kaufmann von vornherein zum Mißerfolg verurteilt gewesen wäre.

---

[78]) Auch Sponheimer (a. a. O. S. 20) ist der Ansicht, daß die interne Revision durch eigene Angestellte die Vorläuferin des Bücherrevisorenberufes war.

[79]) Vgl. Seite 97.

Zu richtigen Ergebnissen vermag hier nur ein Eingehen auf weitere volkswirtschaftliche Zusammenhänge zu führen. Wir wollen uns daher kurz dem Tätigkeitsgebiet der deutschen Großbanken zuwenden.

Von jeher haben die deutschen Großbankinstitute neben dem Depositengeschäft in besonderem Maße das Finanzgeschäft gepflegt. Hier war es vor allem die Beteiligung am Gründungsgeschäft, die einerseits für die Geschäftspolitik der Bankinstitute maßgebend geworden ist, andererseits aber auch für die Entwicklung der deutschen Volkswirtschaft besondere Bedeutung erlangte. Das Gründungsgeschäft umfaßt nicht nur die Tätigkeit, welche dahin gerichtet ist, ein Aktienunternehmen ins Leben zu rufen, sondern insbesondere auch die damit im unmittelbaren Zusammenhang stehende Emissionstätigkeit, durch welche erst von außenstehenden Personen Kapitalien herangezogen werden. Die deutsche Industrie wurde durch diese Betätigung der Banken im weitesten Ausmaße gefördert; denn den außerordentlichen Kapitalbedarf durch direkte Bemühungen beim deutschen Kapitalisten zu befriedigen, wäre ein Ding der Unmöglichkeit gewesen, da der deutsche Kapitalmarkt durch den Mangel an großen Vermögen charakterisiert war[80]).

Aber ebenso ist für die Banken selbst das Gründungsgeschäft von weittragender Bedeutung; gerade die umfangreichsten und gewinntragenden Geschäfte hängen direkt oder indirekt mit der Gründungstätigkeit zusammen. Sieht man vom Verdienst, den der Gründer in dieser oder jener Form oft in recht reichlichem Maße für seine Mühewaltung erhält, ab, so ist das mit dem Gründungsgeschäft untrennbar verbundene Emissionsgeschäft[81]) in der Regel ebenfalls als recht lukrativ zu bezeichnen. Weiterhin aber bleibt das gründende Bankinstitut regelmäßig im Besitze eines erheblichen Aktienpaketes der Unternehmung, um auch für die Zukunft Einfluß auf deren Geschäftspolitik zu behalten; der Besitz maßgebender Aufsichtsratstellen führt zu einer weitgehenden Verwaltungskontrolle, wodurch das Bankinstitut dauernd am Erfolg des Unternehmens, nicht nur in finanzieller Weise (durch Dividenden und Tantièmen) interessiert ist. Das führt dann dazu, daß die Bank die notwendigen Betriebskredite, oft auch Anlagekredite, zur Verfügung stellt, bzw. stellen muß. So ist, im ganzen betrachtet, das Gründungsgeschäft eine risikoreiche Tätigkeit; floriert das junge Unternehmen nicht, so muß das Bankhaus auf Jahre hinaus Mittel festlegen und das erforderliche Betriebskapital zur Verfügung stellen.

Die Erfolgsaussichten in bankpolitischer Hinsicht[82]), ob nämlich ein Gründergewinn zu erzielen sein wird, das Emissionsgeschäft ertragreich zu werden verspricht, die neuangebahnten Geschäftsbeziehungen vorteilhaft sein werden usw. usw., sind im voraus mit einiger Sicherheit festzustellen. Dazu handelt es sich um Fragen, welche dem eigentlichen Tätigkeitsgebiete des Bankiers angehören und deren Beantwortung daher im Regelfalle ihm keine allzu großen Schwierigkeiten bereitet.

Das wesentlichste Risiko liegt auf der industriepolitischen Seite. Vor allem sind die Absatzaussichten in der Regel kaum mit einiger Sicherheit abzuschätzen und bilden daher oft einen unbekannten Faktor in noch

[80]) Vgl. Somary im „Handwörterbuch der Staatswissenschaften".

[81]) „Eine Gründung ohne Emission ist nur eine halbe Sache, noch nicht einmal das. Die Emission ist gerade das Bezweckte, die Heranziehung fremder und neuer Gelder für das Unternehmen" betont Wolff („Das Gründungsgeschäft" S. 95).

[82]) Vgl. Wolff, a. a. O. Seite 90.

so gut durchdachten Berechnungen, da gegen Konjunkturrückschläge „kein Kraut gewachsen ist". Von besonderer Bedeutung ist für das Emissionshaus die Frage, ob die Unternehmung unter normalen Wirtschaftsverhältnissen lebensfähig ist und auch Krisenlagen standhalten kann. Das zu ergründen und die Transaktion in dieser Hinsicht von vornherein richtig durchzuführen, ist aber eine schwierige Aufgabe. Bei Neugründungen sind naturgemäß die Ertragsaussichten schwer zu schätzen; ihre Ermittlung erfordert eine ganz außerordentliche umfassende kaufmännische Erfahrung. Leichter ist dies bei Umwandlung bereits bestehender Unternehmungen in eine andere Gesellschaftsform, denn hier wird die bisherige Rentabilität einen einigermaßen sicheren Anhaltspunkt geben können. Die richtige Ermittlung dieser durchschnittlichen Rentabilität ist aber praktisch oft nicht leicht, und keinesfalls ohne weiteres möglich; denn die Vorbesitzer werden bestrebt sein, die Ertragsaussichten ihres Unternehmens möglichst günstig hinzustellen. So müssen die Bilanzen der Vorjahre in entsprechender Weise nachgeprüft werden. Sodann erhebt sich die Frage der zweckmäßigsten Bemessung des Aktienkapitals, um einerseits der Gesellschaft hinreichende Mittel zur Verfügung zu stellen, andererseits aber nicht durch die Höhe des Aktienkapitals die regelmäßige Erzielung einer angemessenen Dividende unmöglich zu machen; daß hier Fehler sehr leicht unterlaufen können, beweist der Umstand, daß in der Praxis nicht selten unmittelbar nach der Gründung eine Sanierung durch Herabsetzung des Kapitals zu beobachten ist. Solche Mißgriffe schädigen natürlich den Emissionskredit der beteiligten Bankinstitute erheblich.

Endlich muß aber auch das Bankinstitut bei Vornahme einer Gründung sich darüber unterrichten, ob und in welchem Umfange dem neuen Unternehmen Kredite zur Verfügung gestellt werden müssen, insbesondere dann, wenn die Geschäftserfolge vielleicht nicht den Erwartungen entsprechen würden. Die Frage bedarf deshalb einer genauen Klärung, weil bei ungünstiger Lage des Geldmarktes die notwendige Inanspruchnahme größerer Kredite als man seitens der Emissionshäuser angenommen hatte, die Bank selbst in eine unangenehme Lage bringen kann, vor allem, wenn bei den in Bedrängnis befindlichen Unternehmungen das „Einfrieren" dieser Kredite zu befürchten ist.

Die richtige Einschätzung all dieser dem bankpolitischen Gebiet ferner liegenden Fragen ist für den Bankier im Regelfalle recht schwierig, da die hierzu notwendigen Überlegungen außerhalb seines eigentlichen Erfahrungskreises und Tätigkeitsgebietes gelegen sind. Es kommt hinzu, daß, wie oben gezeigt, Bilanzierungsmethoden industrieller Unternehmungen nachgeprüft und bei den Übernahmeverhandlungen mit den Vorbesitzern die Richtigkeit der einzelnen Bilanzpositionen genau untersucht werden muß. Die Notwendigkeit, Unternehmungen Kredite zu gewähren, zwingt dann späterhin zu einer genauen Prüfung der Kreditwürdigkeit derselben und zur laufenden Überwachung der Sicherheit der von der Bank investierten Kapitalien. Gerade die letztgenannten Arbeiten erwiesen sich immer mehr als bedeutsam.

Eine genaue Nachprüfung der der Gründungsbank übergebenen Unterlagen wird auch auf Grund der strengen Vorschriften des Börsengesetzes notwendig. Die Emissionshäuser haften für alle unrichtigen Angaben des Prospektes, soweit sie diese nicht nur tatsächlich kannten, sondern auch lediglich ohne grobes Verschulden kennen mußten (§§ 45, 46 Börsengesetz), jedem

Besitzer dieser Wertpapiere, der auf Grund dieses Prospektes Schaden leidet. Demnach sind von der Emissionsbank alle Angaben des Prospektes auf ihre Vertretbarkeit zu untersuchen.

Die Bearbeitung aller auf Grund dieser Sachlage sich ergebenden Fragen übernahmen die Banken zunächst selbst. Fremde Personen in die Einzelheiten der geschäftlichen Pläne einzuweihen, erschien nicht angängig und auch die Verantwortlichkeit, welche das Gesetz[83]) den am Gründungshergang beteiligten Personen auferlegt, verhinderte dies, solange man nicht die nötige Sicherheit für die Vertrauenswürdigkeit und Tüchtigkeit der beizuziehenden Ratgeber besaß.

Die sich aus der Gründungstätigkeit des deutschen Bankgewerbes ergebende dauernde Einflußnahme auf die Verwaltung von Unternehmungen brachte aber weiterhin eine Reihe von Sonderaufgaben für den Bankier mit sich, die wir oben bereits andeuteten. Den nahestehenden Unternehmungen mußten Betriebskredite und Anlagekredite zur Verfügung gestellt werden, deren Verwendung man zu überwachen hatte. Die Stellung als Aktionär und als Aufsichtsrat führte dahin, daß man die Geschäftsführung der betreffenden Unternehmungen nachprüfen wollte bzw. mußte. Mit dem Entstehen von Großbetrieben wurde es den Mitgliedern des Aufsichtsrates industrieller Unternehmungen immer schwieriger, alle Überwachungspflichten, die das Gesetz vorschreibt, aus eigener Kraft in vollkommener Weise durchzuführen. Geriet ein nahestehendes Unternehmen in finanzielle Schwierigkeiten, so erforderte das Streben nach Erhaltung des Emissionskredites mehr noch als finanzielle Interessen, die Initiative zu Sanierungsarbeiten u. ä. zu ergreifen; vielfach ist es auch notwendig, zum Schutz der eigenen Interessen bei starker Verschuldung finanzierter Unternehmungen in diese Beamte zu dauernder Kontrolle aller Maßnahmen der Geschäftsleitung abzuordnen. Derartigen Überwachungs- und Kontrollarbeiten können aber einseitig geschulte Bankbeamte nicht gewachsen sein. Weit mehr trifft dies auf die schwierigen Aufgaben zu, die bei Sanierungen zu erledigen sind.

Die Krisenerscheinungen um die Jahrhundertwende mußten die Leitung der Banken zur Erkenntnis bringen, daß die eigene Erfahrung in rein kaufmännischen und industriepolitischen Fragen den gesteigerten Schwierigkeiten auf die Dauer nicht mehr genügen könne. Für die Deutsche Bank lag nichts näher, als die infolge der Krise erforderlichen Sanierungsarbeiten usw. nicht durch eigene, wenig erfahrene Beamte vorzunehmen, sondern sich hierbei des für derartige Arbeiten auf Grund seiner bisherigen Tätigkeit und seiner Vorbildung besonders geeigneten Personals der nahestehenden Deutschen Treuhandgesellschaft zu bedienen. Die außerordentlich guten Erfolge, welche die Tätigkeit der Deutschen Treuhand-Gesellschaft den ihr nahestehenden Banken brachte, waren aller Welt offenbar. So schritten nach und nach auch die übrigen Banken dazu, die Erledigung aller mit dem Gründungsgeschäft zusammenhängenden Aufgaben, soweit sie nicht bankmäßiger Natur waren, eigenen Spezialinstituten zu übertragen, die auf Grund ihres sorgfältig ausgewählten Personals in der Lage sein sollten, allen Anforderungen gerecht zu werden.

An und für sich hätte gewiß auch die Möglichkeit bestanden, sich der bereits bestehenden Revisionsorgane zu bedienen. Daß dies nicht geschehen ist, läßt sich auf mancherlei Gründe zurückführen. Zunächst war der Bücher-

[83]) §§ 187, 202, 203, 204, 313 H.G.B., § 45 Börsengesetz.

revisorenstand in der damaligen Zeit noch sehr wenig entwickelt und im allgemeinen beruflich wenig leistungsfähig, wie wir bereits früher ausführten. Dabei war die hauptsächlichste Tätigkeit der Bücherrevisoren mit reinen Revisionsarbeiten, die noch dazu vielfach nur im Sinne einer Kollationierung der Bücher durchgeführt wurden, erschöpft. Die hauptsächlichste Sorge der Bankinstitute mußte aber die Wirtschaftsberatung sein, zu welcher weitaus die meisten der damaligen Bücherrevisoren demnach weder die Erfahrung noch die Vorbildung besessen haben dürften[84]). So wäre der Gedanke, sich dauernd der Bücherrevisoren für diese Spezialtätigkeit bei Gründungen, Kreditgewährung oder auch zur Rückendeckung für die Überwachungstätigkeit als Aufsichtsrat u. ä. zu bedienen, praktisch nicht erwägenswert gewesen. Abgesehen hiervon hätte auch die Tätigkeit einer einzelnen Person einer Großbank wenig genützt und man hätte so eine Anzahl von selbständigen Revisoren regelmäßig für die zahlreichen Gründungs- und Überwachungsarbeiten heranziehen müssen. Dies wäre für die Bankinstitute von der unangenehmen Folge begleitet gewesen, in ihre innersten Geschäftsgeheimnisse eine Mehrzahl von außenstehenden Personen einweihen zu müssen, denen es jederzeit freistand, die Geschäftsverbindung mit der Bank zu lösen. Auch wenn die Bankinstitute von der Vertrauenswürdigkeit der betreffenden Revisoren überzeugt waren, so mußten sie hiergegen eine starke Scheu empfinden. Man wird hier vielleicht entgegenhalten, daß bei den Treuhandgesellschaften die Dinge durchaus nicht besser liegen, da ja auch hier das Personal einem Wechsel unterworfen ist. Aber wichtige Fragen werden bei den Treuhandgesellschaften nur von den leitenden Angestellten und Direktoren behandelt, die gewöhnlich langjährige Anstellungsverträge besitzen und selten ihre Stellung wechseln. Wenn aber Angestellte zu untergeordneten Arbeiten herangezogen werden, z. B. Revisoren zu einer Bilanzrevision, so erfahren diese keinesfalls den ganzen Zusammenhang der von der Bank vorgenommenen oder geplanten Transaktion, sondern erhalten nur einige Hinweise, welche notwendig sind, um den erteilten Auftrag unter richtigen Gesichtspunkten zur Durchführung bringen zu können.

Die durch die eigenartige Betätigung des deutschen Bankgewerbes sich ergebende enge Verflechtung mit Industrie und Handel bringt weiterhin das Bedürfnis hervor, sich für die Tätigkeit als Aufsichtsrat eine entsprechende Rückendeckung durch Heranziehung fachmännischer Revisionskräfte zu verschaffen.

Diese Arbeitsteilung im Bankgewerbe erklärt die Tätigkeit der Treuhandgesellschaften als Wirtschaftsberater, die Übernahme von Revisionsfunktionen, Mitwirkung bei Sanierungen, Übernahme des Schutzes der Aktionäre und Besitzer von Wertpapieren und dergleichen mehr. Aber auch die Übernahme von treuhänderischen Vermögensverwaltungen entspricht dem Vorgang der bankmäßigen Arbeitsteilung. Vermögensverwaltungen dieser Art wurden besonders dem Privatbankier und der Provinzbank[85]) übertragen, die für den Privatmann dank des rein persönlichen Vertrauensverhältnisses den auf seine persönlichen Wünsche eingehenden Ratgeber darstellten, wie er ihn suchte und brauchte. Die starke Konzentrationsbewegung im Bankgewerbe hat dazu geführt, daß die kleineren Bankhäuser, vor allem in der Zeit von 1900—1904, sehr schnell verschwanden und an ihre Stelle mehr und mehr allein die Großbanken traten. Zur Großbank als Vermögensverwalter konnte aber der deutsche Privatkapitalist kein derartiges persön-

[84]) Vgl. S. 53.

[85]) Vgl. Roth, a. a. O.

liches Vertrauen besitzen; denn hier fand er keine individuelle Beratung, hier galt er oder fühlte sich zu mindest als „Nummer". Auch diese Lücke konnten die Treuhandgesellschaften ausfüllen, indem sie für den nicht Geschäftserfahrenen die Verwaltung seines Vermögens zu treuen Händen übernahmen und ihm die individuelle Beratung in seinen Vermögensangelegenheiten angedeihen ließen, welche er bei den Großbanken vermißte.

Wenn wir die Entstehung von Bank-Treuhandgesellschaften auf die Gründungs- und Emissionstätigkeit des deutschen Bankgewerbes zurückführen, so findet diese unsere Ansicht eine starke Stütze in der historischen Entwicklung. Den größten Umfang haben die Konzentrationsbewegungen im deutschen Bankgewerbe in den Jahren 1901—1904 angenommen. Durch die Konzentration wurde die Machtstellung und das Expansionsbedürfnis der Großbanken wesentlich gestärkt und damit durch Vergrößerung des Geschäftsumfanges in ganz besonderem Ausmaße auch deren Emissionskraft[86]). Die mit dem Jahre 1904, demjenigen, in welchem die Konzentrationsgeschwindigkeit die unheimlichsten Dimensionen[87]) annahm, sich in einem so großzügigen Ausmaße wie noch nie vordem ergebende Möglichkeit, Gründungen und Emissionen zu tätigen, schuf gleichzeitig das Bedürfnis nach Instituten, welche hierbei, wie es das Beispiel der Deutschen Treuhand-Gesellschaft schon gezeigt hatte, wirksam Rat und Hilfe zu gewähren vermochten. So erfolgen Ende 1904 und im Jahre 1905 die Gründungen von 3 neuen Treuhandgesellschaften großen Formates[88]), an denen die Gruppen der Discontogesellschaft und der Commerz- und Privatbank bzw. der Dresdner Bank, des Schaaffhausenschen Bankvereins, sowie der Metallbank interessiert sind[89]). In den Jahren 1906 und 1907 setzte dann tatsächlich eine außerordentlich starke, umfangreiche Gründungstätigkeit im deutschen Aktienwesen ein. Dies war das Bedürfnis, welches die Treuhandgesellschaften ins Leben gerufen hatte. 1907, also noch während starker Gründungstätigkeit, wurde eine weitere Treuhandgesellschaft ins Leben gerufen[90]). Die gleiche Erscheinung zeigt sich in der nächsten Periode lebhafter Gründungstätigkeit, welche ihren Gipfelpunkt 1910 erreichte. Wiederum werden vorher, nämlich 1909, von Kreditbanken[91]) 3 neue Treuhandinstitute ins Leben gerufen[92]). Die 1914 gegründete Allgemeine Treuhand-Aktiengesellschaft entstand in einem Jahr, wo sich die Summe der bei Gründungen investierten Kapitalien gegenüber dem Vorjahr ganz erheblich erhöhte. Es folgen die Jahre 1917 und 1918 mit verstärkter Gründungstätigkeit, mit welcher die 1916 erfolgte Gründung von 2 Treuhandunternehmungen in Verbindung steht und endlich die Periode, in welcher in besonderem Umfang die Gründung von Treuhandgesellschaften durch Bankunternehmungen erfolgte: die Zeit der Inflationsjahre, besonders 1919 bis 1922. Daß auch in dieser Zeit Gründungen von Aktiengesellschaften in einem ganz gewaltigen Ausmaß erfolgten, ist bekannt.

---

[86]) Vgl. Rießer, „Zur Entwicklungsgeschichte der deutschen Großbanken" S. 153.

[87]) Vgl. Rießer, S. 174.

[88]) „Revision", Treuhandvereinigung, Allgemeine Revisions- u. Verwaltungs-AG.

[89]) Vgl. hierzu die auf S. 62/63 gegebene Uebersicht.

[90]) Die als Bayerische Revisions- u. Vermögensverwaltungs-AG. von der Bayerischen Hypotheken- und Wechselbank gegründete Süddeutsche Treuhandgesellschaft.

[91]) Rheinische Creditbank bezw. Schlesische Boden-Credit AB. — Bankhaus Heimann bzw. Bayerische Vereinsbank — Bankhaus Schneider u. Münzing.

[92]) Rheinische Treuhand-Aktiengesellschaft, Schlesische Treuhand- u. Vermögensverwaltungs-AG., Bayerische Treuhand-AG.

Näheres zeige die folgende Übersicht:

Jahr	Gründungen [1]) Zahl	Gründungen [1]) Kapital in Mill. M	Zahl der gegründeten Bank-Treuhand-gesellschaften
1905	192	386	3
1906	212	475	—
1907	216	260	1
1908	151	162	—
1909	179	231	3
1910	186	260	—
1911	169	236	—
1912	179	245	—
1913	175	217	—
1914	119	322	1
1915	58	58	—
1916	89	113	2
1917	111	268	—
1918	168	338	—
1919	226	585	4
1920	503	1461	3
1921	1132[2])	4231[2])	3
1922	3033[2])	14768[2])	1

[1]) Entnommen dem Handwörterbuch der Staatswissenschaften.
[2]) Entnommen der Zeitschrift „Wirtschaft u. Statistik".

Demnach steht die Entstehung sämtlicher Bank-Treuhandgesellschaften in unmittelbarem Zusammenhang mit der Belebung des Gründungsgeschäftes im Bankgewerbe.

Daß die neuentstehenden Bank-Treuhandgesellschaften im Regelfall vor oder beim ersten Einsetzen der Gründungsperioden ins Leben gerufen werden, erscheint selbstverständlich; denn Gründungen erfordern zu ihrer Vorbereitung längere Zeit[93]) und gerade diese Vorbereitungszeit ist es, welche den Treuhandgesellschaften die hauptsächlichste Arbeit gibt. Ist das neue Unternehmen rechtskräftig entstanden, so ist im wesentlichen die Tätigkeit der Treuhandgesellschaft anläßlich der Gründung beendet.

So ergibt sich für die Banktreuhandgesellschaften eine Reihe besonderer volkswirtschaftlicher Aufgaben, welche sie in ihrer Eigenschaft als Hilfsinstitute des Bankwesens zu erfüllen haben. Sie fallen zusammen mit den volkswirtschaftlichen Aufgaben des Bankwesens selbst, bei deren Erfüllung die Treuhandgesellschaften ihren Bankinstituten Mithilfe zu leisten haben. Die wesentlichsten werden folgende sein:

1. Bei Neugründungen haben die Bank-Treuhandinstitute festzustellen, ob jemand in der Lage sein wird, durch seine Produktionstätigkeit die zur Verfügung gestellten Kapitalien nutzbringend zu verwerten, also die Banken bei der Ermittlung derjenigen zu unterstützen, welche produzieren dürfen. Wenn man bedenkt, daß es Aufgabe der Treuhandgesellschaften ist, bei Gründungen die mit industriepolitischen Erwägungen zusammenhängenden Fragen zu klären, so wird ersichtlich, daß von ihrer Stellungnahme oft auch die Entscheidung abhängt, was produziert werden soll.

2. Hinsichtlich der bedeutsamen volkswirtschaftlichen Aufgabe der Banken, die anvertrauten Mittel des Volksvermögens dorthin zu leiten, wo Bedarf dafür vorliegt, sind die Treuhandgesellschaften berufen, eine wesentliche Rolle zu spielen. Die Banken vermitteln zwischen denen, welche

[93]) Ausnahme: die Inflationsgründungen.

Kapital anbieten und denen, die solches benötigen, aber noch mehr, sie garantieren dem Kapitalisten für die Zahlungsfähigkeit der von ihnen ausgewählten Schuldner[94]). Daß diese Garantie der Banken möglichst selten in Anspruch genommen zu werden braucht, dafür zu sorgen ist Aufgabe der Banktreuhandgesellschaften. So haben sie festzustellen, ob ein Bewerber Kredit erhalten kann und in welcher Höhe; die ordnungsmäßige Verwendung dieses Kredites überwachen sie und verhindern damit die Minderung der hinausgegebenen Summen. Je seltener dementsprechend die von den Banken übernommene Garantie in Anspruch genommen zu werden braucht, desto gesicherter sind die Gläubiger der Banken vor Verlusten.

Für die Bankinstitute bedeutet die Tätigkeit der Treuhandgesellschaften Schutz des Eigenvermögens vor Schädigungen; sie ist ein gutes Mittel, Störungen der Liquidität durch Eintritt unvorhergesehener Ereignisse[95]) zu vermeiden.

Der Volkswirtschaft nützen die Bank-Treuhandgesellschaften durch Fürsorge dahin, daß das Volksvermögen sicher und zweckentsprechend in soliden Unternehmungen angelegt und so dem allgemeinen Besten dienstbar gemacht wird.

Wenn festgestellt wurde, daß der Tätigkeitskreis der Bücherrevisoren[96]) der kaufmännischen Arbeitsteilung, derjenige der Banktreuhandgesellschaften der Arbeitsteilung im Bankgewerbe entstammt, so ist hiermit keinesfalls eine nur theoretische Unterscheidung vorgenommen worden. Wohl verwischen sich in der Praxis — selbstverständlich — die Grenzen. Aber es ist festzustellen, daß sich die Tätigkeitsgebiete der beiden Organe im ganzen betrachtet in dieser Hinsicht unterscheiden. Aktiengesellschaften, soweit sie der Verwaltungskontrolle von Banken unterstehen, werden regelmäßig durch Treuhandgesellschaften revidiert. Wer den Kredit einer Bank in beträchtlichem Umfange in Anspruch nehmen will, muß meist seine Kreditwürdigkeit von deren Treuhandgesellschaft prüfen lassen. Bei Gründungen, Fusionen, Sanierungen u. ä., welche im Interessengebiet von Banken vorgenommen werden, wird die Leitung der fraglichen Transaktionen der betreffenden Bank-Treuhandgesellschaft übertragen.

So ist die Mehrzahl der Kunden der Bank-Treuhandgesellschaften zunächst zur Kategorie der „Unfreiwilligen" gehörig, d. h. es handelt sich um solche Personen oder Unternehmungen, welche die Dienste der Treuhandgesellschaft nicht aus freiem Antrieb, sondern auf Verlangen der dieser nahestehenden Banken in Anspruch nehmen müssen; vielfach führt die durch derartige Umstände erzwungene Tätigkeit der Banktreuhandgesellschaften auch dazu, daß späterhin ihre Tätigkeit regelmäßig aus freien Stücken beansprucht wird. An Umfang und finanzieller Bedeutung treten dagegen bei den bankmäßig orientierten Treuhandgesellschaften die Aufträge der-

---

[94]) Vgl. Jaffé, S. 1.

[95]) Hierher gehören nicht nur die Verluste, welche durch Zusammenbruch von Unternehmungen, die man für unzweifelhaft sicher hielt, entstehen, sondern auch der Vorgang, daß als Betriebskredit gegebene Summen im Laufe wirtschaftlicher Schwierigkeiten oder durch die Art ihrer Verwendung in einen nur sehr langsam zurückziehbaren Anlagekredit übergehen.

[96]) Dem Bücherrevisor gleichzusetzen sind selbstverständlich auch die Bücherrevisorenfirmen, die in die Form einer Aktiengesellschaft oder G. m. b. H. usw. gekleidet sind (erwerbsmäßig orientierte Treuhandgesellschaften); auch Konzern-Treuhandgesellschaften gehören hierher.

jenigen, die sich von Anfang an freiwillig an sie wenden, teils mehr, teils weniger zurück[97]).

Der Privatunternehmer bevorzugt bei Vergebung von Kontrollarbeiten meist den Bücherrevisor, der damit als Glied der kaufmännischen Arbeitsteilung tätig wird. Es ist allein das Vertrauen in die persönlichen Eigenschaften und Fähigkeiten des Bücherrevisors, das solche Geschäftsverbindungen anbahnt. Das Arbeiten in der Interessensphäre von Großbanken ist dem Bücherrevisor heute hingegen nur in Ausnahmefällen möglich.

Die eingangs aufgeworfene Frage, was schuld an dem Zurücktreten der Bedeutung des Bücherrevisorenstandes in Deutschland trägt, hat hiermit Erklärung gefunden. Gerade die Gebilde des Kapitalismus, welche einerseits infolge der ausgeprägten Trennung zwischen Unternehmer, Unternehmungsleiter und Angestellten Überwachungsmaßnahmen erfordern, andererseits infolge des Grundsatzes der beschränkten Haftung, der Schwierigkeit der Nachprüfung des umfangreichen Rechnungswerkes usw. besondere Sicherheitsmaßnahmen zugunsten der Gläubiger als angebracht erscheinen lassen, nämlich die Kapitalgesellschaften, vor allem die Aktiengesellschaften, stehen in Deutschland unter der Verwaltungskontrolle der geschäftserfahrenen Banken. Als Hauptaktionäre und gewöhnlich auch als Hauptgläubiger nahmen die Institute selbst ihre Interessen gegenüber den finanzierten Unternehmungen wahr und dienen dadurch, daß sie über die Ordnungsmäßigkeit der Geschäftsführung wachen, auch den anderen Aktionären und Gläubigern. Als das Eintreten komplizierter Wirtschaftsverhältnisse die eigene Geschäftserfahrung und Leistungsfähigkeit nicht mehr ausreichend erscheinen ließ, wurden von den Bankinstituten zur Durchführung dieser Aufgaben eigene Revisionsunternehmungen gegründet, die von vornherein in der Interessensphäre der nahestehenden Banken ein gesichertes Tätigkeitsfeld besaßen. Das beschränkte den Bücherrevisor erheblich in seiner Ausbreitungsmöglichkeit. Doch trifft dies nur die eine Seite unseres Problems; denn auch das deutsche Revisionswesen im ganzen betrachtet, hatte und hat in gewissem Ausmaße auch heute noch mit der Schwierigkeit zu kämpfen, daß das deutsche Wirtschaftsleben sich nur zögernd zur Vornahme von Revisionen entschließt. Die relativ lebhafte Nachfrage nach der Revisionstätigkeit der Bank-Treuhandgesellschaften resultiert zum größeren Teil aus dem Druck, den die Banken in dieser Hinsicht auf die von ihnen abhängigen Industrieunternehmungen ausüben. Dagegen war es von jeher schwierig, weitere Kreise für den Wert von Revisionen nachhaltig zu interessieren. Soweit es sich um Revisionen auf die Initiative des Unternehmungsleiters selbst hin handelt, liegt oder lag die geringe Nachfrage nach Revisionen zum Teil an der mangelhaften Erkenntnis eines großen Teiles der deutschen Kaufmannschaft vom Werte der Buchhaltung, die man vielfach nur als einen höchst unnützen Ballast angesehen hat. Der englische und amerikanische Kaufmann besitzt in dieser Hinsicht zweifellos einen besseren Blick für die wesentliche Bedeutung seiner Erfolgsrechnung und wendet daher gerne Mittel für deren Kontrolle auf. Allein vielfach wird dadurch ein gewisser Ausgleich geschaffen, daß auch beim deutschen Kaufmann stets ein Bedürfnis nach Überwachung seines Personals vorlag.

[97]) Wir schätzen aus praktischer Erfahrung heraus, daß die Einnahmen, welche aus Tätigkeit bei solchen Firmen stammen, nicht mehr als 30—40% der Gesamteinnahmen einer Banktreuhandgesellschaft ausmachen. Stein nimmt sogar an, daß 90% der Honorare der Bank-Treuhandgesellschaften aus Arbeiten in der Interessensphäre der Banken herrühren, was aber ohne Zweifel für normale Verhältnisse überschätzt sein dürfte.

Für unsere Betrachtungen weit bemerkenswerter ist der Umstand, daß weder die Aktionäre, noch die Gläubiger von Kapitalgesellschaften sich bemühten, Revisionen wenigstens in den Fällen herbeizuführen, wo der Schutz, den die deutschen Banken durch ihre Verwaltungskontrolle ausüben, fehlte. Der Grund kann nicht allein in der gewiß nicht selten vorkommenden Teilnahmslosigkeit des deutschen Aktionärs liegen; denn auch der englische Aktionär scheint in demselben Maße Teilnahmslosigkeit gegenüber seinem Unternehmen aufzuweisen[98]). Der Gläubiger ist mit erheblichen Summen daran interessiert, daß ihm durch die veröffentlichten Bilanzen stets ein richtiges Bild von der Lage seines Schuldners vermittelt wird. Und auch der Gesellschaft selbst muß daran liegen, daß ihre Aktionäre und Gläubiger die Gewißheit haben, daß ihre Bilanzen wahrheitsgemäß aufgestellt sind. Wenn trotzdem das Bedürfnis nach Revisionen allseits gering war, so dürfte ein wesentlicher Grund wohl darin gesucht werden können, daß das deutsche Handelsrecht dem Aktionär wie dem Gläubiger in dieser Hinsicht einen recht weitgehenden Schutz angedeihen läßt, der es, solange die wirtschaftlichen Verhältnisse noch einfacher gelagert waren, meistens nicht unbedingt erforderlich erscheinen ließ, den Bücherrevisor mit der Nachprüfung der Verhältnisse zu beauftragen. Dazu schritt man erst, wenn ein bestimmter Verdacht gegen die Ehrlichkeit der Organe der Aktiengesellschaft vorlag und es galt, sich der erforderlichen Beweismittel zu versichern[99]). Solange die handelsrechtlichen Vorschriften eingehalten werden und nicht direkt Betrugsabsichten vorliegen, ist der Gläubiger und Aktionär einigermaßen vor dem Schlimmsten geschützt.

Vor allem besitzt nach dem deutschen Aktienrecht, das in seinen Grundzügen bereits im Allgemeinen Handelsgesetzbuch von 1861 festgelegt war, die Aktiengesellschaft im Aufsichtsrat ein Organ, welches dazu bestimmt ist, die Geschäftsführung zu überwachen, die Bilanzen zu prüfen und sonstige erforderliche Kontrollen vorzunehmen. Mit der eigentlichen Führung der Geschäfte hat sich der Aufsichtsrat hingegen nicht zu befassen, dies ist vielmehr Aufgabe des Vorstandes. So üben die Aufsichtsratsmitglieder bereits unter strenger persönlicher Haftung[100]) für die Erfüllung der ihnen übertragenen Pflichten Überwachungsfunktionen aus; der Aufsichtsrat muß sich aus mindestens drei Mitgliedern zusammensetzen, so daß die Mehrzahl der verantwortlichen Personen die Sicherheit erhöht.

Ferner besteht eine weitgehende Verantwortlichkeit der Gründer für alle Vorgänge anläßlich der Gründung, wodurch unlauteren Handlungen weitmöglichst vorgebeugt ist (vgl. §§ 188—191, 202 HGB.). Der Gründungsvorgang selbst muß unter allen Umständen nachgeprüft werden, sei es durch Aufsichtsrat und Vorstand, oder aber in den Fällen, wo Sacheinlagen gemacht wurden, bzw. die Nachprüfung durch den Vorstand oder Aufsichtsrat sich auf deren eigene Handlungen erstrecken müßte (§ 192, 2 HGB.), durch eigene Revisoren.

Die deutsche Aktiengesellschaft kann erst dann ins Leben treten, wenn alle Aktien übernommen bzw. gezeichnet sind; die Einzahlung der Aktionäre muß hierbei mindestens 25% betragen. Der Mindestbetrag der Aktie

[98]) Gertung (a. a. O. S. 82) verweist hierzu auf das bekannte Buch von Anthony Pulbrook „Responsibilities of Directors and Working of Companies under the Companies Acts 1862—1900“ (London 1901), welches dies deutlich zu erkennen gibt.

[99]) Auch Sponheimer betont, daß die Revisionstätigkeit ursprünglich hauptsächlich forensischen Charakter gehabt habe.

[100]) § 249 H.G.B.

war auf 1000 Mk., in besonderen Fällen auf 200 Mk. festgesetzt. Dieser hohe Mindestnennbetrag der Aktie hat es sehr erschwert, unsolide Gründungen vorzunehmen.

Nach den §§ 38—41 HGB. besteht für jeden Kaufmann (was selbstverständlich scheint) die Pflicht, Handelsbücher zu führen. Die Bilanz einer Aktiengesellschaft kann keinesfalls willkürlich aufgestellt werden, sondern ist nach bestimmten Vorschriften[101]), welche eine zu hohe Bewertung der Aktiven verhindern, zu errichten. Um Verlusten wirksam begegnen zu können, muß ein Reservefonds gebildet werden, dessen Speisung aus den Gewinnen, dem Agio oder Zuzahlungen obligatorisch ist[102]). Die Bilanzen sind jährlich unmittelbar nach der Generalversammlung zu veröffentlichen (§ 265 HGB.). Der Vorstand hat einen den Vermögensstand und die Verhältnisse der Gesellschaft entwickelnden Bericht vorzulegen, welcher, mit den Bemerkungen des Aufsichtsrates versehen, regelmäßig zum Handelsregister einzureichen ist, nachdem die Generalversammlung von ihm Kenntnis genommen hat.

Die Vorschrift, daß die Bilanzen nebst Gewinn- und Verlustrechnung einer Aktiengesellschaft in den Gesellschaftsblättern bekanntzugeben sind, ermöglicht es jedem, der ein Interesse daran hat, sich über die wirtschaftliche Lage und die Erfolge eines Aktienunternehmens im wesentlichen zu unterrichten. Gegen eine zu günstige Darstellung der Verhältnisse schützen ihn die Bewertungsvorschriften des § 261 HGB. und die dem Aufsichtsrat obliegende Prüfungspflicht. Gegen Schädigungen, welche durch fahrlässige, unredliche oder falsche Geschäftsführung des Vorstandes entstehen können, soll die dem Aufsichtsrat obliegende Überwachungspflicht schützen.

Erleidet die Aktiengesellschaft größere Verluste, so erhält auch hiervon die Öffentlichkeit umgehend Kenntnis, wenn nämlich das Ausmaß derselben so groß ist, daß die Hälfte des Aktienkapitals zu Verlust ging (§ 240 HGB.).

Gewähren so die Vorschriften des HGB. den Aktionären und den Gläubigern einen recht beträchtlichen Schutz gegen Schädigungen ihrer Interessen, so ist weiterhin auch für Einhaltung dieser Schutzvorschriften Vorsorge getroffen worden. Die Strafvorschriften der §§ 312—319 HGB. sind in ihrer Schärfe dazu angetan, einer Verletzung der genannten Schutzvorschriften vorzubeugen. Es kommt hinzu, daß auf Grund aller Verfehlungen, welche anläßlich eines Zusammenbruches festgestellt werden, die Staatsanwaltschaft von sich aus einschreitet.

Kann es daher wundernehmen, daß dieser beträchtliche Schutz, den die Gläubiger- und Aktionärinteressen durch das Recht erfahren, der Entwicklung des deutschen Revisionswesens nicht förderlich war? Man sah sich durch die Vorschriften des Gesetzes so weitgehend gesichert, daß es überflüssig erschien, das Schutzmittel der Revision zur Anwendung zu bringen.

In England fehlten hingegen derartige gesetzliche Schutzbestimmungen von jeher. Das Aktienrecht hat dort eine durchaus anders geartete Entwicklung genommen. Es war zur Zeit des Emporkommens der Bestrebungen **Richard Cobdens** und der Freihändler, als **Robert Peel** 1844 das bisherige Konzessionssystem für Aktiengesellschaften besei-

[101]) §§ 40, 261 H.G.B.
[102]) § 262 H.G.B.

tigte und an seine Stelle die Freizügigkeit setzte. Allein trotzdem war es damals in England noch nicht möglich, Aktiengesellschaften in unserem Sinne ins Leben zu rufen: die unbeschränkte Haftung konnte nicht ausgeschlossen werden[103]). Das war nun zwar vielleicht den Gläubigern erwünscht — denn diese konnten sich mit ihren Ansprüchen in jeder Höhe an einen beliebigen Aktionär halten —, für die Aktionäre aber höchst verhängnisvoll, wenn Betrug oder Ungeschicklichkeit der maßgebenden Personen den Zusammenbruch der Aktiengesellschaft herbeiführten. So enthält dieses Gesetz[104]) zunächst ausführliche zwingende Vorschriften über die Bilanzierung[105]); aber auch die Einhaltung dieser Vorschriften mußte überwacht werden und man schuf daher — offenbar zum Schutz der unbeschränkt haftenden Aktionäre — das obligatorische Audit. Praktische Schwierigkeiten standen einer derartigen Vorschrift kaum entgegen, da, wie wir sahen, der Bücherrevisorenstand dank der schnellen kapitalistischen Entwicklung der wirtschaftlichen Verhältnisse Großbritanniens bereits genügend leistungsfähig war. Als dann aber durch die Gesetze von 1855/56 und 1862 die beschränkte Haftung für Aktiengesellschaften eingeführt wurde, entfielen die Bilanzierungsvorschriften und die Pflichtrevision. Ein besonderer Schutz der Aktionäre erschien nach Wegfallen der unbeschränkten Haftung nicht mehr notwendig; das englische Recht hatte immer, besonders aber damals in der Zeit der freihändlerischen Bestrebungen, die Tendenz, keinesfalls mehr in das Wirtschaftsleben einzugreifen, als unbedingt notwendig war, um den schlimmsten Mißständen vorzubeugen. So weist das englische Aktienrecht, insbesondere die für unsere Betrachtung maßgebenden Companies Acts 1862/1900[106]) einen äußerst dürftigen Schutz für Gläubiger einer Company und die Aktionäre auf, wodurch, wenn man die oft recht widersprechenden Auslegungen, welche die Rechtsprechung den gesetzlichen Vorschriften gab, bedenkt, vielfach allen möglichen Mißständen Tür und Tor geöffnet werden mußte.

Zunächst fehlt der Company ein ausgesprochenes Kontroll- und Überwachungsorgan, wie es unser Aufsichtsrat darstellt. Denn der „Board of Directors" kann keinesfalls unserem deutschen Aufsichtsrat durchaus gleichgesetzt werden, nimmt vielmehr eine Mittelstellung zwischen diesem und dem Vorstand ein[107]). Meist hervorgegangen aus den Gründern der Company greift der Board of Directors weit stärker und häufiger in die Geschäftsführung ein als der deutsche Aufsichtsrat[108]) und bestimmt deren Richtung[109]). Üben so die Directors eine geschäftsleitende Tätigkeit aus — mit der eigentlichen Geschäftsleitung wird ein oder mehrere Mitglieder des Board of Directors, die „Managing Directors" beauftragt, die dann mit dem „Manager" (dem nicht dem Board of Directors angehörigen „Geschäftsführer") zusammenarbeiten —, so werden sie ihrer anderen

---

[103]) Gertung betrachtet zutreffend die damaligen Companies als erweiterte offene Handelsgesellschaften.

[104]) Companies Act von 1844.

[105]) Vgl. Gertung, S. 12, 13.

[106]) Es soll im Nachstehenden, worauf ausdrücklich hingewiesen sei, selbstverständlich nicht etwa ein Ueberblick über die gegenwärtig geltenden Gesetzesvorschriften gegeben, sondern diejenigen gesetzlichen Bestimmungen dargelegt werden, welche zur Zeit der wichtigsten Entwicklungsperiode des englischen Revisionswesens galten.

[107]) Vgl. Jaffé, a. a. O. S. 180 ff.

[108]) Es sei natürlich nicht verkannt, daß es auch in Deutschland manchmal Aufsichtsräte gibt, welche in Wahrheit an Stelle des Vorstandes die Geschäfte führen.

[109]) Vgl. Schwandt im „Handwörterbuch der Staatswissenschaften".

Aufgabe, gleichzeitig überwachendes Organ der Company zu sein, nur in beschränktem Umfange nachkommen können. Abgesehen von der Überwachung der Managers müßten sie in vieler Hinsicht ihre eigene Tätigkeit kontrollieren, da der Board of Directors rechtlich die Befugnisse besitzt, welche dem deutschen Aufsichtsrat und dem Vorstand zustehen. Im übrigen kann der Board of Directors aus einer einzigen Person bestehen, was die Überwachungsmöglichkeit noch weiter einschränkt. Als weiteres Organ der Company kommt nur die Generalversammlung in Betracht.

Eine Prüfung des Gründungsvorganges ist gesetzlich nicht vorgeschrieben, so daß schon bei der Gründung die außenstehenden Interessenten empfindlich geschädigt werden können. Eigenartig ist, daß die englische Company kein festes Grundkapital im Sinne unseres Aktienrechtes besitzt. Zwar gibt der Gesellschaftsvertrag regelmäßig das Grundkapital der Gesellschaft an, aber die dort genannte Summe stellt nur die Höhe des Kapitals dar, welche erreicht werden soll. Die englische Aktiengesellschaft kann aber, und das ist meist der Fall, ihre Tätigkeit aufnehmen, wenn auch nur ein Bruchteil dieses Maximalbetrages aufgebracht ist; sie versucht dann gelegentlich weitere Interessenten für ihre Aktien zu gewinnen. Das Fehlen zwingender Vorschriften über die Zuteilung von Aktien führt dann nach § 18 C. A. 1862 dazu, daß, wenn 7 Personen je eine Aktie gezeichnet haben, die Aktiengesellschaft ins Leben treten kann. Denn eine gesetzliche Vorschrift über die Mindesthöhe des Grundkapitals ist dem englischen Recht ebenso unbekannt, wie eine solche über den Nennbetrag der Aktie, so daß tatsächlich schon Companies mit einem Aktienkapital von 7 £ registriert worden sind[110]). Dieser außerordentliche Mißstand wird aber noch dadurch verschlimmert, daß die Aktienzeichner nicht verpflichtet waren[111]), sofort bei der Zeichnung einen bestimmten Prozentsatz des Zeichnungsbetrages zu entrichten; Scheinzeichnungen zur Täuschung des Publikums waren daher nicht selten[112]). Erst der § 4, III C. A. 1900 hat dem abgeholfen, aber auch nur so, daß die bei der Zeichnung auf jede Aktie zu leistende Einzahlung den zwanzigsten Teil des Nennbetrages ausmachen muß. Auch der dadurch erzielte Schutz erscheint sehr gering, wenn man bedenkt, daß nach dem deutschen Handelsrecht die geringste Einzahlung auf ¼ des Nennbetrages festgesetzt ist.

Weiterhin ist bemerkenswert, daß das englische Aktienrecht unter Barzahlung im Gegensatz zum deutschen auch eine Aufrechnung mit einer fälligen Forderung versteht, was sich leicht zur Verschleierung nicht einwandfreier Geschäfte ausnützen läßt. Eine Unterpariemission, die nach dem HGB. ausgeschlossen ist[113]), kann, wenn auch nur in versteckter Form, nach dem englischen Recht stattfinden. Bezüglich der Emissionstechnik ist erwähnenswert, daß den Gründern meist Minderaktien als besonderer Vorteil gewährt werden; denn das englische Recht unterscheidet Vorzugs-, Stamm- und Minderaktien, wobei auf die Minderaktien eine Dividendenzahlung erst vorgenommen wird, wenn auf die Vorzugs- und Stammaktien die festgesetzte Dividende ausgeschüttet ist. Gewöhnlich entfällt dann auf die Minderaktien, welche in Händen der Gründer sind, ein erheblicher Bruchteil des übrigbleibenden Gewinnes, häufig die Hälfte des letzteren[114]).

---

110) Vgl. Schwandt im „Handwörterbuch der Staatswissenschaften".
111) Auf Grund der bis zum Jahr 1900 geltenden Vorschriften.
112) Schirrmeister, „Aktiennovelle", S. 38.
113) § 184, Abs. 1 HGB.
114) Schirrmeister, a. a. O. Seite 64.

Das englische Recht kennt neben Grundstücks- und Schiffshypotheken auch die Bestellung von Mobiliar- und Fahrnishypotheken jeder Art, ohne daß eine Übergabe stattzufinden bräuchte. Das deutsche Spezialitätsprinzip kann wohl angewendet werden, indem lediglich bestimmte Gegenstände verpfändet werden; doch kann auch die Bestellung von Generalhypotheken erfolgen, denen dann das ganze Vermögen verhaftet ist. Derartige Generalhypotheken kommen in der Praxis sehr häufig vor, wobei es bei Neugründung von Aktiengesellschaften üblich ist, folgendermaßen zu verfahren: In Höhe von 1/3 des Kapitals werden Vorzugsaktien, für ein weiteres Drittel gewöhnliche Aktien und für das letzte Drittel Obligationen (Debentures) ausgegeben. Für die letzteren wird als Sicherheit eine derartige Generalhypothek auf das ganze Vermögen der Company, sogar oft einschließlich des noch nicht aufgerufenen Grundkapitals, bestellt. Die Debentures erhalten meistens die Gründer. Daneben werden dann noch Spezialhypotheken auf bestimmte Vermögensbestandteile aufgenommen. In derartigen Fällen wird es dann bei einem Zusammenbruch der Company häufig dahin kommen, daß keiner der gewöhnlichen Gläubiger etwas von seinem Gelde erhält, weil zuerst die Inhaber von Spezialhypotheken und die Obligationäre (Gründer) zum Zuge kommen.

Es ist demnach für jeden, der an einer Company interessiert ist, wichtig, sich darüber zu unterrichten, welche Belastungen auf dem Vermögen derselben ruhen. Zu diesem Zweck stand nach § 43 C. A. 1862 das von jeder Limited-Company zu führende Pfandbuch zur Einsichtnahme zur Verfügung. Allein dessen Inhalt war sehr unvollkommen, da nur Spezialhypotheken[115]) und die hiervon getroffenen Vermögensstücke, nicht aber Generalhypotheken aufgezeichnet wurden; ebensowenig wurden Pfandrechte am noch nicht eingeforderten Aktienkapital in das Pfandbuch aufgenommen. Gab schon aus diesen Gründen das Pfandbuch einen durchaus ungenügenden Aufschluß, so wurde es dadurch praktisch fast wertlos, daß es nur von Aktionären oder Gläubigern der Gesellschaft eingesehen werden darf; wer dagegen Aktionär oder Gläubiger erst werden will, hatte nicht das Recht, das Pfandbuch einzusehen und sich über die Belastungen der Company zu unterrichten[116]). Zu alledem kommt, daß nach dem englischen Recht ein Grundbuchzwang in unserem Sinne nicht besteht. So ergab sich die Unmöglichkeit, auch nur einen ungefähren Überblick über die Vermögenslage einer Company zu gewinnen. Denn auch zur Veröffentlichung ihrer Bilanzen ist die englische Aktiengesellschaft nicht gezwungen. Ja, es besteht nicht einmal eine Vorschrift, wonach eine Company überhaupt Bücher führen muß und Bilanzen zu ziehen hat. Eine Entscheidung[117]) bestätigt sogar, daß es den Companies nicht vorgeschrieben sei, Bücher zu führen und diese in bestimmter Form zu halten. Naturgemäß ist ein großer Betrieb im eigenen Interesse gezwungen, sich trotz Fehlens dahin gerichteter gesetzlicher Vorschriften buchmäßige Aufzeichnungen zu machen, und die Fälle, wo tatsächlich keine Bücher geführt werden, dürften eine Seltenheit bilden. Aber niemand kann, wie erwähnt, die Company zwingen, ihre Bilanzen zu veröffentlichen; auch die Vorlage eines Geschäftsberichtes im Sinne

[115]) Die Urkunden, auf welche sich das Pfandrecht gründet, sind dem Pfandbuch nicht, auch nicht in Abschrift beizulegen, sodaß dasselbe nur einige wenige Angaben enthält.

[116]) Die §§ 14—18 CA. 1900 haben versucht, hier eine Besserung zu schaffen, was aber offenbar nur in recht ungenügender Weise geglückt ist.

[117]) Vgl. Oertung, Seite 40.

des § 260 Abs. 2 HGB. ist nirgends im englischen Recht verlangt[118]). Dementsprechend bestehen auch keinerlei Bilanzierungsvorschriften. Es steht im Belieben der Company, wie sie die einzelnen Bilanzpositionen bewertet und ihren Vermögensstand ermittelt, da durch das Gesetz eine Überbewertung der Aktiven und Unterbewertung der Passiven nicht untersagt ist. Zuweisungen zu einem Reservefond brauchen nicht stattzufinden. Seitens der Gerichte ist sogar festgestellt worden, daß „bei Vermögensstücken, die nach ihrer Natur durch Benützung allmählich aufgezehrt werden, wie Kohlenlager, Steinbrüche usw. trotz der Abnützung keine Abschreibungen stattzufinden brauchen (!), sofern kein Betrug der Gläubiger beabsichtigt ist"[119]). Ebensowenig findet sich im englischen Aktienrecht eine Vorschrift, welche ähnlich unserem § 240 HGB. im Falle des Verlustes der Hälfte des Grundkapitals eine Anzeige an die Generalversammlung sowie deren Einberufung verlangt. Es können sogar in dem Falle Dividenden ausgeschüttet werden, wenn dem eingezahlten Aktienkapital nicht einmal Aktiven in der gleichen Höhe gegenüberstehen, oder der erzielte Betriebsgewinn durch Wertminderung bei den Anlagen aufgezehrt wird.

So besteht eine große Schutzlosigkeit des englischen Aktionärs und Gläubigers. Diese wird verstärkt durch den Umstand, daß das englische Strafprozeßrecht die Tätigkeit der Staatsanwaltschaft in dem Umfange, wie sie in Deutschland herrscht, nicht kennt (anders in Schottland). Vielmehr herrscht das System der Privatklage. Dieses erfordert aber neben sonstigen Unannehmlichkeiten großen Kostenaufwand für einen Prozeß und bei der Unklarheit und Dehnbarkeit der gesetzlichen Bestimmungen und der Rechtsprechung wird der einzelne Aktionär eine Anwendung der Strafbestimmungen der Companies Acts nur in wenigen, besonders klar gelagerten Fällen herbeizuführen suchen; es ist im übrigen Sache des Prozeßführers für seine durch den Prozeß verursachten Kosten selbst aufzukommen, auch wenn er obsiegt.

Mit diesen in großen Zügen geschilderten Rechtsverhältnissen hatten die englischen Aktionäre wie auch die Gläubiger einer Company gerade während der Periode zu rechnen, in welcher sich die hauptsächlichste Entwicklung des englischen Aktienwesens vollzog; denn die gleichen Gesetze ermöglichten andererseits erst die volle Entwicklung des Aktienwesens dadurch, daß sie den Companies die beschränkte Haftung gaben. Demnach fehlten gesetzliche Vorschriften, welche die Aktionäre und Gläubiger der englischen Aktiengesellschaft gegen eine Schädigung ihrer Interessen geschützt hätten, fast vollständig und deren Stellung war daher die denkbar ungünstigste.

Unmittelbar nach Aufhebung des Konzessionszwanges, in den Jahren 1844—1855 waren die Schutzmaßnahmen zugunsten der Gläubiger wie auch, wenn man von dem Grundsatz der unbeschränkten Haftung absieht, zugunsten der Aktionäre bessere gewesen. Es bestanden nach der Companies Act von 1844 obligatorische Vorschriften über Rechnungslegung und Bilanzierung und insbesondere der Zwang, einen Auditor tätig werden zu lassen. Diese Schutzvorschriften waren 1855 weggefallen, so daß tatsächlich so gut wie keine Sicherung mehr für Aktionär und Gläubiger bestand, diese vielmehr vollständig dem Wohlwollen der allmächtigen Directors ausgeliefert waren. So mußte das Bestreben der an einer Company finanziell

[118]) Vgl. Schirrmeister, a. a. O. S. 107.
[119]) Vgl. Oertung, a. a. O. S. 54.

Interessierten dahin gehen, den Schutz, welchen das Gesetz versagt, sich selbst zu schaffen. Daran mußte aber auch jedem mit redlichen Absichten arbeitenden Gründer und jeder gutgeleiteten Company gelegen sein, um so jedem, der mit der Gesellschaft in geschäftliche Beziehungen treten wollte, von vornherein die Gewißheit zu geben, daß eine unparteiische Instanz darüber wache, daß nichts seinen Interessen Abträgliches unternommen werde. Denn nur so konnte in Anbetracht der Rechtsverhältnisse der Company das Vertrauen der Allgemeinheit verschafft werden. Gerade die mangelhafte Ausgestaltung des Aktionär- und Gläubigerschutzes in den Companies Acts 1862—1900 brachte es also dahin, daß man sich fast ausnahmslos[120]) des Mittels bediente, das die aktienrechtlichen Bestimmungen in dieser Hinsicht zu ergänzen geeignet war: man bestellte, wie zuerst vom Gesetz vorgeschrieben gewesen war, Auditors. Dahin wirkte auch der Umstand, daß die Mustersatzungen (Table A), welche der Companies Act von 1862 beilagen und für Gesellschaften ohne eigene Satzungen verbindlich waren, die Vornahme einer jährlichen Rechnungsprüfung verlangten.

Welche außerordentliche Bedeutung man dem Schutz des Publikums durch die Rechnungsprüfung beimißt, zeigt wohl am deutlichsten der Umstand, daß manche Aktiengesellschaften auf ihren Briefbögen, um ihre Kreditwürdigkeit hervorzuheben, als besondere Empfehlung die als Auditors bestellten, renommierten Accountants vermerkt haben.

Kehren wir zum Ausgangspunkt unserer Betrachtungen zurück, so ist zusammenfassend folgendes festzustellen: Wenn das Revisionswesen in England gerade auch zu der Zeit, wo ein gesetzlicher Revisionszwang nicht bestand, einen besonderen Aufschwung nahm, der dazu führte, daß es zur Regel wurde, Revisoren zu bestellen, so ist dies im wesentlichen darauf zurückzuführen, daß die Revision durch eine unparteiische Stelle der einzige Schutz für den englischen Aktionär und Gläubiger ist, nachdem dem englischen Aktienrecht Vorschriften, welche einer Schädigung von deren Interessen wirksam vorbeugen könnten, unbekannt sind oder waren. Als man 1900 das obligatorische Audit wieder einführte, bedeutete dies daher für die überwiegende Mehrzahl der Companies nichts anderes, als die gesetzliche Festlegung einer längst Handelsbrauch gewordenen Einrichtung[121]). Demgegenüber konnte in Deutschland das Revisionswesen nur sehr langsam Fuß fassen, weil das deutsche Handelsgesetzbuch umfassende Sicherheitsvorschriften enthält, welche, wenigstens so lange es sich noch um Unternehmungen geringeren Ausmaßes handelte und einfachere Wirtschaftsverhältnisse vorhanden waren, Revisionen im allgemeinen als nicht unbedingt erforderlich erscheinen ließen.

Das charakteristische Merkmal des deutschen Aktienwesens ist die hervorragende Beteiligung der Banken, vor allem auch der Großbanken am Gründungs- und Emissionsgeschäft. Auf diese Weise bleiben die Banken dauernd an den gegründeten Unternehmungen interessiert, stehen mit ihnen meist in ständiger Kreditverbindung und üben die Verwaltungskontrolle über sie aus. Als Hauptaktionäre, manchmal auch als Hauptgläubiger, sehen die Banken von sich aus nach dem Rechten bezüglich Gründungshergang, Verwaltung, Geschäftsführung usw. und dienen so den Interessen auch der anderen meist weniger geschäftserfahrenen Kapitalisten oder der Gläubiger.

[120]) Vgl. Gertung, a. a. O. Seite 13.
[121]) Vgl. die Ausführungen Gertungs, a. a. O. S. 11.

Um die Aufgaben dieser Art in zweckmäßiger Weise durchführen zu können gingen die Banken schließlich dazu über, sich eigene Institute, die Treuhandgesellschaften, zu schaffen, welche entsprechend dem großen Einfluß der Bankinstitute im Aktienwesen dort heute ein ihnen gesichertes Tätigkeitsfeld haben.

Eine ähnliche Betätigung ist dem Bankwesen Englands dagegen fremd. Das Gründungs- und Emissionsgeschäft hat dort eine durchaus anders gerichtete Organisation erfahren. Das Vorhandensein großer Privatvermögen ermöglichte es schon frühzeitig, daß der englische Kapitalist ohne Vermittlung der Banken direkt mit denen in Verbindung trat, welche für die Zwecke der Produktion des Kapitals bedurften. Weiterhin ist es in England nicht schwierig, neu geschaffene Effekten mit Hilfe der Börse abzusetzen[122]), ohne hierbei die Vermittlung eines Bankhauses in Anspruch nehmen zu müssen. In Anbetracht des großen Einflusses, den die Gesetzgebung auf die Gestaltung des Wirtschaftslebens ausübt, liegt es nahe anzunehmen, daß die Eigenart des englischen Gründungs- und Emissionsgeschäftes auch auf die Besonderheiten des Aktienrechts zurückzuführen ist. Die Sukzessivgründung ist in Deutschland, eingeengt durch die Vorschriften des § 189 HGB., fast bedeutungslos; die deutsche Aktiengesellschaft besitzt ein festes Grundkapital, für dessen Höhe eine Mindestgrenze vorgeschrieben ist, so daß erst mit der Zeichnung aller Aktien die Gesellschaft errichtet werden kann. Demnach erfordert die Errichtung einer Aktiengesellschaft die Bereitstellung erheblicher Kapitalien. Anders, wie wir sahen[123]), die englische Company, bei welcher ein festes Grundkapital in unserem Sinne fehlt, so daß sie bereits mit einem minimalen Kapital ins Leben treten kann und dann nach und nach ihre Aktien an den Mann bringt. Das gestattet es, Aktiengesellschaften zu gründen, ohne wie in Deutschland sofort beträchtliche Summen einlegen zu müssen, so daß zunächst die Errichtung einer Company die finanziellen Kräfte einiger weniger vermögender Privatkapitalisten keinesfalls übersteigt.

Weiterhin aber lassen es die englischen Rechtsverhältnisse äußerst riskant erscheinen, sich bei Gründungen zu betätigen oder sich an Unternehmungen in irgendeiner Form zu beteiligen, wenn die maßgebenden Persönlichkeiten nicht seit längerem ihrem geschäftlichen Rufe, ihren Fähigkeiten und ihrem Charakter nach aus persönlicher Anschauung bekannt sind. Nun sind einerseits die maßgebenden englischen Aktienbanken und damit zum wesentlichen das englische Kreditwesen in London konzentriert, andererseits dagegen dort nur ein geringer Teil der Industrie ansässig. So fehlte häufig die Möglichkeit genauer persönlicher Kenntnisnahme der maßgebenden Umstände bei einem Gründungshergang, wodurch dann in Anbetracht der ungünstigen Rechtsverhältnisse im Aktienwesen, welche jeden Rechtsschutz vermissen ließen, den bekanntlich äußerst vorsichtig arbeitenden englischen Großbanken die Beteiligung an einem neuen Aktienunternehmen oft als eine Art Lotteriespiel erschienen sein mag.

All dies hat dazu geführt, daß die großen englischen Aktienbanken sich dem Gründungs- und Emissionsgeschäft stets fern gehalten haben. Dadurch entfiel nicht nur jede Beteiligung bei der Errichtung und dem Aufbau von Gesellschaftsunternehmungen, sondern auch die Möglichkeit, auf die Verwaltung derselben maßgebenden Einfluß zu gewinnen und damit mangelt

[122]) Vgl. Jaffés Ausführungen (a. a. O.) über die „Stock-Brockers".
[123]) Vgl. S. 133.

jene enge Verflechtung zwischen Bankwesen und Kapitalgesellschaften, wie sie in Deutschland gegeben ist[124]).

Diese bewußte Ausschaltung jeglicher Interessennahme an der Industrie erklärt es ohne weiteres, daß Banktreuhandgesellschaften, deren Aufgabe hauptsächlich in der Übernahme der den Emissionsbanken zufallenden Kontrolltätigkeit liegt, in England unbekannt sind; für ihre Errichtung fehlte den Banken jedes wirtschaftliche Bedürfnis.

Damit mangelte dem englischen Revisionswesen jene bewährte Initiative der Großbanken, die schon oft neue, sich später als zweckmäßig erweisende Gebilde in der Volkswirtschaft geschaffen hat. Die Vorteile, welche die gesellschaftliche Revision gegenüber derjenigen durch Einzelrevisoren aufweist, sind aber dem englischen Revisionswesen keineswegs verloren gegangen. Die Treuhandgesellschaft auf Aktien hat keine Bedeutung, wohl aber sind die meisten größeren Accountantsfirmen in der Tat von solchem Umfange, daß sie unseren deutschen Treuhandgesellschaften durchaus gleichstehen, sie an Angestelltenzahl sogar manchmal übertreffen. Diese Treuhandgesellschaften in der Form von Personengesellschaften sind demnach in der Lage, es der Aktiengesellschaft an Leistungsfähigkeit in jeder Hinsicht gleichzutun, sie besitzen aber nicht die Nachteile, die der unpersönlichen Unternehmungsform im Revisionswesen anhaften. Das Vermögen der Accountants, welches in seiner vollen Höhe für ordnungsmäßige Arbeit haftet, ist meist dank ihres großen Einkommens[125]) recht beträchtlich und bietet auf jeden Fall eine ausreichende Sicherheit für den Auftraggeber.

Abgesehen davon, daß Revisions-Aktiengesellschaften (Audit-Companies) demnach in keiner Hinsicht dem englischen Publikum einen Vorteil hätten zu bieten vermögen, wäre es wohl auch dem konservativen Engländer ferngelegen, die ihm seit langem gewohnten privaten Accountants zugunsten einer neuen Unternehmungsform zurückzusetzen, zu der er in jenes persönliche Vertrauensverhältnis, wie es zum Chartered Accountant besteht, nicht eintreten konnte[126]). Wie wenig solche Neueinführungen, selbst wenn sie einem Bedürfnis zu entsprechen scheinen — was bei Gründung von Audit-Companies keinesfalls zutreffend gewesen wäre —, in England zu reüssieren pflegen, zeigt am besten das Beispiel der korporativen Trusts,

[124]) Die sog. „Merchantbanken" widmen sich, wie Jaffé ausführt, zwar teilweise der Unterstützung der privaten Emissions- und Gründungstätigkeit. Hiermit treten sie aber nicht an die Oeffentlichkeit, sondern es geschieht dies lediglich durch Unterstützung von bezw. Beteiligung an Gründergesellschaften, sowie durch „Underwriting", dem typischen englischen Gründungshergang; „Underwriting" ist der Vorgang, daß die Garantie dafür übernommen wird, daß eine Emission zu oder über einem gewissen Kurs gelingt, widrigenfalls man die Papiere selbst zu diesem Kurs aufzunehmen gezwungen ist. (Jaffé). Aber hierin kann lediglich ein bankmäßiges Geschäft, das eines Spekulationscharakters nicht entbehrt, erblickt werden, ohne daß damit irgend eine direkte Einflußnahme auf den Gründungshergang selbst oder auf die Leitung des Unternehmens herbeigeführt würde.

[125]) So wurde im Verlauf eines Prozesses, über den Römer (Seite 218) ausführlich berichtet, festgestellt, daß ein Accountant für eine einzige Arbeit ein Honorar von 280 000 Mk. berechnet hatte. Von einem anderen Fall wird berichtet (Seite 258), wo für die von Accountants ausgeübte Schiedsrichtertätigkeit 1½ Millionen Mark an Gebühren gezahlt wurde.

[126]) Dagegen besitzen die Vereinigten Staaten eine Anzahl Audit-Companies, obwohl die dortigen Certified Public Accountants ähnlich den englischen organisiert sind. Neben der besonderen Vorliebe des Amerikaners für die Form der Aktiengesellschaft wird für deren Entstehung der Umstand maßgebend gewesen sein, daß, wie überhaupt das amerikanische Wirtschaftsleben, sich auch das Revisionswesen viel rapider und unregelmäßiger entwickelte, wie das auf einer alten Tradition gegründete englische.

die, obwohl sie ganz offenkundige Vorzüge aufweisen, nicht festen Fuß im englischen Wirtschaftsleben fassen können.

Das Fehlen der direkten Einflußnahme seitens der Großbanken auf die Verwaltung der Gesellschaftsunternehmungen raubt aber auch dem englischen Aktionär jenen Schutz gegen alle Benachteiligungen seitens seines Unternehmens, welchen die deutschen Banken schon im Interesse der Erhaltung ihres Emissionskredites auszuüben gezwungen sind. Wohl stellt auch die unter einheitlichen Gesichtspunkten zusammenarbeitende Majorität der Aktionäre einen nicht zu verachtenden Faktor dar. Allein dieser kann, abgesehen davon, daß es ungeheuer schwer ist, eine aktionsfähige Mehrheit von Aktionären zusammenzubringen, doch an Einfluß in gar keinen Vergleich gesetzt werden zu der Machtposition, die eine Großbank gegenüber der Verwaltung jedes Unternehmens besitzt. So ist der englische Aktionär darauf angewiesen, sich eines Revisors zu bedienen, der aus sich selbst Autorität gegenüber dem Unternehmen besitzt und dank seiner Stellung im Wirtschaftsleben seinen Wünschen auch mit Erfolg Nachdruck verleihen kann. Dies alles trifft nur beim Chartered Accountant oder einem einer sonstigen großen Corporation angehörigen Revisor zu. Widersetzt sich die Verwaltung einer Company einem pflichtgemäßen Verlangen eines Chartered Accountant, so tritt dieser von seiner Stellung als Auditor zurück; auch wenn er, wozu er ja nicht verpflichtet ist, die Aktionäre von sich aus nicht von den Gründen zu diesem Schritt unterrichtet, wird der Vorgang das Mißtrauen jedes einigermaßen wachsamen Aktionärs erregen müssen. Denn bei den Mitgliedern der großen Accountants-Verbände hat sich die Sitte herausgebildet, daß kein Chartered Accountant in die Stelle eines Berufsgenossen eintritt, ohne sich vorher bei ihm über die Gründe seines Ausscheidens erkundigt zu haben[127]). Die Unmöglichkeit, demnach nach solchen Vorgängen einen anderen Chartered Accountant als Auditor bestellen zu können, wird die Directors, solange ihnen der Kredit und gute Name ihres Unternehmens lieb ist, in eine heilsame Zwangslage versetzen. Dieser Schutz entfällt aber dort, wo als Revisoren Außenseiter bestellt werden, denen jene gute Organisation mangelt.

Die Rechtsverhältnisse bringen es weiterhin mit sich, daß in England noch in weit stärkerem Maße als irgendwo der Wert einer Revision von den Fähigkeiten des Revisors abhängig ist. Das deutsche Handelsgesetzbuch gibt dem Revisor genaue Richtlinien, wie in der Bilanz die Wertansätze beschaffen sein müssen, was die Aktiengesellschaft darf und was sie unterlassen muß. Der englische Revisor kann aber dem Gesetz keinerlei Anweisungen für die Bilanzierung entnehmen; auch die für das Audit selbst gegebenen Vorschriften können dem Revisor kaum Anhaltspunkte geben. Ob die der Bilanz zugrunde gelegte Bewertung nach allgemeinen kaufmännischen Grundsätzen vertretbar ist, darüber muß der Auditor allein nach eigenem Ermessen ein Urteil zu fällen in der Lage sein. Dementsprechend ist der Revisionsvermerk, welchen der Auditor unter die Bilanz setzt, durchaus subjektiv gehalten, und enthält Feststellungen, die uns für unsere deutschen Begriffe recht dehnbar erscheinen. So finden wir unter den Bilanzen englischer Companies meist folgenden Vermerk, dessen Wortlaut sich auf die gesetzlichen Anforderungen bezieht und daher allgemein üblich zu sein scheint:

„Wir erlauben uns zu berichten, daß wir obige Bilanz geprüft und alle gewünschten Informationen und Erläuterungen erhalten haben. Nach unserer Meinung ist die Bilanz richtig aufgestellt und gibt ein wahres und genaues

[127]) Vgl. Gertung, a. a. O. Seite 24.

Bild des Standes der Gesellschaft, gemäß den besten Informationen und Erläuterungen, welche uns gegeben wurden, und wie ihn die Bücher der Gesellschaft aufweisen[128])."

Die einzige Gewähr für die kaufmännische Richtigkeit der Bilanz bietet daher der gute Name des Auditors.[128a])

Das alles erklärt es, warum man so gut wie immer die Bücherprüfung von einem Chartered Accountant vornehmen läßt und dieser daher wirtschaftlich tatsächlich eine Monopolstellung besitzt. Eine Konkurrenz droht dem Chartered Accountant von keiner Seite. Revisionsgesellschaften, vor allem solche, die wie die deutschen Bank-Treuhandgesellschaften in der Interessensphäre der nahestehenden Banken ein Monopol für Revisionstätigkeit besitzen, bestehen infolge der Eigenart der wirtschaftlichen Verhältnisse nicht. Die Außenseiter unter den Bücherrevisoren vermögen keinesfalls erfolgreich zu konkurrieren; denn die Beschaffenheit der englischen Rechtsbestimmungen zwingt das Publikum, wie wir sahen, sich nur eines tüchtigen Fachmannes zu bedienen, da der Pfuscher bei schwierigeren Fragen, die seinem engen Wissens- und Erfahrungskreis entrückt sind, unfehlbar Schiffbruch erleiden muß, weil ihm das Gesetz über die meisten Fragen keinen Aufschluß gibt. Das wird aber jeden weniger tüchtigen Außenseiter, soferne er es ehrlich mit seiner Berufstätigkeit meint, davon abhalten, sich um Aufträge bei größeren Firmen, wo für ihn leicht Schwierigkeiten auftauchen können, zu bemühen. Hätte er genaue gesetzliche Vorschriften für seine Obliegenheiten an Hand, so könnte er sich nicht allzu schwer dagegen schützen, daß man ihn wegen eines Reates zur Verantwortung zieht; da aber dem Auditor in gar keiner Weise eine gesetzliche Richtschnur für seine Tätigkeit zur Verfügung steht, wird es ihm, sofern es sich nicht um ein käufliches Subjekt handelt, ratsam erscheinen, sich weise zu beschränken und dem Chartered Accountant die schwierigeren, aber natürlich auch ertragreicheren Arbeiten zu überlassen.

So werden unsere Ausführungen dargetan haben, daß das Revisionswesen eine außerordentliche Bedeutung für das englische Wirtschaftsleben besitzt; die Vornahme von Bücherrevisionen ist im Hinblick auf die Eigenart der rechtlichen Bestimmungen das einzige Schutzmittel gegen Schädigungen, welches dem Aktionär und Gläubiger einer englischen Aktiengesellschaft zur Verfügung steht. Die Besonderheiten des englischen Aktienrechtes führen weiter dazu, daß nur die Tätigkeit eines geschulten und erfahrenen Fachmannes, wie ihn der Chartered Accountant darstellt, wird erfolgreich sein können, während nicht genügend qualifizierte Kräfte infolge des Fehlens irgendwelcher gesetzlichen Richtlinien der Schwierigkeiten der Materie kaum werden Herr werden können.

Das Fehlen der direkten Einflußnahme des englischen Bankwesens auf die Verwaltung von Gesellschaftsunternehmungen ist für die Entwicklung und Gestaltung des englischen Revisionswesens von großem Einfluß. So beruhen die Verschiedenheiten, welche das englische Revisionswesen dem

[128]) To the Members of the . . . Co., Ltd.

We beg to report that we have examined the above Balance Sheet, and that we have obtained all the information and explanations we require. In our opinion such Balance Sheet is properly drawn up so as to exhibit a true and correct view of the state of the Company's affairs according to the best of our information and the explanations given to us and as shewn by the books of the Company.

. . . . Street, Birmingham J. Smith & Co., Chartered Accountants.
. . . October 19 . . .

[128a]) Vgl. Gertung, a. a. O. S. 46.

deutschen gegenüber aufweist, einerseits auf rechtlichen Verhältnissen, andererseits auf der Eigenart des englischen Wirtschaftslebens.

3. Die Reformvorschläge.

Auf Grund der bisherigen Untersuchungen soll nunmehr in eine Stellungnahme zu den Plänen eingetreten werden, welche eine Reformierung des deutschen Treuhand- und Revisionswesens herbeiführen wollen. Daß eine solche von nöten ist, wird heute kaum mehr einem Zweifel unterliegen können. Das Fehlen jeder Regelung, insbesondere der Umstand, daß der Öffentlichkeit nicht solche Personen, welche ihre fachliche Leistungsfähigkeit nachgewiesen haben und als vertrauenswürdig gelten können, durch die Berechtigung, sich einen vom Gesetz gegen Mißbrauch geschützten Berufstitel beizulegen, kenntlich gemacht werden, wird stets, vor allem in Zeiten wirtschaftlicher Unruhe, zu Mißständen führen müssen, die das Vertrauen des Wirtschaftslebens in seine Kontrollorgane erschüttern. Wir haben gesehen, daß dies nicht nur gegenwärtig für deutsche Verhältnisse zutrifft, sondern auch für England, dessen Revisionswesen gleichfalls in den Siebzigerjahren des vorigen Jahrhunderts unter solchen Erscheinungen zu leiden hatte.

Welche Mittel können nun zur Hebung des deutschen Revisionswesens dienen? Wie wir schon ausführten[129]), wird von vielen Seiten empfohlen, die Institutionen des englischen Revisionswesens nach Deutschland zu übertragen. So haben sich die vorhergehenden Ausführungen eingehend mit der Gestaltung des englischen Revisionswesens befaßt und die Ursachen der Verschiedenheiten gegenüber dem deutschen aufzuzeigen versucht.

Beigel und Römer[130]) haben vorgeschlagen, nicht nur eine dem Institut der Chartered Accountants entsprechende Berufsorganisation in Deutschland zu schaffen, sondern gleichzeitig auch die Institution des obligatorischen Audit zu übernehmen und dementsprechend den deutschen Aktiengesellschaften oder überhaupt den Kapitalgesellschaften[131]) die Verpflichtung aufzuerlegen, jährlich ihre Bilanzen und ihr Rechnungswesen von einem hierzu bestellten außenstehenden Revisor nachprüfen zu lassen. Ähnliche Vorschläge machte, ausgehend von der Betrachtung, daß die Institution des Aufsichtsrates reformbedürftig sei, Hecht[132]) und Rießer[133]) hat einen dementsprechenden Gesetzentwurf ausgearbeitet. Auch der deutsche Juristentag hat im Jahre 1906 eine Entschließung angenommen, welche die Einführung von obligatorischen, jährlichen Revisionen für Aktiengesellschaften mit einem Grundkapital von mindestens einer Million Mark empfahl. Alle diese Bestrebungen haben durch die Mißstände, welche anläßlich des Zusammenbruches von Aktiengesellschaften zum Vorschein kamen, ihren wesentlichen Antrieb erhalten und auch gegenwärtig scheint diese Frage wieder allgemeinere Beachtung zu finden.

Ob aber eine derartige Maßregel allein wirklich erfolgversprechend wäre, muß bezweifelt werden. Zunächst kann auch die vom besten Fachmann

---

[129]) Vgl. Seite 105.

[130]) Ähnlich Buxbaum, der ein Gesetz anstrebt, das den A.-G., später vielleicht auch noch anderen Gesellschaftsformen, eine mehr oder weniger ausgedehnte Kontrolle durch außenstehende, vom Staat besoldete Revisoren vorschreibt.

[131]) Nach der Ansicht Römers (a. a. O. S. 263).

[132]) Referat über die Mißstände im Wesen der deutschen Aktiengesellschaft, Mannheim 1903.

[133]) „Zur Aufsichtsratfrage“, Berlin 1903.

vorgenommene Revision nicht als **unbedingte** Sicherheit gelten, daß Veruntreuungen und Fälschungen aufgedeckt werden. Ein raffinierter Fälscher wird oft mit Erfolg versuchen, sich auch gegen die Gefahr zu schützen, daß Revisionen sein Tun sofort ans Licht bringen könnten. Wir haben gesehen[134]), daß auch so vorzügliche Revisionsfachleute, wie die Chartered Accountants es sind, nicht davor bewahrt bleiben, hinters Licht geführt zu werden und falsche Bilanzen zu bescheinigen. Auch **Warschauer**[135]) weist darauf hin, daß der Erfolg des obligatorischen Audit in England durchaus nicht ermutigend sei; **Jaffè**[136]) meint im Hinblick auf die Tätigkeit der Auditors der großen englischen Aktienbanken, daß man von den Bescheinigungen der Auditors wohl nicht mit Unrecht sage, „sie seien nicht das Papier wert, auf das sie geschrieben seien". **Warschauer** glaubt, daß die Einführung einer vom Gesetz vorgeschriebenen Pflichtrevision unter Umständen eine durchaus negative Wirkung auslösen, so eine Entlastung des Aufsichtsrates bewirken könne, indem dieser durch Einführung einer derartigen Maßnahme veranlaßt sein würde, sich in bestimmten Fällen darauf zu berufen, daß er nach Erfüllung der zwangsweise vorgeschriebenen Revisionspflicht seine volle Schuldigkeit getan habe und für ihn nichts mehr zu tun übrig geblieben sei, kurz, durch die oktroyierte Revisionspflicht werde die Verantwortlichkeit der Aufsichtsratsmitglieder gemindert, statt gehoben.

Die Bedenken **Warschauers** treffen offenbar durchaus das Richtige. Zwar kennt auch Deutschland eine durch Gesetz vorgeschriebene Revisionspflicht, die sich ohne Zweifel nicht schlecht bewährt hat, nämlich die obligatorische Revision der Genossenschaften. Allein diese hat unter ganz anderen Bedingungen zu arbeiten, als es diejenige bei Aktiengesellschaften zu tun hätte. Die deutschen Genossenschaften besitzen, wie dies ihrer Natur entspricht, einen Aufsichtsrat, der meist aus Mangel an kaufmännischen Kenntnissen und Erfahrungen nicht in der Lage ist, wirksam die Geschäftsführung zu überwachen. Viele Genossenschaften arbeiten mit unbeschränkter Haftpflicht oder mit unbeschränkter Nachschußpflicht; hier liegen die Dinge dann ähnlich, wie bei der ursprünglichen Form der englischen Aktiengesellschaft nach der Companies Act von 1844: falsche oder unredliche Geschäftsführung kann die Existenz aller beteiligten Genossen vernichten und man muß diesen demnach einen besonderen Schutz gewähren. Gerade die Genossen einer Genossenschaft sind um deswillen besonders des Schutzes bedürftig, weil sie selbst gewöhnlich wenig geschäftserfahren sind und eine wirksame Überwachung von sich aus nicht durchführen können.

Im Hinblick auf die heutigen wirtschaftlichen Verhältnisse dürfte dem Gesichtspunkt der vermehrten finanziellen Belastung der Aktiengesellschaften durch Einführung obligatorischer Revisionen besondere Aufmerksamkeit zu schenken sein. Man wird nicht fehlgehen, anzunehmen, die jährliche Revision eines kleineren oder mittleren Betriebes erfordere, wenn sie so durchgeführt werden soll, daß mit einiger Bestimmtheit Ordnungsmäßigkeit der Geschäftsführung usw. konstatiert werden kann, bei Verwendung von zwei Revisionskräften eine Tätigkeit von etwa 4 Wochen. Nach den üblichen Sätzen würde das dann einen Kostenaufwand von 3000—4000 Mk. erfordern; die Revision der Jahresbilanzen von Großunternehmungen würde auf mehrere Monate einen Stab von Revisoren beschäftigen müssen und dementsprechend sich das Honorar nach Zehntausenden von Mark berech-

[134]) Vgl. Seite 112.
[135]) „Die Treuhandgesellschaften und die Aufsichtsratfrage in Deutschland."
[136]) a. a. O. Seite 188.

nen. Dabei ist die Frage, ob sich die Treuhandgesellschaften und Bücherrevisoren mit den jetzt üblichen Honoraren bei Durchführung einer gesetzlich vorgeschriebenen Revision begnügen können. Denn naturgemäß wird man den Revisor für die Folgen von Fehlern, die ihm unterlaufen, im Gesetz besonders scharf verantwortlich machen. Aber auch dem besten Revisor kann es passieren, daß er irgendwelchen Unterschlagungen, Bilanzfälschungen u. ä., wenn diese gewandt in die Wege geleitet sind, nicht auf die Spur kommt; auch dem hervorragendsten Fachmann kann einmal ein verhängnisvoller Irrtum unterlaufen. Die mit der Durchführung der gesetzlich vorgeschriebenen Revision betrauten Organe werden aber weiterhin das Streben, ja die Pflicht haben, die Dauer der Revision bei Festsetzung ihrer Honorarforderung nicht zu kurz anzunehmen, da ja eine unangebrachte Eile sehr leicht Anlaß geben kann, daß Versehen unterlaufen. All dies hätte zur Folge, daß für unsere Aktiengesellschaften, die ja auch nebenbei noch das kostspielige Institut des Aufsichtsrates besitzen müßten, neben der Bürde der hohen Steuern und sozialen Lasten eine neue recht fühlbare Belastung entsteht, welche augenblicklich in Hinsicht auf die Konkurrenzfähigkeit unserer Industrie gegenüber dem Auslande nicht verantwortet werden könnte.

Zweifellos bietet die allgemeine Vornahme von regelmäßigen Revisionen bei Aktiengesellschaften der Volkswirtschaft Vorteile, indem sie einer Mißwirtschaft entgegenwirkt und die einzelnen Unternehmungen dadurch, daß sie deren Rechnungswerk in den Stand setzt, zuverlässige Unterlagen für die Beurteilung der Erfolgsmöglichkeiten, für die Kalkulation u. ä. zu liefern, konkurrenzfähiger, vor allem auch gegenüber dem Auslande, macht. Allein bei dem Widerwillen, mit dem bekanntermaßen — oft nicht mit Unrecht — das Wirtschaftsleben derartige vom Gesetzgeber aufgezwungene Vorschriften erfüllt, liegt die Gefahr nahe, daß man vielfach diese Vorteile nicht wird sehen wollen und daher das Streben hat, nur das zu tun, was unbedingt nötig ist, um der Form zu genügen. Es muß aber auch bestritten werden, daß der Staat berechtigt ist, durch Maßnahmen, welche stark in die Entschlußfreiheit privater Personen eingreifen, diese zwingen zu wollen, etwas zu tun, was ihnen förderlich sein kann[137]).

Es spricht aber zurzeit manches dafür, daß ein gesetzlicher Zwang in dieser Hinsicht auch deshalb überflüssig ist, weil gerade unser Bankwesen mit Nachdruck seinen gewichtigen Einfluß im Aktienwesen dahin geltend macht, daß bei den nahestehenden Unternehmungen die Vornahme von Revisionen zur Regel wird. Denn dies liegt heute mehr denn je im Interesse der Bankinstitute, sei es, daß sich deren Leiter in ihrer Eigenschaft als Aufsichtsratsmitglieder von Aktiengesellschaften für die ihnen obliegenden Überwachungsfunktionen eine Rückendeckung verschaffen wollen, sei es, daß beabsichtigte oder erfolgte Hingabe von Krediten u. ä. finanzielle Interessen dies als erforderlich erscheinen lassen. Auf diese Weise werden heute bei der übergroßen Mehrzahl der Kapitalgesellschaften, welche unter dem Einfluß von Banken stehen — und das trifft in Anbetracht der Betätigung der letzteren im Gründungs- und Emissionsgeschäft und infolge der weitgehenden Gewährung von Industrie-Krediten bei den meisten Aktiengesellschaften zu —, regelmäßige Revisionen vorgenommen. Das wird aber zweifellos allmählich auch den übrigen Gesellschaftsunternehmungen Anlaß geben müssen, nur solche Bilanzen zu veröffentlichen, die den Revisions-

[137]) Ähnlich bei Warschauer, a. a. O. Seite 498 oben.

vermerk eines Bücherrevisors oder einer Treuhandgesellschaft tragen; denn sie müssen befürchten, daß ein entgegengesetztes Verhalten ihren Kredit ungünstig beeinflussen werde[138]).

Mit dem interessanten Problem, inwieweit das obligatorische Audit des englischen Rechts geeignet sein könnte, bei einer Reformierung des deutschen Aktienrechtes in dieser oder jener Form zum Zwecke einer Ergänzung oder Verbesserung der Institution des Aufsichtsrates Berücksichtigung zu finden, haben wir uns hier nicht näher zu befassen; denn es handelt sich letzten Endes um Fragen, die mit unseren Untersuchungen nur in mittelbarem Zusammenhang stehen können. Doch werden unsere Darlegungen im vorhergehenden Kapitel gezeigt haben, daß die Rechtsgrundlagen und wirtschaftlichen Verhältnisse, auf denen dieses Institut in England aufgebaut ist, von den unseren so grundverschieden sind[139]), daß eine kritiklose Nachahmung der englischen Vorschriften über den Revisionszwang durchaus verfehlt erscheinen muß, wozu noch kommt, daß der Inhalt der gesetzlichen Bestimmungen über das Audit selbst wesentlicher Verbesserungen bedürfte.

Wie dem im einzelnen auch sei, so darf nicht übersehen werden, daß der Gesetzgeber dem Revisionswesen irgendwelche Aufgaben erst dann wird zuweisen können, wenn die hiezu notwendigen Fachkräfte qualitativ und quantitativ den an sie zu stellenden Anforderungen genügen können. Insbesondere erscheint es unumgänglich notwendig, daß die Öffentlichkeit in der Lage ist, die vertrauenswürdigen, fachlich leistungsfähigen Revisionskräfte ohne weiteres zu erkennen.

Besteht nun die Möglichkeit, das System der Chartered Accountants auch in Deutschland mit Erfolg anzuwenden? Die außerordentliche Leistungsfähigkeit, das hohe Ansehen und die günstige soziale Stellung, welche den Chartered Accountants zukommt, im Zusammenhang damit, daß der Gesetzgeber bei diesem System der Selbsthilfe nicht in wesentlichem Umfang in das Wirtschaftsleben einzugreifen braucht, müßte dieses Mittel zur Hebung des Bücherrevisorenstandes als erstrebenswert erscheinen lassen. Allein schon der Umstand, daß es bis heute trotz aller Bemühungen nicht gelungen ist, in Deutschland eine Berufsorganisation der Bücherrevisoren zu schaffen, welche dem Institut der Chartered Accountants annähernd entsprechen würde, zeigt, daß hier ernste Schwierigkeiten bestehen müssen.

Diese liegen vor allem, wie unsere bisherigen Untersuchungen zeigen, in dem Umstand, daß die Stellung des Revisionswesens im englischen Wirtschaftsleben durchaus anders geartet ist als im deutschen. Die Bücherprüfung ist das wesentlichste und fast alleinige Schutzmittel, welches den Gläubigern und Aktionären der englischen Aktiengesellschaft zur Verfügung steht. Denn in England fehlen seit jeher nicht nur schützende Gesetzesvorschriften, wie sie das deutsche Handelsrecht kennt, sondern auch jene wert-

[138]) Ein ähnlicher Vorgang, der zu diesen Schlüssen zu berechtigen scheint, zeigte sich, als um das Jahr 1890 ein Privatbankhaus erstmalig dazu überging, seine Bilanz aus freiem Antrieb zu veröffentlichen. Binnen kurzem folgte diesem Beispiel eine große Anzahl von privaten Bankinstituten, die gleichfalls auf diese Weise ihre Vertrauenswürdigkeit der Öffentlichkeit vor Augen führen wollten.

[139]) Dies übersieht insbesondere Römer vollständig bei seinen Darlegungen; auch Beigel mißt diesem Umstand keine genügende Bedeutung bei. Eine eingehende Kritik dieser Bestrebungen bringt Gertung. Sein eigener Vorschlag, einem Prüfungsausschuß aus den Reihen des Aufsichtsrates das Recht zu geben, einen eigenen Beamten für die Revisionsarbeiten einzustellen, scheint aber wenig geeignet, da die wiederholt erwähnten Nachteile der internen Revision sich hier sehr schädlich auswirken könnten.

volle Interessenwahrung, welche zugunsten aller an einem Aktienunternehmen finanziell interessierter Personen in Deutschland durch die Großbanken infolge ihrer engen Verflechtung mit dem Aktienwesen ausgeübt wird. Das frühzeitige Entstehen großer und ausgedehnter Unternehmungen hatte in England schon bald einen Stand von erfahrenen Bücherrevisoren entstehen lassen. Diesem Stand übertrug man daher die Aufgabe, durch seine Revisionstätigkeit den am Aktienwesen interessierten Kreisen den Schutz gegen Mißwirtschaft der Unternehmungsleiter zu geben, welchen das Gesetz vermissen ließ. Ein leistungsfähiges Revisionswesen wurde, je mehr sich das Aktienwesen ausbreitete, zur unbedingten Lebensnotwendigkeit; denn ohne sein Vorhandensein wären in Anbetracht der Beschaffenheit des Aktienrechtes und der Eigenart der wirtschaftlichen Verhältnisse die schwersten Mißstände sicher unvermeidlich gewesen. Das starke Bedürfnis nach der Tätigkeit der Accountants wurde naturgemäß Anlaß, daß diese sich bald in einer wirtschaftlich sehr günstigen Lage befanden und der Bücherrevisorenstand, dessen Hilfe die englische Volkswirtschaft keinesfalls entbehren konnte, einen Machtfaktor im Wirtschaftsleben darstellt. So genießen schon vor Bildung des Institutes die Accountants eine angesehene und einflußreiche Stellung im Wirtschaftsleben[140]) und es war nicht allzu schwer, auf dem Wege der Selbsthilfe, fast ohne jede staatliche Unterstützung durch Gesetze, eine machtvolle exklusive Organisation zu schaffen, die dank der immer mehr allgemeine Anerkennung findenden beruflichen Leistungsfähigkeit ihrer Mitglieder ohne gesetzliche Eingriffe erfolgreich die Mißstände im Revisionswesen zu beseitigen in der Lage war.

Die Bedeutung des Revisionswesens wurde schließlich auch durch das Gesetz, nachdem die Bücherprüfung bei Aktiengesellschaften die denkbar weiteste Verbreitung gefunden hatte[141]), anerkannt, indem man in dem unverkennbaren Bestreben, den rechtlichen Schutz der Gläubiger und Aktionäre von Companies allgemein zu verbessern[142]), die Anwendung dieses allgemein üblichen Schutzmittels zur Pflicht machte. So weist nunmehr auch das Recht dem Revisionswesen eine wichtige Funktion zu.

---

[140]) Vgl. Seite 114.

[141]) Ertel steht offenbar auf dem Standpunkt, daß der Accountant seine wirtschaftliche Bedeutung nur dem gesetzlichen Revisionszwang verdanke (Seite 13 oben). Er übersieht, daß, als man im Jahre 1900 das obligatorische Audit einführte, die Vornahme von Revisionen bereits allgemeine Übung war (vgl. Seite 136) und durch das Gesetz daher dem Accountant keine wesentlich vermehrte Arbeitsmöglichkeit geschaffen wurde; auf Grund der wirtschaftlichen Verhältnisse wäre auch ohne den gesetzlichen Revisionszwang die wirtschaftliche Stellung des englischen Bücherrevisorenstandes keine ungünstigere. Diese offenbar irrtümliche Annahme Ertels scheint ihre Erklärung darin zu finden, daß ihm bezüglich seiner Ausführungen über die gesetzlichen Vorschriften ein Fehler unterlaufen ist. Er behauptet nämlich (Seite 10): „Es folgte dann im Jahre 1862 ein Gesetz, welches die Grundsätze der Eisenbahngesellschaften" [obligatorischer Revisionszwang, vgl. C. A. v. 1844] „auf die gesamten Aktiengesellschaften übertrug. In ihm wurde der Revisionszwang eingeführt." Diese Äußerungen sind sachlich nicht zutreffend, da, wie wir auf Seite 132 feststellten, im Gegenteil der allgemeine Revisionszwang abgeschafft wurde und lediglich für solche Gesellschaften, welche — wie dies nur in Ausnahmefällen zur Einsparung von Druckkosten geschieht — sich keine eigenen Satzungen gaben, durch die Mustersatzung weiterhin vorgeschrieben war. Dagegen behielt man aus freiem Antrieb meist die Revisionen bei, welche erst 1900 für die Companies wieder obligatorisch wurden. Doch hat sicherlich der für einzelne Arten von Unternehmungen, welche nicht unter die Bestimmungen der Companies Act von 1862 fallen, im Laufe der vor 1900 liegenden Jahre eingeführte Revisionszwang, so insbesondere für Banken, der Öffentlichkeit den Wert der Revisionen deutlich vor Augen geführt.

[142]) Vgl. den Inhalt der Companies Acts von 1900, 1907.

Diese außergewöhnliche Bedeutung für das Wirtschaftsleben mangelte aber dem deutschen Revisionswesen. Zunächst war schon die wirtschaftliche Kapazität geringer und die langsamere Entwicklung der wirtschaftlichen Verhältnisse mußte naturgemäß auch der Entwicklung des Revisionswesens weniger günstig sein. Andererseits aber gab das deutsche Recht von Anfang an einen viel ausgiebigeren Schutz gegen Mißwirtschaft als das englische. Die dadurch bedingte wesentlich geringere Nachfrage nach Revisionen war schon allein der Entwicklung des deutschen Bücherrevisorenstandes nicht günstig. Hierzu kam aber die Besonderheit der wirtschaftlichen Verhältnisse, wie sie durch die enge Verbindung zwischen den deutschen Großbanken und der Industrie bedingt war. Auch dies minderte zunächst das Bedürfnis nach Revisionen, späterhin aber führte es zur Gründung der äußerst leistungsfähigen Bank-Treuhandgesellschaften, die in gewissem Ausmaße ein Monopol für ertragreiche Tätigkeitsgebiete, so vor allem im Aktienwesen, durch den Einfluß ihrer Banken besitzen und durch ihre Konkurrenz dem Einzelrevisor stark zusetzen.

Dies alles beeinträchtigte die Verdienstmöglichkeiten der deutschen Bücherrevisoren wesentlich, erschwerte es, ihrem Stande eine einflußreiche soziale Stellung zu schaffen und ließ den notwendigen finanziellen Rückhalt für die Bestrebungen des Bücherrevisorenstandes fehlen.

Die wesentliche Ursache der Erfolge der Chartered Accountants lag darin, daß die großen englischen Bücherrevisorenverbände alle die Personen, die durch Vorbildung, Kenntnisse und Erfahrungen einen einheitlichen Stand bildeten, in sich vereinigten; wer den hohen Anforderungen an Wissen und Können im Berufe nicht genügen konnte, blieb ausgeschlossen. Der Zentralverband der Accountants, zugunsten dessen die Königliche Charter erwirkt wurde, konstituierte sich nur aus solchen Verbänden, deren Mitglieder bereits nach diesen strengen Grundsätzen ausgewählt waren, um von vornherein jede Schädigung des Ansehens des Verbandes durch nicht genügend befähigte Mitglieder zu verhindern.

Einen Bücherrevisorenverband, der diesen Anforderungen genügen könnte, besitzt aber Deutschland heute noch nicht. Der Verband Deutscher Bücherrevisoren, welcher seiner Mitgliederzahl und Rührigkeit nach als der bedeutendste zu bezeichnen ist, vereinigt in sich zwar nur beeidigte Bücherrevisoren; aber auch diese bilden, nachdem die Vereidigung lange Zeit nicht von dem Nachweis einer bestimmten fachlichen Qualifikation abhängig gemacht war und zum Teil es heute noch nicht ist, keinesfalls einen einheitlich vorgebildeten, gleichgearteten Stand. Solange aber eine derartige Organisation nicht durchaus aus kongruenten Elementen besteht, fehlt jede Aussicht auf Erfolg, da die Öffentlichkeit in der Zugehörigkeit zum Verbande keinesfalls die Gewähr für besondere fachliche Eignung erblicken wird. Der Bücherrevisorenstand im ganzen aber zerfällt in eine Anzahl von ungleichartigen Gruppen, die je nach ihrer Vorbildung und sozialen Lage abweichende Ziele verfolgen und statt den gemeinsamen Interessen zu dienen, Absonderungsbestrebungen in jeder Hinsicht zeigen.

So fehlen, im ganzen betrachtet, auch heute noch die wesentlichen Voraussetzungen, innere Geschlossenheit und bedeutsame Stellung im Wirtschaftsleben in dem Ausmaße, wie sie die englischen Bücherrevisoren besitzen, um den Weg der Selbsthilfe durch Schaffung einer Organisation nach dem Muster der englischen Chartered Accountants als erfolgversprechend erscheinen zu lassen.

Daß hingegen in absehbarer Zeit auch bei uns das englische System erfolgreich würde sein können, dürfte keinem Zweifel unterliegen; denn es zeigen sich bereits die Ansätze zu einer günstigeren Entwicklung im Bücherrevisorenstand. Der junge Nachwuchs der letzten Jahre läßt erkennen, daß sich in steigendem Maße Leute mit akademischem Bildungsgang und entsprechenden wissenschaftlichen Fachprüfungen dem Bücherrevisorenberuf zuwenden. Der Verband der Deutschen Bücherrevisoren ist gleichfalls auf dem besten Wege, durch seine Bestrebungen, die auf eine in allen Handelskammerbezirken nach gleichen Richtlinien durchzuführende Fachprüfung vor Vornahme der Beeidigung von Bücherrevisoren hinzielen, es dahin zu bringen, daß allmählich nur solche Personen zu seinen Mitgliedern zählen, die eine bestimmte fachliche und persönliche Eignung aufweisen. Auch die wirtschaftliche Lage der Verbandsmitglieder wird bis dahin wohl eine bessere sein, da einerseits die Nachfrage bei fortschreitender wirtschaftlicher Entwicklung sich erhöhen wird, insbesondere, da die Mitwirkung am Wiederaufbau der deutschen Wirtschaft viel Arbeitsgelegenheit schafft, andererseits viele ungeeignete Revisionsorgane, Einzelrevisoren und Treuhandgesellschaften, welche die besonderen Wirtschaftsverhältnisse der letzten Vergangenheit hervorgebracht hatten, verschwinden werden, wie der Augenschein lehrt. Dann stünde wohl dem Zusammenschluß aller tüchtigen und für ihren Beruf mit der entsprechenden Vorbildung versehenen Bücherrevisoren nichts mehr im Wege und es könnte sodann ohne weiteres der gleiche Weg eingeschlagen werden, den die englischen Verbände mit so großem Erfolg beschritten haben.

Diese Lösung würde sicher als die günstigste zu betrachten sein. Ein durch eigene Kraft, ohne nennenswerte Mithilfe des Staates[143]) erzielter Erfolg würde zweifellos das Standesbewußtsein und den Gemeinsinn der Bücherrevisoren außerordentlich fördern.

Was aber dem entgegensteht, ist der Umstand, daß das erstrebte Ziel auf diesem Wege erst nach einer Reihe von Jahren erreicht sein wird. Zunächst wird es noch lange Zeit dauern, bis ein solcher Zusammenschluß wird eingeleitet werden können. Dann aber sind weiterhin noch mehrere Jahre erforderlich, um dem Verband das notwendige Ansehen in der breiten Öffentlichkeit zu verschaffen[144]). Wie wenig gegenwärtig in Deutschland noch mit der Selbsthilfe zu erreichen ist, zeigt das Beispiel des Verbandes der Buchsachverständigen, dessen Mitglieder sich vor der Aufnahme einer Fachprüfung unterwerfen müssen[145]), der sich aber bis heute trotzdem noch keiner besonderen Bedeutung erfreuen kann.

Gerade aber die Gegenwart und allernächste Zukunft bringen dem Revisionswesen außerordentlich wichtige volkswirtschaftliche Aufgaben, wie sie anläßlich des Wiederaufbaues des deutschen Wirtschaftslebens erforder-

[143]) Es könnte vielleicht notwendig erscheinen, daß der Staat, ähnlich wie in England, durch ein Gesetz den Mitgliedern dieses Verbandes eine besonders geschützte Berufsbezeichnung zugesteht. Aber wir glauben, daß sich allein schon eine zusätzliche Bezeichnung, welche die Mitgliedschaft zu erkennen gibt (ähnl. dem Zusatz C. A. in England), als ausreichend und zweckentsprechend erweisen würde. Gegen Mißbrauch könnten die Verbandsmitglieder auf Grund des Gesetzes gegen den unlauteren Wettbewerb ihre Interessen auf dem Wege der Privatklage (§ 374 RStPO.) wahren; zivilrechtlich kämen die §§ 823, 826 BGB. in Frage.

[144]) Es dauerte auch in Schottland, wo sich die ersten **Accountants** Verbände bildeten, längere Zeit, bis der Titel des Chartered Accountant allgemeine Anerkennung fand. (Vgl. Schmidt, S. 49.)

[145]) Ob die Anforderungen, die hier gestellt werden, entsprechend große sind, entzieht sich unserer Kenntnis.

lich werden. Wir haben diese bereits des näheren auseinandergesetzt, als wir die volkswirtschaftliche Bedeutung des Treuhandwesens[146]) behandelten und auf deren große Bedeutung für das Wohl der deutschen Volkswirtschaft verwiesen. Das Fehlen jeder Regelung aber bewirkt in Anbetracht der dadurch verursachten Mißstände im Treuhandwesen, daß durchaus nicht allen Anforderungen, die gestellt werden müssen, wird entsprochen werden können. Denn der Interessent steht heute den unbekannten Revisionsorganen nicht ohne ein gewisses Mißtrauen gegenüber. Allein nur unbedingtes Vertrauen seitens des Wirtschaftslebens setzt das Treuhandwesen in den Stand, seine Aufgaben voll und ganz zu erfüllen.

Eine besonders wichtige Aufgabe der kommenden Zeit wird sein, den Kreditverkehr im weitesten Sinne wieder in normalen Gang zu bringen. Das Treuhandwesen ist berufen, das fehlende Vertrauen zum Kreditnehmer, daß er in der Lage sein werde, seinen Verbindlichkeiten zu genügen, durch die erhöhte Sicherheit schaffende Revisionstätigkeit wieder herzustellen. In die Beziehungen zwischen dem, der Geld ausleihen will und dem, der solches braucht, zwischen Schuldner und Gläubiger, Aktionär und Gesellschaft, tritt eine Mittelsperson, die Revisionsinstanz. An Stelle des Vertrauens zum Kreditnehmer muß das Vertrauen zum Revisionsorgan treten, daß es seine Aufgabe, das Leihkapital durch seine Überwachungsfunktion vor Minderung zu bewahren, zu erfüllen in der Lage sei. Wie schädlich sich hier ein aufkeimendes Mißtrauen auswirken muß, liegt auf der Hand; es würde die Erfüllung einer derartigen, volkswirtschaftlich wichtigen Funktion unmöglich machen.

Daß im allgemeinen seitens des Publikums den bekannteren der großen alten Treuhandgesellschaften das erforderliche Vertrauen entgegengebracht wird, kann nicht bezweifelt werden. Ebenso besitzen die Banken zu ihren Treuhandgesellschaften, deren Personal ja unter ihrer eigenen Kontrolle nach strengen Richtlinien ausgewählt wird, unbedingtes Vertrauen. Allein wie wenig bedeutet dies im Hinblick auf den umfangreichen Bedarf der Allgemeinheit an Revisionskräften!

Besondere Bedeutung muß aber auch dem Umstand beigemessen werden, daß der ausländische Kredit, die ausländische Beteiligung in Ermangelung ausreichenden deutschen Kapitals in der kommenden Zeit die wesentliche Rolle spielen wird. Der ausländische Kapitalist, vor allem der Engländer und Amerikaner, wird, soferne er nicht zufällig über die Leistungsfähigkeit unserer großen Treuhandgesellschaften unterrichtet ist, vergeblich nach einem Revisionsorgan suchen, zu dem er das gleiche Vertrauen besitzen kann, wie zum englischen Chartered Accountant oder zum amerikanischen Certified Public Accountant. Es fehlt ihm als Fremden jede Möglichkeit den guten Revisor vom Pfuscher zu unterscheiden. Das ist ein Punkt, der bei Kreditgewährung durch das Ausland eine wesentliche Rolle spielt; denn der Angelsachse betrachtet es als selbstverständlich, daß kein derartiges Geschäft ohne Revisionen durchgeführt wird. Hierauf verweist insbesondere der dem Vorstand des deutschen Bank- und Bankiergewerbes angehörende, in enger Verbindung mit den Kapitalistenkreisen Englands und der Vereinigten Staaten stehende Hamburger Bankier Max M. Warburg, indem er sich für eine sofortige Einleitung der zu einer Regelung des Treuhandwesens notwendigen Schritte einsetzt. So kommt es, daß Engländer und

---

[146]) Vgl. Seite 40ff.

Amerikaner, welche Kredite an die deutsche Wirtschaft geben wollen, darangehen, sich in Deutschland eigene Revisionsinstitute zu gründen[147]), da das Fehlen jeder Regelung im deutschen Revisionswesen ihnen den Eindruck vermitteln muß, daß dasselbe gegenüber demjenigen in ihrem Mutterlande rückständig und für ihre Zwecke unbrauchbar sei. Die Tätigkeit ausländischer Revisionsinstitute hat aber eine sehr bedenkliche Seite für die deutsche Volkswirtschaft, welche darin zu suchen ist, daß auf diese Weise der Wirtschaftsspionage des Auslandes Tür und Tor geöffnet ist.

Aber auch der deutsche Gesetzgeber begegnet heute schon der Schwierigkeit, dem Revisionswesen bestimmte Aufgaben zuweisen zu müssen, ohne eine Handhabe zu besitzen, nur den wirklich Geeigneten das betreffende Amt zugänglich zu machen. Zunächst ist hier der mehrfach erwähnte[148]) Plan zu nennen, die Steuerrevisionen für die Folge nicht mehr durch staatliche Organe, sondern durch private Revisionsstellen ausführen zu lassen[149]). Hier ist es notwendig, sich nur ganz zuverlässiger und sachkundiger Instanzen zu bedienen, da die Korruptionsgefahr ohne Zweifel bei Durchführung derartiger Arbeiten sehr groß ist. Weiterhin ist zu erwarten, daß der Vergleich zur Abwendung des Konkurses[150]), für welchen vorgesehen ist, daß der Schuldner seinem Antrage auf Eröffnung des Verfahrens die Zustimmung einer qualifizierten Mehrheit der Gläubiger beifügen muß, dazu führen wird, daß sich eine große Anzahl von Personen mit dem Zustandekommen solcher Vergleiche befassen wird. Da gerade die Erscheinungen der letzten Zeit gezeigt haben[151]), daß in solchen Angelegenheiten besonders leicht unlautere Machenschaften vorkommen, wird erwogen, diese Tätigkeit konzessionspflichtig zu machen, indem hierzu die Erlaubnis der Gewerbepolizei notwendig sein solle. Von diesem Konzessionszwang sollen Rechtsanwälte und beeidigte Bücherrevisoren ausgenommen sein, sowie solche Treuhandgesellschaften, die als vertrauenswürdig auf Grund behördlicher Begutachtung angesehen werden. Auch hier besteht also die Schwierigkeit darin, daß die Ausnahmevorschriften nur auf einen kleinen Kreis von Revisionsstellen ausgedehnt werden können, da alle zuverlässigen und geeigneten Kräfte in keiner Weise einheitlich bestimmbar sind.

So duldet das Problem einer Regelung des deutschen Treuhandwesens keinen längeren Aufschub mehr, soll nicht die ganze Volkswirtschaft Schaden leiden. Aus diesem Grunde erscheint es uns unmöglich, noch Jahre zuzuwarten, bis das Revisionswesen in der Lage sein wird, auf dem Wege der Selbsthilfe das vorgesetzte Ziel zu erreichen. Da aber das englische System der Chartered Accountants, wie wir oben darzulegen versuchten, zurzeit in Deutschland wohl nicht erfolgreich sein könnte, dürfte seine Anwendung damit aus dem Bereich der Möglichkeit ausscheiden.

Erstrebt man daher eine baldige Regelung des Treuhandwesens — und das ist in Anbetracht der vorliegenden Aufgaben erforderlich —, so wird

---

147) Vgl. auch Sponheimer a. a. O. Seite 7.

148) Vgl. Seite 18, 46.

149) Diese Maßnahme würde für die Finanzbehörden den Vorteil haben, daß sie gewandte und erfahrene Revisionskräfte in umfangreicherem Maße, als dies bisher der Fall war, zur Verfügung gestellt bekommen. Den von den Steuerbehörden mit Revisionen beauftragten Stellen wird es aber wohl außerordentlich erschwert sein, noch private Revisionstätigkeit auszuüben, da sich der Kaufmann scheuen wird, sie mit der notwendigen Offenheit in alle Einzelheiten einzuweihen, in der Befürchtung, es würde dies vielleicht für steuerliche Zwecke ausgenützt werden.

150) Vgl. Seite 33.

151) Vgl. Seite 103.

auf ein Eingreifen von Staates wegen nicht verzichtet werden können. Einem staatlichen Einschreiten hat insbesondere Gerstner[152]) das Wort geredet. Er verlangt, daß diejenigen Bücherrevisoren, die noch nicht beeidigt sind, nur mit Zustimmung der Handelskammer ihr Gewerbe ausüben dürfen. Die Auswahl, wer diese Erlaubnis erhalten solle, könne (nach Gerstner), ohne daß eine besondere Fachprüfung abzulegen wäre, durch Prüfung der Vorkenntnisse, der praktischen Erfahrung und des Leumundes erfolgen. Allen anderen Personen sei die Bezeichnung „Bücherrevisor" zu versagen.

Das System der Konzession in der von Gerstner vorgeschlagenen Form würde wohl nur dahin führen können, daß übelbeleumdete Personen als Bücherrevisoren nicht mehr tätig sein können. Eine Hebung des Standes kann aber nicht erwartet werden, da die Auswahl sehr willkürlich würde erfolgen können; dabei werden in großen Handelskammerbezirken sich Mißgriffe gar nicht vermeiden lassen.

Der Vorschlag, die Betätigung als Bücherrevisor von einer Konzession abhängig zu machen, hat gerade in den Kreisen der beeidigten Bücherrevisoren viel Anklang gefunden. So ist im Jahre 1924 vom Verband Deutscher Bücherrevisoren ein dementsprechender Gesetzentwurf ausgearbeitet worden, den wir als Anlage D beifügen. Er verlangt im wesentlichen, daß nur öffentlich angestellte und beeidigte Bücherrevisoren sich den Titel „Bücherrevisor" beilegen dürfen (ausgenommen die staatlich geprüften Diplom-Bücherrevisoren). Die Beeidigung ist abhängig von dem Bestehen einer Prüfung, die an der zuständigen Handelskammer unter Nachweis einer längeren Praxis abgelegt werden muß. Die Zulassung kann in erster Linie versagt werden, wenn ein Bedürfnis nach öffentlicher Bestallung und Vereidigung nicht vorliegt, daneben noch, wenn in der Person des Bewerbers Hinderungsgründe liegen. Die bisher bereits beeidigten Bücherrevisoren werden ohne weiteres übernommen, auch wenn sie ihre Fachkenntnisse früher durch keinerlei Prüfung nachgewiesen haben.

Der Gesetzentwurf stellt nun ganz offenbar eine verfehlte Maßregel dar. Er baut auf dem alten, wenig bewährten System der Vereidigung durch Handelskammern weiter und erschwert lediglich den Zustrom neuer Kräfte. Ein Vorteil würde zweifellos erreicht werden, nämlich daß allmählich die beeidigten Bücherrevisoren eine bestimmte Mindestqualität aufweisen müßten. Allein eine allgemeine Hebung des Bücherrevisorenstandes zu größtmöglicher Leistungsfähigkeit wird damit keinesfalls erreicht werden können. Man will im Gegenteil ganz offenbar lediglich den beeidigten Bücherrevisoren ein Privileg schaffen, daß sie allein den Titel „Bücherrevisor" führen dürfen. Das Zuströmen neuer Kräfte ist aber außerordentlich erschwert, weil eine Zulassung zur Prüfung nur erfolgt, wenn ein Bedürfnis nach neuen Bestallungen vorliegt. Die bereits beeidigten Revisoren hingegen behalten ohne weiteres ihren Titel, ohne daß für sie irgend ein Nachweis bezüglich der beruflichen Kenntnisse notwendig würde. Dadurch würden sie aber eine durch nichts gerechtfertigte Bevorzugung gegenüber jüngeren, aufstrebenden Kräften, die sich nicht mehr Bücherrevisoren heißen dürften, erfahren.

Der Gesetzentwurf weist demnach deutlich eine Abschließungstendenz auf, mit dem Bestreben, den beeidigten Bücherrevisoren ein Privileg zu verschaffen. Das wird aber keinen Fortschritt dahin bedeuten können, daß die Interessen der Allgemeinheit irgendeine Förderung erfahren.

[152]) „Der Bücherrevisor beim Aufbau der Friedenswirtschaft."

Der Gesetzentwurf ist in der Zwischenzeit wieder zurückgezogen worden und es besteht daher kein Anlaß, sich eingehender mit ihm zu befassen. Ende des Jahres 1925 ist nun neuerdings ein ganz ähnlicher Entwurf ausgearbeitet worden, der sich nicht nur mit den Bücherrevisoren, sondern auch mit den Treuhandgesellschaften befaßt. Der Wortlaut dieses Gesetzentwurfes ist als Anlage E beigefügt. Ob an diesem Wortlaut auf Grund der Verhandlungen zwischen dem Verband Deutscher Bücherrevisoren und dem Verband Deutscher Treuhand- und Revisionsgesellschaften (dem die größeren, bankmäßig orientierten Treuhandgesellschaften nicht angehören[153])) nicht noch das eine oder andere wird geändert werden, steht bei Niederschrift der vorliegenden Abhandlung noch nicht mit Bestimmtheit fest[154]). Auf Einzelheiten sei daher hier nicht allzu sehr eingegangen. Wohl

[153]) Vgl. Seite 82.

[154]) Während der Drucklegung veröffentlicht die „Arbeitsgemeinschaft zur Förderung des Revisions- und Treuhandwesens" (Verband Deutscher Bücherrevisoren — Verband Deutscher Treuhand- und Revisionsgesellschaften) den endgültigen Wortlaut des Gesetzentwurfes. Die gegenüber dem ersten Entwurf (siehe Anlage E) getroffenen Änderungen sind im wesentlichen nur bezüglich der Fassung der §§ 2 (Leitung von Revisions- und Treuhandgesellschaften) und 23 (Übergangsbestimmungen) von Bedeutung:

§ 2

Wird diese Tätigkeit von einer Revisions- und Treuhandgesellschaft ausgeübt, so muß deren Leitung wenigstens eine Person angehören, die in die Liste gemäß § 1 Abs. 1 eingetragen ist. Für Bescheinigungen, Revisionsberichte und dergl. ist die Unterschrift dieser eingetragenen Person erforderlich.

Sind außer einem „beeidigten Bücherrevisor und Treuhänder" andere Personen in der Leitung einer Revisions- und Treuhandgesellschaft tätig, so müssen sie hinsichtlich der Vorbildung mindestens den Anforderungen des § 9 dieses Gesetzes entsprechen.

§ 23.

Wer zur Zeit des Inkrafttretens dieses Gesetzes als Bücherrevisor von einer Handelskammer öffentlich bestellt und beeidigt oder von einem Gerichte als Sachverständiger für das Gebiet des Revisions- und Treuhandwesens allgemein vereidigt ist bzw. wer zur selben Zeit Mitinhaber, Geschäftsführer oder Vorstand einer in das Handelsregister seit einem Jahre vor Inkrafttreten dieses Gesetzes eingetragenen Treuhandgesellschaft ist, soll in die Liste der „beeidigten Bücherrevisoren und Treuhänder" eingetragen werden.

Vor der Eintragung ist das Gutachten einer Kommission, die sich zusammensetzt aus einem Vertreter des Deutschen Industrie- und Handelstages als Vorsitzendem und je dem Vorsitzenden und einem weiteren Vertreter des Verbandes Deutscher Bücherrevisoren e. V. Berlin und des Verbandes Deutscher Treuhand- und Revisionsgesellschaften e. V. Berlin, als Beisitzern, einzuholen. Anträge auf Eintragung sind an diese Kommission zu richten. Die Kommission ist gehalten, die Stellungnahme der zuständigen Industrie- und Handelskammer, in deren Bezirk die betreffende Person den Wohnsitz hat, einzuholen. Gegen die Entscheidung dieser Kommission gibt es keinen Einspruch. Die Kommission kann ihrerseits Unterkommissionen für die Länder bilden, falls sie dies für erforderlich hält.

Ausnahmsweise können auch solche Personen, die mindestens eine fünfjährige Tätigkeit als Bücherrevisor unbeeidigt ausüben und den praktischen und theoretischen Voraussetzungen, die dieses Gesetz aufstellt, entsprechen, in die Liste der „beeidigten Bücherrevisoren und Treuhänder" eingetragen werden. Vor Eintragung ist die im Absatz 2 genannte Kommission zu hören.

Wer zur Zeit des Inkrafttretens dieses Gesetzes ein Mindestalter von 25 Jahren besitzt und den Erfordernissen des § 6 Abs. 1 Ziffer 1 und 2 und Abs. 2 entspricht und seit drei Jahren bei einem beeidigten Bücherrevisor oder bei einer Revisions- und Treuhandgesellschaft ununterbrochen tätig gewesen ist, kann auf Antrag in die Liste der Assistenten eingetragen werden. Vor Eintragung ist die im Abs. 2 genannte Kommission zu hören. Dem Antrag ist ein Zeugnis über guten Ruf und praktische Befähigung beizufügen.

aber können wir uns mit der grundsätzlichen Einstellung des Gesetzentwurfes des Näheren befassen.

Es soll ein auf das stärkste ausgeprägtes Konzessionssystem für die Betätigung im Treuhandwesen eingeführt werden. Man geht soweit wie überhaupt möglich, indem nämlich allen Personen, welche die Zulassung durch eine Handelskammer auf Grund der Vorschriften dieses geplanten Gesetzes nicht erhalten haben, die Betätigung im Treuhandwesen überhaupt verboten werden soll. Es ist daher selbstverständlich, daß auch die Leitung einer Treuhandgesellschaft von der Erteilung der Konzession abhängig gemacht werden muß; denn würden sich die Maßregeln nur auf die Betätigung als Bücherrevisor erstrecken, so wäre die Folge, daß alle vom Bücherrevisorenberuf ausgeschlossenen Personen versuchen würden, ihre Tätigkeit im Rahmen einer „Treuhandgesellschaft" auszuüben und deshalb in großem Umfange die Gründung von nicht einwandfreien Firmen versucht würde.

Das Konzessionierungssystem, wie es vorgesehen ist, will erreichen, daß sich niemand im Treuhand- und Revisionswesen betätigen soll, dessen Eignung für diesen Beruf nicht vorher in jeder Hinsicht einer Nachprüfung unterzogen worden ist. Damit erstrebt man eine wesentliche Verringerung der im Treuhandwesen tätigen Personen bzw. Organe. Denn das Gewerbe darf nur der ausüben, welcher den Befähigungsnachweis erbracht hat und in die Liste der Bücherrevisoren und Treuhänder eingetragen ist; diesem allein steht es zu, sich als „Bücherrevisor" oder „Treuhänder" zu bezeichnen. Es sind also die Merkmale gegeben, welche für die Gewerbeausübung unter der Herrschaft der Zünfte wesentlich waren[155]). Das Streben der Zünfte ging in der Verfallzeit vor allem dahin, die Konkurrenz weitmöglichst einzuschränken und das Privileg zur Beherrschung des Marktes zu benützen. Ein durchaus gleiches Motiv liegt offenbar letzten Endes hier vor.

In vielen Einzelheiten hat sich der vorliegende Gesetzentwurf an englische Vorbilder gehalten. Neben der Ablegung einer Fachprüfung und der damit verbundenen Verleihung eines Titels, was den Grundsätzen des Institutes der Chartered Accountants gleichkommt, sind es auch zahlreiche andere Einrichtungen, welche dem englischen Revisionswesen entnommen scheinen. Wir nennen hier das Verbot einer gewerbsmäßigen Nebenbeschäftigung[156]), die Einrichtung der „Assistenten", welche in ihren Einzelheiten durchaus den Vorschriften über den „service under articles as a Public Accountant Clerk" entspricht, wobei gleichfalls Erleichterungen für die Inhaber akademischer Grade oder Diplome vorgesehen sind, die Organisation des Ehrengerichtsverfahrens, endlich auch die Vorschrift über die Führung eines Dienstsiegels, das den Abzeichen der großen englischen Corporationen entspricht.

Auf englisches Vorbild deutet auch die Wahl des offiziellen Titels „Vereidigter Bücherrevisor und Treuhänder" hin[157]). Der Gedanke, dem Bücherrevisor die Berufsbezeichnung „Treuhänder" beizulegen, findet sich zuerst bei Gerstner[158]), welcher ausdrücklich auf das Vorbild des eng-

---

[155]) Sponheimer spricht im Hinblick auf frühere Vorgänge ebenfalls von „zünftlerischen Bestrebungen" (passim, besonders S. 45 u. 50).

[156]) Selbstverständlich entspricht ein derartiges Verbot auch durchaus der deutschen Verkehrsauffassung.

[157]) Der endgültige Entwurf hat die Bezeichnung „Beeidigter Bücherrevisor und Treuhänder" gewählt.

[158]) „Revisionstechnik" S. 72.

lischen „trustee" verweist. U. E. ist die Standesbezeichnung „Treuhänder" verfehlt; sie findet weder im englischen Vorbild eine Stütze, noch entspricht sie den tatsächlichen deutschen Verhältnissen.

Wir haben bereits dargetan[159]), daß die Bezeichnung „trustee" in England durchaus nicht etwa eine Standesbezeichnung ist. Trustee wird man mehr oder weniger zufällig; keineswegs ist dies die Bezeichnung eines „Berufes". Trustee kann in England jeder, der dazu bestellt wird, werden, natürlich auch der Accountant. Aber keinesfalls ist die Funktion als trustee ein wesentlicher Tätigkeitszweig der Accountants oder eine Funktion, die ihre Tätigkeit kennzeichnet. So bemerkt Hagens in einem in London unter direkter Beobachtung der tatsächlichen Verhältnisse geschriebenen Artikel[160]): „Sodann sind die Accountants Sicherheitspersonen im geschäftlichen Verkehr. Zwar werden sie in Testamenten oder Verträgen zu ‚trustees' nicht allzu häufig ernannt, aber regelmäßig werden Accountants von den Gläubigern als Konkursverwalter gewählt und von Judikatsgläubigern oder Hypothekengläubigern zu Zwangsverwaltern bestellt." Der Umstand, daß aus Zweckmäßigkeitsgründen für spezielle Fälle der Accountant gelegentlich eine treuhänderische Tätigkeit übertragen erhält, wird niemand veranlassen, sich die Standesbezeichnung „Accountant and trustee" beizulegen.

Auch der deutschen Überlieferung ist eine derartige Verbindung fremd. Im Laufe dieser Arbeit ist wiederholt darauf hingewiesen worden, daß bis 1902 das Revisionswesen seine eigene, vom Treuhandwesen unabhängige Entwicklung durchmachte. Auch die heutige enge Verknüpfung zwischen Treuhand- und Revisionswesen gestattet keinesfalls, die beiden Begriffe gleichzusetzen, wie wir uns in unseren Darlegungen auf Seite 24 nachzuweisen bemühten; auch die Rechtsprechung stellt immer wieder fest, daß nach der herrschenden Verkehrsauffassung keinesfalls jeder Bücherrevisor ein Treuhänder sei. Und schließlich befassen sich die meisten Bücherrevisoren in der Regel mit Treuhandgeschäften nicht; daß sie unter strengster Wahrung der Interessen des Auftraggebers ihre Tätigkeit ausüben, macht sie noch nicht zum Treuhänder, dessen Begriff sonst in keiner Weise mehr mit der rechtlichen Begriffsbestimmung im Einklang stehen würde.

Wie ist nun das im Gesetzentwurf vorgesehene Konzessionssystem, das den zugelassenen Bücherrevisoren das alleinige Recht zur Berufsausübung, sei es als Einzelrevisoren oder als Leiter von Treuhandgesellschaften einräumen will, zu beurteilen? Wir glauben, daß seine Befürworter, welche an diesem System nur Vorzüge sehen, schwerwiegende Nachteile einer derartigen Privilegierung außer acht lassen.

Durch eine Privilegierung würde der Gesetzgeber die Absicht kundgeben, ungeeignete Personen unter allen Umständen vom Treuhandwesen fernzuhalten[161]) und nur solche zuzulassen, von deren Fähigkeiten und

[159]) Vgl. Seite 7, 13.

[160]) „Organisation und Wirksamkeit der öffentlichen Bücherrevisoren und Rechnungsführer in England."

[161]) So schreibt in einer eben erschienenen offiziösen Broschüre des an der Textierung des Gesetzentwurfes beteiligten Verbandes Deutscher Treuhand- und Revisionsgesellschaften Dr. Ertel (S. 12): „Man wird daher ganz allgemein die Forderung aufstellen müssen, daß Personen, welche Treuhänder oder leitende Persönlichkeiten von Treuhandgesellschaften werden wollen, sich einer Prüfung unterwerfen . . . . Personen, welche diese Prüfung nicht ablegen können . . . , haben im Treuhandfach nichts zu suchen."

Eignung man sich behördlich überzeugt hat. Mit Recht würde daraus das Publikum schließen, der Staat übernehme nunmehr dafür Gewähr, daß jede zur Betätigung im Treuhandwesen behördlich zugelassene Person die erforderlichen Qualitäten aufweise und ungeeigneten Personen die Berufsausübung unmöglich gemacht sei; denn durch die Zulassung wird ja der Betreffende für Ausübung des Berufes von der Behörde selbst als geeignet erklärt.

Eine solche Garantie in bezug auf die fachlichen Qualitäten kann aber auch durch die Einführung eines Prüfungszwanges keinesfalls übernommen werden. Denn man hat mit der Tatsache zu rechnen, daß der geprüfte Bücherrevisor nicht einmal für einige Jahre, geschweige denn für immer mit den Kenntnissen, die er zur Zeit seiner Prüfung besaß, wird auskommen können. Wirtschafts- und Steuergesetzgebung werden noch lange einem schnellen Wechsel unterworfen sein; die betriebswirtschaftliche Forschung befindet sich noch im vollen Fluß; die Praxis schafft für den Revisor, für den Treuhänder unermüdlich neue, wichtige Probleme. Kurz, derjenige, welcher das geforderte Examen mit guten Kenntnissen bestanden hat, kann in einigen Jahren vielleicht schon mit den gleichen Kenntnissen kaum mehr den bescheidensten Anforderungen genügen.

Das sind nun freilich Einwendungen, die sich gegen jede derartige Prüfung geltend machen lassen. Der Umstand, daß der Jurist sein Staatsexamen mit gutem Erfolg bestand, bietet keine Gewähr, daß ihm späterhin nicht neu eingeführte Gesetze unbekannt sind; ebenso muß der Arzt sich ständig über neue Heilmethoden unterrichten. Aber man darf nicht übersehen, daß gerade die der Tätigkeit des Treuhandwesens die Grundlage gebenden wissenschaftlichen Disziplinen noch in einem Entwicklungsstadium sich befinden, wodurch innerhalb kurzer Zeit wesentliche Änderungen bedingt sein können und zwar in viel stärkerem Ausmaße als dies bei anderen Wissenschaften der Fall ist. Dann aber ist der Arzt, der Rechtsanwalt durch die freie Konkurrenz, der Beamte durch Überwachung durch Vorgesetzte und den Willen, befördert zu werden, gehalten, auf dem Laufenden zu bleiben.

Es steht zu befürchten, daß durch die Privilegierung der Antrieb des freien Wettbewerbes u. U. in Wegfall kommen würde. In der Prüfungskommission, wie sie der Gesetzentwurf vorsieht, besitzen den maßgebenden Einfluß die beeidigten Bücherrevisoren selbst. Diese werden, wie das bei allen derartigen Monopolstellungen früher oder später sich immer zeigt, das Bestreben haben, ihrem Berufe jede übermäßige Konkurrenz fernzuhalten; darauf deutet im besonderen Maße der erste Gesetzentwurf hin, welcher eine Zulassung von der Bedürfnisfrage abhängig machen wollte. Der beste Regulator des Angebotes im Treuhandwesen würde aber die Fachprüfung sein, auf deren Anforderungen die bereits vereidigten Bücherrevisoren naturgemäß den größten Einfluß besitzen werden. Da sich nun die persönlichen Leistungen derjenigen bereits zugelassenen Bücherrevisoren, welche infolge ihrer Tüchtigkeit besonders gesucht sind, nicht beliebig steigern lassen, wird zur Deckung des Bedarfes auch der weniger Tüchtige herangezogen werden müssen. Auf diese Weise wird für viele — sicher nicht für alle — vereidigte Bücherrevisoren der Antrieb fehlen, ihre berufliche Leistungsfähigkeit stets auf voller Höhe zu halten.

Ist schon aus diesen Gründen der Prüfungszwang nicht in der Lage, praktisch dafür Gewähr zu bieten, daß nur beruflich tüchtige Personen im Treuhandwesen tätig sind, so kommt noch hinzu, daß sich das Revisions-

und Treuhandfach überhaupt für theoretische Prüfungen wenig eignet. Die Bücherrevision ist eine eminent praktische Tätigkeit. Man kann in der Praxis täglich den Fall beobachten, daß Leute mit ausgezeichneten theoretischen Kenntnissen in den einschlägigen Gebieten auch nach jahrelanger praktischer Betätigung nicht imstande sind, selbständig mit vollem Erfolg zu arbeiten[162]). Würde aber die geplante Prüfung, die ja doch wie jede theoretisch sein muß, imstande sein, solche Personen ausfindig zu machen und sie für die praktische Berufsausübung als nicht geeignet zu erklären?

Für die sachliche Leistungsfähigkeit der zugelassenen Bücherrevisoren kann demnach auch durch Einführung des Prüfungszwanges eine staatliche Garantie nicht übernommen werden; das Publikum hingegen wird sich der bisherigen Notwendigkeit, selbst Auswahl zu treffen, enthoben glauben und dementsprechend dadurch manchen Schaden erleiden müssen.

Hierzu kommt ein weiterer Grund. Wir haben zu wiederholten Malen auf die hohen ethischen Aufgaben des Treuhandwesens hingewiesen; die Anforderungen, die in moralischer Beziehung an jeden im Treuhandwesen Tätigen gestellt werden, sind daher von ganz besonderer Bedeutung. Ein Gewissenloser, welcher das ihm geschenkte Vertrauen schnöde mißbraucht, kann hier das schlimmste Unheil stiften; in Anbetracht der hohen Werte, die meist auf dem Spiele stehen, ist der Anreiz zur Korruption im Treuhandwesen besonders groß. Allein keine Fachprüfung kann feststellen, ob ein Bewerber diesen Anforderungen an Charakterstärke gewachsen ist. Auch die Einrichtung des Ehrengerichtsverfahrens bietet gegen die Gefahr, daß moralisch Ungeeignete sich im Treuhandwesen betätigen, keinen wirksamen Schutz. Denn das Ehrengericht kann nur über erfolgte Verfehlungen, soweit sie zu seiner Kenntnis gekommen sind, urteilen, keinesfalls aber in wirksamer Weise die einzelnen Handlungen der ihm unterstellten Bücherrevisoren überwachen. In vielen Fällen beruht es nur auf einem Zufall, wenn solche Verfehlungen bei irgend einer Gelegenheit zur Aufdeckung kommen.

Wie nun, wenn ein vereidigter Bücherrevisor das ihm durch das Gesetz eingeräumte Privileg zu unehrlichen Handlungen benützt? Man würde auch hier nicht ohne Berechtigung geltend machen können, daß der Staat für den angerichteten Schaden verantwortlich sei; denn er zwinge ja durch das Gesetz die Öffentlichkeit, sich nur der von den Behörden zugelassenen Bücherrevisoren zu bedienen und das Publikum müsse sich daher darauf verlassen können, daß unredlichen Personen durch die Behörden die Berufsausübung unmöglich gemacht sei.

Auch den Interessen des Treuhandwesens selbst ist mit der Einführung des Prüfungszwanges und Schaffung des Privilegs wenig gedient. Denn die beabsichtigte Hebung der Vorbildung des Revisorenstandes läßt sich auf andere Weise gleichfalls herbeiführen[163]). Es ist wiederholt darauf hingewiesen worden, daß die Auswahl des Revisionspersonals bei den größeren Treuhandgesellschaften mit einer außerordentlichen Sorgfalt

---

[162]) Gleicherweise aus praktischer Erfahrung heraus urteilt Sponheimer (a. a. O. S. 118): „Andererseits liegen aber die Verhältnisse im Revisorenberufe so, daß durch die Ablegung der Diplomprüfung [gemeint ist diejenige an den Handelshochschulen] die Eignung für die praktische Ausübung des Berufes gar nicht nachgewiesen werden kann. Die Fälle sind tatsächlich sogar recht häufig, daß ganz gescheite Leute in der Praxis vollständig versagen. Man denke auch daran, daß Revisoren Ermittlungen ausführen sollen und aus Mangel an praktischem Verständnis für die Dinge von jedem gerissenen Buchhalter aufs Eis geführt werden können."

[163]) Vgl. Seite 160.

erfolgt. Nicht allein die Eignung der Bewerber hinsichtlich des fachlichen Könnens, sondern insbesondere diejenige in moralischer Hinsicht unterliegt einer solch sorgfältigen Prüfung, daß diese in ihrer praktischen Wirksamkeit kaum zu übertreffen sein wird. Vor ihrer endgültigen Einstellung werden die bei Treuhandgesellschaften tätigen Personen auf ihre Fähigkeit, praktisch einwandfreie Arbeit zu leisten, in durchaus zuverlässiger Weise geprüft. Während nun aber beim „vereidigten Bücherrevisor und Treuhänder" mit der Ablegung des Befähigungsnachweises die Nachprüfung seiner Fähigkeiten praktisch ein Ende finden müßte, wird der Treuhandbeamte durch seine übergeordneten Stellen auch weiter daraufhin überwacht, daß sein Wissen und Können nicht rückständig wird. Noch wichtiger erscheint es aber, daß eine ständige Überwachung aller Berufshandlungen nach der moralischen Seite hin möglich ist[164]).

So wird man feststellen müssen, daß die Vorschriften des Gesetzentwurfes gerade für die im Treuhandwesen maßgebenden Institute, die Bank-Treuhandgesellschaften, im wesentlichen überflüssig sind, weil bei diesen eine viel sorgfältigere Auswahl des Personals erfolgt, als es jemals bei der vorgesehenen Fachprüfung möglich wäre. Aber die Vorschrift, daß nur behördlich geprüfte und konzessionierte Bücherrevisoren selbständig im Treuhandwesen tätig sein dürfen, würde für die Treuhandgesellschaften direkt schädlich sein. Zunächst wird die sorgfältige Auswahl des Personals vielleicht bei vielen Gesellschaften nachlassen. Denn vielfach wird die Gesellschaftsleitung geneigt sein anzunehmen, es sei der erforderlichen Sorgfalt in der Auswahl des Personals bereits dadurch vollkommen Genüge geleistet, daß lediglich solche Kräfte eingestellt werden, denen die Behörden durch Zuerkennung des offiziellen Titels die Ausübung der Revisions- und Treuhandtätigkeit gestattet haben. Noch bedenklicher aber erscheint die Maßregel, daß die Treuhandgesellschaften gezwungen sind, nur solche Personen als Geschäftsleiter zu bestellen, welche die Fachprüfung[165]) bestanden haben. Vielleicht mag dies den Bedürfnissen kleiner Treuhandgesellschaften entsprechen, wo der Direktor selbst Revisionen vornehmen muß. Die Leitung einer großen Treuhandgesellschaft verlangt nicht so sehr die Fähigkeit, alle technischen Einzelheiten einer Bücherrevision usw. so zu beherrschen, daß man hierüber eine Prüfung abzulegen imstande ist. Die Arbeitsteilung innerhalb der Treuhandgesellschaft läßt die Auswertung solcher rein revisionstechnischer Kenntnisse beim Vorstand durchaus zurücktreten gegenüber der Notwendigkeit, umfassende Kenntnisse in wirtschaftlichen Fragen und kaufmännische Fähigkeiten und Erfahrungen zu besitzen.

Diese vollkommene Verkennung der Notwendigkeit eingehender Arbeitsteilung im Treuhandwesen, wie sie aus dem Gesetzentwurf spricht, ist es, welche die heutige hohe Leistungsfähigkeit der Treuhandgesellschaften gefährden müßte. Wie wir zeigten, liegt ein wesentlicher Vorteil der Treuhandgesellschaften im engen Zusammenarbeiten von Fachkräften verschiedener Gebiete. Gerade in der Direktion ist diese Zusammenarbeit von

---

164) Vgl. Seite 91.

165) Bei der endgültigen Feststellung des Wortlauts des Gesetzentwurfes hat man offenbar die Gefahren dieser Vorschrift eingesehen. Die neue Fassung des § 2 verlangt lediglich, daß der Leitung einer Revisions- und Treuhandgesellschaft wenigstens eine Person angehören müsse, die in die Liste der beeidigten Bücherrevisoren und Treuhänder eingetragen ist. Daneben dürfen aber nur solche Personen die Leitung einer Treuhandgesellschaft übernehmen, welche eine staatliche oder akademische Fachprüfung auf dem Gebiete der Betriebswirtschaftslehre, Volkswirtschaftslehre oder Jurisprudenz bestanden haben.

besonderer Bedeutung und ermöglicht erst die vollkommene Arbeitsvereinigung durch die restlose Verarbeitung aller im Geschäftsbereich der Treuhandgesellschaft gesammelten Erfahrungen. Eine solche Arbeitsteilung würde aber nach Durchführung des Gesetzentwurfes unmöglich werden, da die Vorstandsmitglieder in die Liste der vereidigten Bücherrevisoren und Treuhänder eingetragen sein müssen. Ein Jurist, der sich auf Grund seiner praktischen Erfahrungen und wirtschaftlichen Kenntnisse durchaus zum Leiter einer Treuhandgesellschaft eignen würde, wird trotzdem nicht in der Lage sein, die geforderte Fachprüfung bestehen zu können, da er unmöglich auch gleichzeitig noch auf dem Gebiete der Revisionstechnik Fachmann sein kann; das gleiche gilt natürlich von allen anderen Spezialkräften, Steuerfachleuten, Volkswirten, Kaufleuten, Ingenieuren usw., die praktisch auf diese Weise von leitenden Stellungen bei Treuhandgesellschaften ausgeschlossen werden. Denn die Gebiete, auf denen die Organe des Treuhandwesens heute tätig werden, sind viel zu umfangreich, als daß der Einzelne sie sämtlich fachmännisch beherrschen könnte. Dementsprechend wird man bei der Fachprüfung den Nachdruck auf das Gebiet legen, in welchem die Mehrzahl der Bewerber selbständig tätig werden will, auf das Revisionsfach. Die Revisionstechnik wird nur der spezielle Revisionsfachmann in der zur Ablegung der Prüfung notwendigen Weise beherrschen können, nicht aber auch der Fachmann auf einem anderen Spezialgebiete des Treuhandwesens, auch nicht insbesondere der vielseitig erfahrene Kaufmann, dessen Rat und Hilfe doch gerade dem Wirtschaftenden besonders wertvoll ist. Dadurch würden dem Treuhandwesen besonders wertvolle Kräfte für immer entzogen. Den Treuhandgesellschaften würde es unmöglich gemacht sein, sich der Mitarbeit von Spezialkräften, soweit es sich nicht um Revisionsfachleute handelt, zu versichern. In gleicher Weise würde dem Treuhandwesen überhaupt die Möglichkeit genommen werden, sich allgemein die Vorteile der Arbeitsteilung zu eigen zu machen und jene wertvollen Anregungen zu nützen, die gerade aus der praktischen Mitarbeit von praktisch und wissenschaftlich geschulten Personen aus anderen Berufszweigen im Treuhandwesen entspringen.

Eine der vornehmsten Aufgaben des Treuhandwesens, der Beratung der Wirtschaft zu dienen, müßte vollkommen zurücktreten hinter der Tätigkeit als Kontrollorgan. Zusammenfassend wird also zu sagen sein, daß die Einführung eines gesetzlichen Konzessionszwangs und Schaffung des Privileges zur alleinigen Berufsausübung für die nach Ablegung der Prüfung zugelassenen Personen nicht den Interessen der Allgemeinheit entspricht. In der Ablegung der vorgeschriebenen Prüfung kann eine wirksame Gewähr für die berufliche und moralische Eignung der zur Berufsausübung zugelassenen Personen nicht erblickt werden, so daß die Berechtigung entfällt, es dem Wirtschaftsleben unmöglich zu machen, sich auch anderer Organe zu bedienen. Vor allem aber ist zu befürchten, daß die gesunde Vorwärtsentwicklung des Treuhandwesens dadurch Schaden leidet, daß die bewährte Arbeitsverbindung von Fachleuten verschiedener Sondergebiete unmöglich gemacht und der Übergang tüchtiger Persönlichkeiten aus anderen Berufen ausgeschlossen wird. Berücksichtigt man daneben noch den Umstand, daß auch der Zustrom junger Revisoren stark erschwert werden kann, so wird man befürchten, daß durch die Abschließungstendenzen die fachlichen Leistungen des Treuhandwesens am wirklichen Fortschreiten gehindert werden; denn es liegt die Gefahr nahe, daß ein derartiges Gesetz letzten Endes hauptsächlich nur dazu benützt werden würde, unerwünschte Konkurrenz den Privilegierten fernzuhalten[166]).

So ist anzunehmen, daß die Einführung eines beruflichen Monopols für die geprüften Bücherrevisoren dem Treuhandwesen sogar nachteilig sein wird. Am gefährlichsten erscheint es, daß man in gar keiner Weise auf die Sonderbedürfnisse und den besonderen volkswirtschaftlichen Charakter der Bank-Treuhandgesellschaften Rücksicht genommen hat; diese heute im deutschen Treuhandwesen bezüglich Leistungsfähigkeit an erster Stelle stehenden Institute würden durch Einführung eines derartigen Systemes, wie es der Gesetzentwurf vorsieht, in ihrer erfolgreichen Entwicklung nachhaltig gehemmt sein. Denn ihre Aufgaben liegen, wie wir darlegten, in besonderem Maße auch darin, dem deutschen Bankwesen in speziellen wirtschaftlichen Fragen ratend beizustehen. Der Zwang, nur solche Mitarbeiter in leitender Stellung zu beschäftigen, die in erster Linie die Revisionstechnik beherrschen, widerspricht den tatsächlichen Bedürfnissen und den allgemeinen Interessen der Volkswirtschaft.

Als wesentlichstes Argument dafür, daß nur denjenigen, die den Befähigungsnachweis erbracht haben, die Betätigung als Bücherrevisor erlaubt werden soll, führt man den Umstand an, daß die hohen Anforderungen, die das Wirtschaftsleben an das Revisionswesen stellt, verlangen, daß jeder, der in diesem Berufe tätig ist, eine hochwertige Ausbildung genossen hat. Es darf aber nicht übersehen werden, daß diese Anforderungen an die Leistungsfähigkeit weder gleichartig, noch überall gleich groß sind. So besitzen Handwerksbetriebe, kleine Gewerbetreibende, vor allem auch der Kleinhandel, infolge des Umstandes, daß der Geschäftsinhaber kaufmännische Vorbildung nicht genossen zu haben pflegt, starkes Bedürfnis nach Beratung in wirtschaftlichen Fragen und nach Revisionstätigkeit. Die hier zu erledigenden Arbeiten sind aber relativ sehr einfach und es hieße, um einen drastischen Ausdruck zu gebrauchen, mit Kanonen nach Spatzen schießen, wenn man hier einen auf besondere Leistungsfähigkeit geprüften Revisionsfachmann mit der Durchführung dieser Arbeiten beauftragen wollte. Eine solche hochwertige Kraft kann aber auch nicht bezahlt werden; denn die Kosten ihrer Tätigkeit würden in gar keinem Verhältnis zu den Einnahmen eines solchen Kleinbetriebes stehen. Man wird sich daher in diesen Kreisen keinesfalls die Benützung der teueren Fachleute aufoktroyieren lassen und sich wie bisher mit einfacheren Kräften begnügen.

Jedenfalls wird in der Praxis das Verbot, die Revisionstätigkeit auszuüben, ohne die Prüfung abgelegt zu haben und in die Liste eingetragen zu sein, wohl häufig umgangen werden. Denn es ist kaum zu überwachen, ob nicht ein „Privat-Buchhalter" trotzdem Revisionen ausführt, Kleinbetriebe in wirtschaftlichen Dingen berät und ähnliches. Es liegt nahe, zu vermuten, daß so das Pfuscherwesen noch viel schlimmere Formen annehmen wird, als es gegenwärtig der Fall ist.

So muß dieses übermäßig starke Eingreifen des Gesetzgebers, das auch hier — wie fast stets in wirtschaftlichen Dingen — mehr schaden, als nützen wird, abgelehnt werden. Die Mißstände, zu deren Beseitigung die Privilegierung eingeführt werden soll, sind ebenso eine Folgeerscheinung

---

[166]) Sponheimer berichtet (a. a. O. S. 109, 110), daß 1915 die Handelskammer Potsdam eine Prüfungsordnung für Bücherrevisoren eingeführt habe. Als erstes und erfreuliches Ergebnis dieser Einführung sei eine Verringerung der Zulassungen konstatiert worden.

der Kriegs- und Nachkriegsverhältnisse, wie wir sie heute allgemein, innerhalb und außerhalb des Wirtschaftslebens, finden. Der Reinigungsprozeß hat, wie im Wirtschaftsleben überhaupt, so auch im Treuhandwesen heute schon eingesetzt; so werden auch im Treuhandwesen bald wieder die schlimmsten Erscheinungen ausgemerzt sein.

Auch in England hatte, wie erwähnt, das Fehlen jeder Qualifizierung der als Bücherrevisoren tätigen Personen nach außen hin seinerzeit zu schädlichen Auswüchsen geführt. Aber man hat dort bewußt alles vermieden, was der Verleihung eines Monopoles an bestimmte Klassen von Bücherrevisoren gleichkommen könnte. Der Chartered Accountant besitzt keinerlei rechtliches Privileg außer dem Schutz der Bezeichnung „Chartered" — denn „Accountant" kann sich jeder nennen —, wohl aber hat ihm seine Tüchtigkeit allmählich eine wirtschaftliche Monopolstellung geschaffen, die die Mißstände von selbst beseitigte und die ungeeigneten Elemente vollkommen zurückdrängte.

Das Wirtschaftsleben hat selbst das größte Interesse daran, sich nur solcher Revisionsstellen zu bedienen, die in jeder Hinsicht als einwandfrei und brauchbar gelten können. So sehen wir, daß in England gleich nach Einführung des obligatorischen Audit über 90% aller Revisionen von Chartered Accountants ausgeführt werden[167]), somit das Publikum selbst auf die Ausmerzung von Schädlingen bedacht war, und durch sein Verhalten im besonderen Maße der Fernhaltung von ungeeigneten Persönlichkeiten diente.

Auch das deutsche Wirtschaftsleben wird sich ebenso zu verhalten wissen[168]).

Es stehen im übrigen genügend gesetzliche Mittel zur Verfügung (worüber unten noch einiges gesagt wird), um ohne radikale Eingriffe Mißstände abstellen zu können. Demnach wird es richtig sein, der Wirtschaft selbst die Auslese zu überlassen und nicht mit einer starren gesetzlichen Regelung störend und schädigend einzugreifen. Es bedarf nur dessen, daß der Gesetzgeber diese Auslese der Öffentlichkeit ermöglicht bzw. erleichtert, indem er solchen Personen, die eine bestimmte Qualifikation aufweisen, die Führung eines Berufstitels gestattet, dessen Mißbrauch unter Strafe steht und lediglich Maßregeln vorsieht, die es ermöglichen, dann einzugreifen, wenn einzelne Fälle dies erfordern sollten.

In diesem Sinne seien hier Vorschläge gemacht:

Zunächst wird wohl mit dem bisherigen System, das den Handelskammern und ihren Mitgliedern zusammen mit den Bücherrevisoren selbst einen wesentlichen Einfluß einräumt, zu brechen sein. Diese bisherige Übung erscheint heute durch nichts mehr begründet, birgt aber die Gefahr in sich, daß bei den Prüfungen, die durch die Handelskammern abgehalten werden sollen, lokale Interessen die Anforderungen an die Prüflinge beeinflussen; insbesondere dürfte nach wie vor die Bedürfnisfrage eine Rolle

[167]) Vgl. Seite 112.

[168]) Ein gutes Beispiel, daß auch der deutsche Kaufmann alle Auswüchse im Revisionswesen bekämpft, ist in der Erklärung des Regierungskommissars auf eine Eingabe um Aufnahme des Bücherrevisionsgewerbes unter die Berufsarten, deren Ausübung wegen Unzuverlässigkeit untersagt werden kann (vom 9. April 1912), enthalten. Es wird ausdrücklich dort darauf hingewiesen, daß die Berliner Kolonialwarengroßhändler Vergleichsvorschläge von Personen, die sich in Zahlungsschwierigkeiten befinden, ohne weiteres ablehnten, wenn sie durch andere Bücherrevisoren als diejenigen gemacht würden, welche ihnen als vertrauenswürdig bekannt seien.

spielen, da man bei starkem Zustrom versuchen würde, durch Erhöhung der Anforderungen die Bewerber fernzuhalten und umgekehrt.

Es wäre daher vorzuschlagen, sich eines Systems zu bedienen, das Ähnlichkeit mit der in den Vereinigten Staaten getroffenen Regelung besitzt: Die Prüfungskommissionen werden an allen deutschen Handelshochschulen und Universitäten gebildet. In die Prüfungskommission, die sich zunächst aus Dozenten für Wirtschaftswissenschaften bzw. Rechtswissenschaft zusammensetzt, sind in entsprechender Anzahl Bücherrevisoren zu berufen, denen die Aufgabe zukommen wird, zu verhindern, daß die Prüfung zu sehr in theoretisches Fahrwasser gerät. Es wäre verfehlt, reinen Praktikern den Erwerb des Berufstitels unmöglich zu machen, da es ja beim Bücherrevisorenberufe in besonderem Maße auf praktisches Können ankommt. So ist es andererseits unerläßlich, daß praktische Erfahrung nachgewiesen werden kann. Zuzulassen zur Ablegung dieser Prüfung wäre daher jeder, ohne Rücksicht auf Vorbildung, soferne er eine entsprechend lange praktische Tätigkeit (etwa 3 Jahre) besitzt. Eine besonders strenge Nachprüfung hat bezüglich der moralischen Eigenschaften der Bewerber vor Zulassung zur Prüfung zu erfolgen, obwohl hier natürlich Mißgriffe nicht mit unbedingter Sicherheit zu vermeiden sein werden. Wer die Prüfung bestanden hat, erhält einen durch Gesetz vor mißbräuchlicher Benutzung geschützten Titel, welcher die Berufsbezeichnung mit einem Zusatz enthält, der die Erwerbung eines staatlichen Diplomes zum Ausdruck bringt[169]). Vor Aushändigung des Diplomes, das zur Führung des Titels berechtigt, könnte, sofern man dies noch für erforderlich hält, die Vereidigung auf die Erfüllung der Berufspflichten vorgenommen werden[170]). Die übrigen Einrichtungen, die der Gesetzentwurf vorsieht, so vor allem das Ehrengerichtsverfahren, könnten beibehalten werden, nachdem sie sich zum größeren Teil in England gut bewährt zu haben scheinen.

Damit sind der Öffentlichkeit die Inhaber des Titels als solche Personen kenntlich gemacht, welche die Vermutung einer guten, fachlichen Schulung und der Zuverlässigkeit für sich haben. Naturgemäß kann diese Maßregel aber nur Einzelpersonen treffen, während die Treuhandgesellschaften, sofern man davon absieht, daß die persönlichen Eigenschaften ihrer Leiter und Beamten dem Publikum gleichfalls Gewähr zu bieten vermögen, einer derartigen staatlichen Qualifikation nicht zugänglich sind. Dies erscheint aber auch nicht erforderlich.

Wir besitzen in den Treuhandgesellschaften Institute, welche in Vielem den englischen Accountants durchaus gleichzustellen sind. Das gilt zunächst im Hinblick auf die Verwendung eines größeren Mitarbeiterstabes, dann aber auch vor allem bezüglich der Auswahl desselben[171]). Wenn wir die Anforderungen, welche seitens des Institute of the Chartered Accountants

---

[169]) Am zweckmäßigsten wäre es wohl, man wählte den an der Handelshochschule Leipzig eingeführten Titel des „Diplom-Bücherrevisors". Daneben kämen in Frage: (vereidigter) Diplom-Buchsachverständiger, Staatlich geprüfter (und vereidigter) Bücherrevisor u. ä. Keinesfalls könnte aber eine Bezeichnung gebilligt werden, welche das Wort „Anwalt" (Rechnungsanwalt, Buchanwalt, Wirtschaftsanwalt) enthält, da dies einen bestimmten akademischen Bildungsgang erfordern müßte.

[170]) Amerika wie auch Großbritannien kennt beispielsweise eine derartige allgemeine Vereidigung bei Verleihung des Titels nicht; diese wird vielmehr nur von Fall zu Fall vor Gericht vorgenommen. Es könnte auch bei uns überflüssig erscheinen, dem Bücherrevisor auf Erfüllung von selbstverständlichen Berufspflichten einen Eid abzunehmen.

[171]) Vgl. Seite 120.

an seine Mitglieder gestellt werden, mit dem vergleichen, was eine große Treuhandgesellschaft von ihren Beamten an Wissen und Können verlangt, so zeigt sich, daß die sachlichen Ansprüche beiderseits ungefähr gleich groß sind. Die Auswahl der Mitarbeiter erfolgt auch bei den Treuhandgesellschaften nach strengen Gesichtspunkten, die nicht nur die fachliche, sondern auch die moralische Seite betreffen und wird durch eine ständige eingehende Überwachung ergänzt. So können sich die größeren Treuhandinstitute an Leistungsfähigkeit wohl mit den Chartered Accountants[172]) messen. Diesen Umständen zufolge genießen im deutschen Wirtschaftsleben die großen Institute auch entsprechende Autorität. Die allgemeine Anerkennung sämtlicher guten Treuhandgesellschaften ist dadurch behindert, daß bei der Vielzahl von Unternehmungen es den jüngeren Gesellschaften sehr erschwert ist, sich in der breiteren Öffentlichkeit in kurzem die Geltung zu verschaffen, die sie im engeren Kreise ihrer Geschäftsfreunde genießen. So ist auch hier dem Fernstehenden erschwert, ohne weiteres festzustellen, ob es sich bei einem auswärtigen, weniger bekannten Treuhandunternehmen um eine gut geleitete und zuverlässige Gesellschaft handelt oder nicht[173]).

Zur Abhilfe steht den Treuhandgesellschaften aber u. E. heute schon der gleiche Weg offen, den die Accountants beschritten haben. Das öffentliche Ansehen, das sie genießen und insbesondere die einflußreichen Beziehungen, die die meisten von ihnen durch die nahestehenden Bankgruppen besitzen, verbunden mit einem guten finanziellen Rückhalt, ermöglichen es ihnen, ihre Ziele mit Nachdruck zu verfolgen und die Öffentlichkeit über ihre Bestrebungen entsprechend zu informieren. Die beiden zurzeit bestehenden Verbände von Treuhandgesellschaften umfassen heute schon fast alle leistungsfähigen Institute von einiger Bedeutung. Der Reichsbund Deutscher Treuhand-Aktiengesellschaften nimmt nur bedeutendere Aktienunternehmungen als Mitglieder auf, während der Verband Deutscher Treuhand- und Revisionsgesellschaften zwar auch kleinere Institute in sich vereinigt, jedoch, und das ist das Wesentliche, ebenfalls an das Geschäftsgebaren seiner Mitglieder strenge Anforderungen stellt. So können beide Verbände — wenn es nicht erreichbar ist, diese zu vereinigen — bei ernster Bemühung wohl nicht allzuschwer das Ziel erreichen, daß die Mitgliedschaft vom Publikum als eine besondere Qualifikation betrachtet wird.

Für die Aufgabe, nicht zuverlässige oder nicht genügend leistungsfähige Treuhandgesellschaften zu bekämpfen, leiht das Gesetz eine brauchbare Handhabe im § 18 HGB. Die Bezeichnung als „Treuhandgesellschaft" o. ä. widerspricht in allen den Fällen, wo die maßgebenden Personen aus sachlichen oder moralischen Gründen den Anforderungen, die an die Leitung einer Treuhandgesellschaft gestellt werden müssen, nicht gewachsen sein können, dem Grundsatz der Firmenwahrheit. Dementsprechend kann der Registerrichter die Eintragung eines solchen Unternehmens in das Handelsregister verweigern bzw. es kann in geeigneten Fällen Löschung bewirkt werden. So betont ein Urteil des Landgerichtes I Berlin[174]), daß nur solche

[172]) Vgl. auch Römer, der bereits 1905 der Deutschen Treuhand-Gesellschaft das Zeugnis ausstellt, sie sei „der einzige deutsche Bücherrevisor nach ungefähr englisch-amerikanischem Muster" (a. a. O. S. 137).

[173]) Man denke beispielsweise an den häufig vorkommenden Fall, daß etwa ein pommerscher Gläubiger den Revisionsvermerk einer ihm nicht bekannten süddeutschen Treuhandgesellschaft unter der Bilanz seines Schuldners vorfindet; es bedarf für ihn einiger Nachforschungen, wenn er sich über die Qualität dieses Institutes unterrichten will.

[174]) Vom 8. Mai 1919.

Firmen sich als Treuhandgesellschaften bezeichnen dürfen, an deren Spitze Männer von anerkanntem Rufe stehen. Es ist bei vielen Registergerichten üblich geworden, vor Eintragung einer Treuhandgesellschaft in das Handelsregister die zuständige Handelskammer bzw. die Verbände zu hören[175]; eine allgemeine Verfügung des Preußischen Justizministeriums[176]) verweist die Registerrichter eingehend auf die bei Eintragung von Treuhandfirmen beachtlichen Gesichtspunkte.

Der hierin liegende Schutz hat bewirkt, daß bei den Treuhandgesellschaften die Mißstände weniger in Erscheinung getreten sind. Man könnte sogar an die Möglichkeit denken, auf diesem Wege allein erreichen zu wollen, daß sich unter denjenigen Firmen, welche sich „Treuhandgesellschaft" nennen, nur einwandfreie Institute befinden, indem bei solchen, die von Anfang an nicht ganz zuverlässig scheinen, die Eintragung verweigert wird. Aber es wird, wie die Erscheinungen der letzten Jahre zeigen[177]), vielfach seitens der Registerrichter nicht streng und sachgemäß genug vorgegangen, so insbesondere manchmal unterlassen, Gutachten über die Zulässigkeit der Bezeichnung „Treuhandgesellschaft" von den Berufsvertretungen anzufordern. Oft ist es allerdings auch nach den Satzungen der betreffenden Gesellschaften gar nicht leicht, sich von vornherein über den Gesellschaftszweck ein zutreffendes Bild zu machen. Den Registerrichter aber zu zwingen, bei der Eintragung bestimmte Richtlinien[178]) zu beachten, ist rechtlich nicht möglich und so wird das Registergericht lediglich bald mehr, bald weniger unterstützend und vorbeugend tätig sein können. Eine zielbewußte Aufklärungsarbeit seitens der Verbände wird aber auch hier zu guten Erfolgen führen und den Registerrichtern im weitesten Umfange das Verständnis für die Bestrebungen des Treuhandwesens vermitteln.

Bei der von uns vorgeschlagenen Regelung des Treuhandwesens wird, unter Ausschaltung aller Privilegierungsbestrebungen, sich jeder frei als Bücherrevisor usw. betätigen können. Besteht aber hier dann nicht nach wie vor die Gefahr, daß unlautere Elemente ihren dunklen Zielen wie früher nachgehen und so das Ansehen des Standes immer wieder schädigen? Das Konzessionssystem sucht dem damit zu begegnen, daß nur derjenige, welcher den Befähigungsnachweis erbringt, überhaupt im Fache tätig sein darf. Aber dieses Radikalmittels, das, wie wir nachzuweisen versuchten, den Besonderheiten des deutschen Treuhandwesens nicht Rechnung trägt und daher sehr leicht schädlich wirken könnte, bedarf es nicht, um Auswüchse und Mißstände wirksam bekämpfen zu können.

---

[175]) Näheres vergleiche bei Götz, a. a. O. S. 46.

[176]) Vom 5. Februar 1923, enthalten im Justizministerialblatt 1923 S. 89.

[177]) Vgl. die zahlreichen Eintragungen von „uneigentlichen" Treuhandgesellschaften, bei welchen schon aus der Firmenbezeichnung die Unzulässigkeit des Namens „Treuhandgesellschaft" hervorgeht.

[178]) Es bestünde die Möglichkeit, die Eintragung von Treuhandgesellschaften von der Erfüllung bestimmter Normativvorschriften abhängig zu machen. (Einen derartigen Vorschlag machte Heymann.) Es ist aber zu befürchten, daß sich dann die Tätigkeit der Registergerichte darauf beschränkt, auf deren formale Einhaltung zu achten, wodurch selbstverständlich die Entstehung nicht einwandfreier Gesellschaften viel leichter möglich ist, wie wenn das Augenmerk den tatsächlichen Umständen zugewendet wird. Ebensowenig wird der Vorschlag Tönduri-Gierés praktische Erfolge bringen können, die Treuhandgesellschaften ähnlich den Versicherungsgesellschaften unter staatliche Aufsicht zu stellen; denn die Erfahrungen, welche mit einer derartigen Oberaufsicht gemacht wurden, lassen diese Maßregel wenig aussichtsreich erscheinen.

Wie eben bereits ausgeführt, genießt die Bezeichnung „Treuhandgesellschaft" schon durch die Registerführung einen guten Schutz gegen mißbräuchliche Benützung. Es kommt hinzu, daß das Gesetz gegen den unlauteren Wettbewerb in vielen Fällen die Möglichkeit bietet, auf Grund der Privatklage (§ 374 RStPO.) die Abstellung von Mißbräuchen herbeizuführen. Die Rechtsprechung hat in einer Reihe von Urteilen gegen die unbefugte Beilegung der Bezeichnungen „Treuhänder", „Treuhandgesellschaft" o. ä. Stellung genommen (vgl. Entscheidungen des Landgerichts Berlin I vom 8. Mai 1919, des Landgerichts München I vom 13. Januar 1914, des Oberlandesgerichts München vom 31. Januar 1921, Entscheidung des Reichsgerichts 99/23[179])). Eine weitgehende Klärung hat die Frage auch in einem Gutachten der Handelskammer Berlin vom 9. Oktober 1922, der Handelskammer Stuttgart vom 12. Juni 1925 und einer Mitteilung des Reichsaufsichtsamtes vom 7. Mai 1925 gefunden. Auch das Oldenburgische Ministerium der Justiz hat in einem Bescheid vom 3. Mai 1924 (I 2238) sich zu dieser Frage geäußert. Schließlich erging in dieser Hinsicht auch noch eine Verfügung des Amtsgerichtes Stuttgart unter dem 24. Juni 1925. Überall wird hier im wesentlichen auf folgendes verwiesen: Die Berechtigung zur Führung des Namens „Treuhandgesellschaft" kann nur solchen Unternehmungen zugebilligt werden, die sich ausschließlich mit folgenden Geschäften befassen:

1. Allgemeine Treuhandtätigkeit, wie Anlage und Verwaltung von Vermögen Dritter im eigenen Namen;
2. Sanierung und Pfandhalterschaft, d. i. Fürsorge für Gläubiger bei Verlustgefahr und Schutzvereinigung gegenüber fremden Staaten und Unternehmungen;
3. Revision von Büchern und Bilanzen anderer Unternehmungen;
4. Wirtschafts-, Steuer- und Vermögensberatung.

Was kann nun geschehen, wenn es gilt, eine Person, welche sich im Treuhandwesen bei Ausübung ihrer Berufstätigkeit als unzuverlässig erweist, mit Hilfe rechtlicher Bestimmungen an der weiteren Ausübung dieses Berufes zu hindern?

So kann zunächst dem allgemeinen Interesse wesentlich durch unzuverlässige Steuerberatung geschadet werden. Die geringe Steuermoral und die Aussichten, erhebliche finanzielle Vorteile erreichen zu können, bieten einen erhöhten Anreiz für unlautere Machenschaften; die §§ 200 und 201 der Reichsabgabenordnung bestimmen daher, daß, wenn Vergehen des Steuerberaters festgestellt werden, diesem seine Tätigkeit untersagt werden kann[180]).

Je nach Lage des einzelnen Falles werden treuhänderische Geschäfte häufig als Besorgung fremder Rechtsangelegenheiten zu betrachten sein, so vor allem die heute viel geübte Treuhänderschaft zum Zwecke der Gläubigerbefriedigung. Gemäß § 35 Abs. 3 der Reichsgewerbeordnung ist nun die gewerbsmäßige Besorgung fremder Rechtsangelegenheiten zu untersagen, wenn Tatsachen vorliegen, welche die Unzuverlässigkeit des Betreffenden in Bezug auf diese seine Tätigkeit dartun.

---

179) Sämtlich abgedruckt bei Götz a. a. O.

180) Bei Verurteilung wegen Steuerhinterziehung oder Teilnahme an einer solchen durch das Landesfinanzamt direkt. Wenn die Voraussetzungen vorliegen, daß dem Betreffenden seine Tätigkeit als Besorgung fremder Rechtsangelegenheiten und Wahrnehmung von Geschäften bei Behörden gemäß § 35 der Reichsgewerbeordnung zu untersagen ist, kann das Finanzamt durch Antrag oder Klage die Untersagung herbeiführen. (§ 201 RAO.)

Diese Vorschrift ist naturgemäß ein überaus wirksames Mittel, um Schädlinge aus dem Berufe für immer zu entfernen. Aber leider erstreckt sich dieser Schutz nur auf diejenigen Tätigkeitsgebiete innerhalb des Treuhandwesens, welche als Besorgung fremder Rechtsgeschäfte anzusprechen sind. Damit aber fehlt jede Rechtshandhabe, Personen, welche sich etwas haben zuschulden kommen lassen, auch von der Betätigung im Revisionswesen auszuschließen. Gerade aber weil die Ausübung eines derartigen Berufes eine verantwortungsvolle und allgemeine wirtschaftliche Interessen berührende Tätigkeit ist, muß dies als erheblicher Nachteil empfunden werden; es ist heute keinerlei Grund mehr vorhanden, die Besorgung von Rechtsgeschäften anders einzuschätzen, als die von wirtschaftlichen Angelegenheiten.

Die Einführung einer offiziellen Berufsbezeichnung, welche nur Personen zusteht, die auf ihre Befähigung hin staatlich geprüft wurden, bezweckt gerade eine Verdrängung von unbrauchbaren Kräften aus dem Treuhandwesen. Gewiß wird demjenigen, welcher nicht Inhaber des Berufstitels ist, der Wettbewerb sehr erschwert werden und so die Zahl der nichtqualifizierten Kräfte sich vermindern. Das Publikum aber wird, nachdem sich die Inhaber der Standesbezeichnung die Achtung der Öffentlichkeit errungen haben werden, Außenseitern gegenüber besondere Vorsicht walten lassen. Bis dieses Ziel aber erreicht ist, bedarf es angestrengten Strebens und gerade in der ersten Übergangszeit wird es den mit dem Berufstitel Ausgestatteten nicht leicht fallen, die noch aus der jetzigen Epoche herrührenden unzuverlässigen und verantwortungslosen Elemente im Treuhandwesen unschädlich zu machen; denn dazu bedarf es der besonderen Mithilfe des Publikums, bei dem sich aber solche Persönlichkeiten zunächst sehr oft in ein günstiges Licht zu setzen verstehen. Es bleibt hier nur der Weg, diejenigen, welche sich nachweisbar eines unwürdigen Verhaltens schuldig gemacht haben, aber nicht dem Standesehrengericht unterstehen, durch die Gewerbeaufsichtsbehörde künftighin an ihrem Tun zu hindern. So wäre darauf hinzuarbeiten, daß der § 35 der Reichsgewerbeordnung eine Ergänzung dahingehend erfährt, daß auch die Übernahme aller Arten treuhänderischer Funktionen und die Betätigung im Revisionswesen unter diejenigen Berufsarten aufgenommen wird, deren Ausübung bei Unzuverlässigkeit untersagt werden kann[181]).

So wird, wenn wir unsere Darlegungen zusammenfassen, folgendes zu erstreben sein:

1. Schaffung einer gegen jeden Mißbrauch geschützten Berufsbezeichnung, welche nur durch die Ablegung einer Fachprüfung über das Revisions- und Treuhandwesen unter Nachweis ausreichender praktischer Tätigkeit erworben werden kann. Die Prüfungskommission muß so zusammengesetzt sein, daß Abschließungsbestrebungen in Rücksichtnahme auf lokale Interessen ausgeschlossen sind und die Anforderungen der Praxis weitgehend Berücksichtigung finden.

2. Die behördliche Überwachungstätigkeit muß dadurch wirksamer gestaltet werden, daß den im Revisions- und Treuhandwesen tätigen Organen die Ausübung ihrer Tätigkeit bei Unzuverlässigkeit untersagt werden kann.

3. Registergerichte bzw. Handelskammern müssen darauf bedacht sein, bei Eintragung von Revisionsfirmen und Treuhandgesellschaften einen

---

[181]) Ein derartiger Antrag wurde vom Verband Deutscher Bücherrevisoren am 9. April 1912 dem Reichstag unterbreitet; die damaligen Verhältnisse hatten aber erhebliche Mißstände und Schädigungen der Allgemeinheit nicht hervorgebracht, weshalb der Antrag der Ablehnung verfiel.

strengen Maßstab anzulegen und, wo nötig, ohne weiteres von Amts wegen Löschung bereits eingetragener Gesellschaften vorzunehmen. Für eine entsprechend umfassende Aufklärung der Behörden haben die Interessenverbände Sorge zu tragen.

Die wesentlichste Ergänzung müssen diese Maßnahmen dadurch erfahren, daß man in nachhaltiger Weise alle kaufmännischen Kreise über die Notwendigkeit der Bekämpfung von Mißständen im Treuhandwesen und die hierzu ergriffenen Maßnahmen unterrichtet und somit die überaus wirksame Mithilfe des Publikums selbst herbeiführt.

Der Bücherrevisorenstand wird bemüht sein müssen, auch anderweitig seine Leistungsfähigkeit auf ein hohes Maß zu steigern. Dies kann dadurch geschehen, daß er sich die Vorteile, welche die Organisation der Treuhandgesellschaften durch die ausgeprägte Arbeitsteilung aufweist, zu eigen macht und dem Beispiel, das die englischen Accountants durch die Gründung größerer Accountants-Firmen gegeben haben, folgt. Gewiß wird es der Mehrzahl der deutschen Bücherrevisoren — trotzdem dies bei einigen heute schon der Fall ist — nicht möglich sein, plötzlich zahlreiches Personal einzustellen; aber dadurch, daß sich mehrere Bücherrevisoren vereinigen, um gemeinsam ihrem Gewerbe nachzugehen, werden sich die wesentlichen Vorteile der Arbeitsteilung ausnützen lassen. Voraussetzung hierfür ist selbstverständlich, daß nicht lediglich eine Summierung der Arbeitsleistungen der beteiligten Bücherrevisoren herbeigeführt wird, die es lediglich gestattet, umfangreiche Aufträge, die einer schnellen Erledigung bedürfen, zu übernehmen, sondern daß man auch eine entsprechende Spezialisierung anstrebt, wenn diese auch nicht den gleichen Umfang wie bei großen Treuhandgesellschaften wird annehmen können. So wird es insbesondere förderlich, ja notwendig sein, daß unter den Teilhabern der Bücherrevisorenfirma eine Fachkraft für Steuerberatung und rechtliche Fragen sich befindet, welche die zahlreichen Arbeiten auf diesen umfangreichen und schwierigen Gebieten erledigt und den Revisionsfachleuten anleitend und informierend an Hand geht. Auf diese Weise läßt sich eine zweckmäßige Arbeitsteilung herbeiführen, welche die Leistungsfähigkeit des Bücherrevisorenstandes wesentlich hebt und diesen auch umfangreichen und schwierigen Arbeiten gewachsen sein läßt. Damit wird zwangsläufig eine erhebliche Besserung der viel beklagten Einkommensverhältnisse und der sozialen Lage des Bücherrevisorenstandes eintreten, wofür durch Einführung des Titelschutzes erst die Voraussetzungen geschaffen sind.

Ein von vielen Seiten erstrebtes Ziel ist, dem Revisionswesen auch dort ein Arbeitsfeld zu schaffen, wo seine Tätigkeit in Deutschland zwar notwendiger denn irgendwo ist, aber trotzdem sich nur in bescheidenem Ausmaß hat entfalten können, nämlich bei den kapitalschwächeren Mittel- und Kleinbetrieben. Ihre Erfolgsaussichten im Kampfe gegen die in- und ausländische Großindustrie sind nicht zum letzten deswegen so gering, weil es ihnen aus finanziellen Gründen unmöglich ist, sich wie jene tüchtige Fachkräfte zu halten, welche den Anforderungen, die die tagtäglich auftretenden schwierigen Wirtschaftsfragen stellen, gerecht zu werden imstande sind. So sind sie im besonderen Maße darauf angewiesen, sich der Dienste des Treuhandwesens zu bedienen. Bis jetzt ist dies aber an der Kostenfrage gescheitert. Es wird auch in Zukunft mittleren oder kleineren Unternehmungen kaum möglich sein, die Kosten einer regelmäßigen Tätigkeit von guten

Fachkräften, wie sie bei Treuhandgesellschaften oder guten Bücherrevisorenfirmen zu finden sind, zu bezahlen. Die Arbeit von Pfuschern wird aber, wie überall im Treuhandwesen, mehr schaden als nützen können.

Hier besteht nun die Möglichkeit einer wirksamen Selbsthilfe. Schon während des Krieges hat Hirsch[182]) vorgeschlagen, für kleine Handelsgeschäfte Revisionsverbände nach dem Muster derjenigen bei den Genossenschaften zu gründen, um so auf billige Weise durch Zusammenschluß die ständige Mitarbeit von tüchtigen Wirtschaftsberatern und Revisoren herbeiführen zu können, die infolge ihrer Tätigkeit bei einer größeren Anzahl von gleichgearteten Betrieben einen guten Erfahrungskreis besitzen können. Es erscheint nun sehr erfolgversprechend, wenn mittlere und kleinere Unternehmungen der Industrie sich lokal zusammenschließen, um „Revisionsgenossenschaften" zu gründen[183]). Naturgemäß müßte hierbei ein größerer Kreis von Genossen in Betracht kommen, um einerseits durch eine ausreichende finanzielle Basis die Gewinnung von erstklassigen Fachkräften möglich, andererseits durch einen umfangreichen Geschäftskreis deren Tätigkeit auch rentabel zu machen; auf diese Weise wäre auch zu vermeiden, daß bei den einzelnen Genossen Bedenken entstehen, die gleichen Kräfte zu verwenden, welche auch bei ihren Konkurrenten tätig sind.

Ein derartiges umfangreiches Revisionsunternehmen auf genossenschaftlicher Grundlage wird unter entsprechender Modifikation die Organisationsmethoden der Treuhandgesellschaften sich zunutze machen[184]) und so seinen Mitgliedern vorzügliche Leistungen gegen erträgliche Kosten bieten können. Ihm steht auch die Möglichkeit offen, den Gesichtskreis seiner Mitarbeiter durch Tätigkeit bei solchen Firmen, die nicht Genossen sind, zu erweitern und damit von außen her neue Anregungen zu empfangen.

Naturgemäß wird dort, wo es sich um unparteiische Begutachtung der wirtschaftlichen Lage von Unternehmungen u. ä. handelt, nach wie vor die Tätigkeit von externen Revisionsinstanzen notwendig sein. In der Zusammenarbeit mit diesen werden aber die Revisionsgenossenschaften wesentlich dazu beitragen können, das Wohlergehen der deutschen Wirtschaft zu fördern.

---

[182]) „Revisionsverbände für Mittelstandsgeschäfte."

[183]) Daß der Zweck einer solchen Genossenschaft ist, „der Förderung des Erwerbes oder der Wirtschaft ihrer Mitglieder zu dienen", dürfte wohl nach dem, was über die Bedeutung der Tätigkeitszweige von Revisions- und Treuhandunternehmungen für die Wirtschaft gesagt wurde, keinem Zweifel unterliegen können. § 1 des Genossenschaftsgesetzes kann somit der Eintragung von Revisionsgenossenschaften nicht im Wege stehen.

[184]) Nach Wissen des Verfassers ist bis heute in Deutschland eine einzige Revisionsfirma in der Form einer Genossenschaft aufgetreten (Treuhandgesellschaft vereinigter beeidigter Bücherrevisoren in Hamburg). Diese Genossenschaft erfüllte aber ganz andere Zwecke, als es die von uns vorgeschlagenen tun sollen. Sie war eine Vereinigung von Bücherrevisoren, welche auf diese Weise ihre Leistungsfähigkeit steigern wollten, jedoch es offenbar versäumten, ihrem Unternehmen eine straffe Organisation zu geben, so daß eine einheitlich geleitete, planmäßige Inangriffnahme der zu erledigenden Aufgaben fehlte. (Näheres bei Meier, a. a. O. S. 170.)

Anlage A:

Prüfungsordnung

des

Bundes der Buchsachverständigen (Bücherrevisoren) Deutschlands e. V., Berlin.

§ 1.

Prüfungsausschuß.

(1) Behufs Ablegung der im § 4 der Satzung vorgesehenen Prüfung ist bei jeder Ortsgruppe ein Prüfungsausschuß zu bilden.

(2) Er muß bestehen aus:

a) dem Vorsitzenden der Ortsgruppe,

b) zwei Mitgliedern der Ortsgruppe und

c) einem nicht dem Bunde angehörigen Mitgliede, das möglichst die Befähigung zum Richteramt oder zum höheren Verwaltungsdienste erlangt hat.

(3) Die zu b) und c) bezeichneten Mitglieder werden von dem Bundesvorstand auf Vorschlag des Ortsgruppenvorstandes berufen.

(4) In Behinderungsfällen treten an die Stelle:

zu a) der Stellvertreter des Ortsgruppenvorsitzenden,

zu b) und c) die von dem Bundesvorstand zu berufenden Ersatzmitglieder.

(5) Jeder Prüfungsausschuß wird auf drei Jahre gebildet und bleibt darüber hinaus bis zur Bildung des neuen Prüfungsausschusses in Tätigkeit.

(6) Den Vorsitz in dem Ausschuß führt der Vorsitzende der Ortsgruppe oder dessen Stellvertreter.

(7) Der Ausschuß entscheidet nach Stimmenmehrheit; bei Stimmengleichheit entscheidet die Stimme des Vorsitzenden.

§ 2.

Zulassung zur Prüfung.

(1) Eine Prüfung kann — nach Wahl des zu Prüfenden — bei jedem Prüfungsausschuß abgelegt werden.

(2) Über die Zulassung zur Prüfung entscheidet der Vorsitzende des betreffenden Ausschusses.

(3) Bei Ablehnung der Zulassung kann die Entscheidung des Bundesvorsitzenden angerufen werden, der dann den Prüfungsausschuß zu bestimmen hat, bei dem die Prüfung abzulegen ist.

§ 3.

(1) Die Zulassung zur Prüfung setzt voraus:

a) die Vollendung des 28. Lebensjahres,

b) eine mindestens dreijährige ununterbrochene selbständige Tätigkeit im Fachberuf.

(2) Der Nachweis der Voraussetzungen zu a) und b) ist mit dem Zulassungsgesuch zu verbinden.

(3) Dem Gesuch sind ferner beizufügen:

c) ein Lebenslauf, in dem auch der Bildungsgang des zu Prüfenden unter Beibringung der betreffenden Zeugnisse darzulegen ist,

d) ein polizeiliches Führungszeugnis.

§ 4.

Prüfungsarbeiten.

Die Prüfung beginnt mit einer häuslichen Arbeit; im Anschluß an diese Arbeit sind zwei schriftliche Klausurarbeiten zu fertigen; den Schluß bildet die mündliche Prüfung.

§ 5.

(1) Die häusliche Arbeit ist binnen einer mit dem Empfang der Prüfungsaufgabe beginnenden Frist von vier Wochen abzuliefern.

(2) Am Schluß der Arbeit hat der zu Prüfende zu versichern, daß er die Arbeit ohne fremde Hilfe angefertigt und sich anderer als der von ihm angegebenen Schriften und sonstigen Hilfsmittel nicht bedient hat.

(3) Wird die Arbeit verspätet abgeliefert, so kann nach Ermessen des Prüfungsausschusses eine neue Prüfungsaufgabe gestellt werden. Wird auch die Bearbeitung der zweiten Prüfungsaufgabe nicht oder nicht fristgemäß abgeliefert, gilt die Prüfung als nicht bestanden. Die Entscheidung hierüber trifft der Vorsitzende des Prüfungsausschusses, auf Anrufung des zu Prüfenden der Prüfungsausschuß.

(4) Ist die rechtzeitig abgelieferte Arbeit nach Beurteilung des Prüfungsausschusses nicht genügend, so kann der zu Prüfende unter Mitteilung des Ergebnisses von der weiteren Prüfung zurückgewiesen werden; sie gilt dann als nicht bestanden.

§ 6.

Die Klausurarbeiten sind unter Aufsicht eines Mitgliedes des Prüfungsausschusses, das auch die Zeitdauer für die Ablieferung der Arbeiten zu bestimmen hat, zu fertigen.

§ 7.

Der Vorsitzende stellt nach Anhörung der Mitglieder des Prüfungsausschusses die Aufgaben für die schriftlichen Arbeiten und bestimmt die Prüfungstermine.

§ 8.

Prüfungsgegenstände.

Die Prüfungsgegenstände für die schriftliche und mündliche Prüfung müssen umfassen:

a) Buchführung einschließlich der Revisionstechnik und Abschlußlehre,
b) Kaufmännische Arithmetik,
c) Materielles Recht,
d) Steuerrecht;

sie können auch weitere geeignete Materien umfassen.

§ 9.

Mündliche Prüfung.

Die mündliche Prüfung hat sobald als möglich nach Beendigung der schriftlichen Prüfung zu erfolgen.

§ 10.

Prüfungsergebnis.

(1) Nach dem Gesamtergebnis der schriftlichen und mündlichen Prüfung ist darüber zu befinden, ob die Leistungen der Geprüften den Anforderungen genügen.

(2) Der Vorsitzende des Prüfungsausschusses hat nach Schluß der Prüfung den Geprüften schriftlich mitzuteilen, ob die Prüfung bestanden ist oder nicht.

§ 11.

Die bestandene Prüfung berechtigt nicht zu der Führung des Titels: Geprüfter Buchsachverständiger (Bücherrevisor) oder zum Gebrauche eines ähnlichen Titels.

§ 12.

Wiederholung der Prüfung.

(1) Ist eine Prüfung nicht bestanden, kann deren Wiederholung erst nach Ablauf von sechs Monaten erfolgen.

(2) Eine weitere Wiederholung ist ausgeschlossen.

§ 13.

Prüfungsgebühr.

(1) Für jede Prüfung ist von dem zu Prüfenden nach seiner Zulassung zur Prüfung an den Vorsitzenden des Prüfungsausschusses eine Gebühr zu entrichten.

(2) Die Höhe der Gebühr regelt der Bundesvorstand jeweils für die Zeitdauer eines Jahres.

§ 14.

Ausführungsbestimmungen.

Der Bundesvorstand wird ermächtigt, zu der Prüfungsordnung unter Wahrung der in ihr enthaltenen Vorschriften Ausführungsbestimmungen zu erlassen, die für die Prüfungsausschüsse bindend sind.

Anlage B:

Prüfungsordnung

des

Verbandes Deutscher Bücherrevisoren e. V., Leipzig-Berlin.

1. Der Verband Deutscher Bücherrevisoren, eingetragener Verein beeidigter oder behördlich geprüfter kaufmännischer Sachverständiger, Sitz Berlin, hat einen Prüfungsausschuß errichtet, welcher aus drei beeidigten Bücherrevisoren besteht, die in der Regel ihren Wohnsitz in Groß-Berlin haben sollen und in der Regel nach Vorschlag des Bezirks Berlin vom Verbandsvorstand bestellt werden.

2. Der Prüfungsausschuß soll bis auf weiteres nur solche Persönlichkeiten zur Prüfung der Befähigung und fachlichen Eignung zulassen, die sich zur Beeidigung bei der Handelskammer ihres Wohnsitzes oder ihrer Geschäftsstelle gemeldet haben, und von dieser an den Prüfungsausschuß verwiesen werden und zwar mit der Bestätigung der Handelskammer, daß Vorerörterungen über die persönliche Zuverlässigkeit und Ehrenhaftigkeit befriedigend abgeschlossen sind. Nach bestandener Prüfung wird von dem Prüfungsausschuß ein Zeugnis erteilt, welches der Handelskammer vorzulegen ist. Die Tatsache der abgelegten Prüfung, ob mit oder ohne Erfolg, berechtigt nicht zur Beilegung der Bezeichnung „geprüfter Bücherrevisor".

   Die Prüfungskommission gibt als Ergebnis der Prüfung nur zwei Entscheidungsmöglichkeiten bekannt. Ist die Prüfung befriedigend ausgefallen, wird der zuständigen Handelskammer mitgeteilt, daß der Verband den Kandidaten zur Beeidigung und öffentlichen Anstellung vorschlägt. Im gegenteiligen Falle erfolgt eine entsprechende Mitteilung ebenfalls an die betreffende Handelskammer mit dem Vorschlag, von einer Beeidigung abzusehen, da das Ergebnis der Prüfung ein unbefriedigendes gewesen ist. Die Prüfungskommission ist nicht verpflichtet, die Gründe für ihre Entscheidung bekannt zu geben; sie ist jedoch verpflichtet, über die Prüfungsverhandlungen und -ergebnisse ein Protokoll zu führen und dasselbe zu unterzeichnen. Dieses Protokoll ist dem Vorstande des Verbandes auf Wunsch zur Einsicht zur Verfügung zu stellen.

3. Dem Antrage auf Zulassung zur Prüfung ist ein lückenloser Lebenslauf beizufügen, der namentlich auch genau den kaufmännischen Werdegang erkennen läßt.

4. Die Prüfung besteht:

   a) aus einer Hausarbeit, die bei oder im Auftrage und unter Beurteilung eines beeidigten Bücherrevisors zu liefern ist. Es kann dem Prüfling anheimgestellt werden, einen von ihm selbst in neuerer Zeit abgegebenen Prüfungsbericht über eine Revision von Geschäftsbüchern und ein Gutachten über einen Gegenstand eines Zivil- oder Strafprozesses oder aus sonstigem Anlaß einzureichen. Der Prüfling hat die eidesstattliche Versicherung abzugeben, daß die Arbeiten von ihm selbst und ohne jede fremde Hilfe ausgeführt wurden. Bei ungenügendem Ausfall kann der Prüfling von der weiteren Prüfung zurückgewiesen werden.

      Bei entfernt wohnenden Prüflingen soll die Möglichkeit gegeben sein, daß sie die Hausarbeit statt in Berlin auch bei oder im Auftrage eines beeidigten Bücherrevisors (Mitglied des VDB.) an ihrem Wohnsitze leisten können; da dieser dann der Aufgabesteller und Kenner des Materials ist, muß er als Referent eine Beurteilung geben. Wenn dann darüber hinaus dem Prüfling noch eine Erleichterung durch Verwendung einer bei ihm bereits vorliegenden oder von ihm selbst zu wählenden Arbeit gewährt werden soll, so müssen wenigstens zwei verschiedene Arbeiten vorgelegt werden.

   b) Aus einer schriftlichen Klausurarbeit in der Dauer von 4—5 Stunden, deren Gegenstand zwei erst in der Klausur gestellte Aufgaben aus dem Prüfungsgebiet bilden. In Voraussetzung der dafür unbedingt erforderlichen Kenntnisse muß die eine Arbeit einwandfrei ausgeführt werden. Durch die andere, schwierigere Aufgabe soll dem Prüfling Gelegenheit gegeben sein, zu zeigen, wie er sich mit schwierigeren Aufgaben abzufinden und welche Einwände oder Hinweise er zu geben weiß. Fallen beide Lösungen der Klausuraufgaben ungenügend aus, und war die Hausarbeit nicht mindestens gut, so kann der Prüfling von der mündlichen Prüfung zurückgewiesen werden.

Die Ausführung in der Praxis hat gelehrt, daß ein Bücherrevisor schon bald nach der Beeidigung vor recht schwierige Aufgaben gestellt wird. Wenn er es nun nicht versteht, den richtigen Weg einzuschlagen, so kann das Ansehen des Standes darunter sehr leiden.

c) Aus einer mündlichen Prüfung, die sich in angemessener Zeit auf folgende Gegenstände erstreckt:
   1. Buchführung und Revisionstechnik,
   2. Bilanz und Bewertungsgrundsätze, Selbstkostenrechnung,
   3. Steuerwesen,
   4. Handels-, Gesellschafts- und Genossenschaftsrecht,
   5. Konkursrecht.

   In der mündlichen Prüfung werden die verschiedensten Fragen aus der Praxis gestellt, hierbei soll auch festgestellt werden, wie weit der Prüfling die einschlägigen gesetzlichen Bestimmungen beherrscht, nicht dem Wortlaut nach, sondern nach der Bedeutung. Die mündliche Prüfung ist ganz zwanglos, denn dadurch haben die Mitglieder des Prüfungsausschusses besser Gelegenheit, in den Prüfling näher einzudringen und der Prüfling selbst wird jede Befangenheit abstreifen können. Es wird sich auf diese Art bald feststellen lassen, ob der Prüfling auch eine gute Beweglichkeit des Geistes hat und im gegebenen Augenblick schwierige Situationen zu beherrschen weiß.

5. In den Fällen des Rücktritts, der Zurückweisung oder des Nichtbestehens der Prüfung wird dem Prüflinge gestattet, die Prüfung nach einem Jahre, in Ausnahmefällen nach einem halben Jahre zu wiederholen; eine nochmalige Wiederholung ist nicht zulässig. Ob ein Ausnahmefall vorliegt, entscheidet der Verbandsvorstand auf Antrag des Prüflings und nach Anhörung der Prüfungskommission endgültig.

6. Die Prüfungen werden in der Regel in Berlin an zwei Tagen abgehalten. Ein bestimmter Zeitpunkt ist nicht festgelegt. Er wird den Antragstellern nach besonderer Festsetzung bekannt gegeben. Das Prüfungshonorar beträgt 300 Mk., welche von jedem Prüflinge sofort zu zahlen sind, wenn ihm auf Grund seines eingereichten Lebenslaufes die Mitteilung zugeht, daß er zur Prüfung zugelassen wird.

   Die Verteilung der Gebühren ist nach folgenden Grundsätzen vorzunehmen:

   Das Mitglied der Prüfungskommission, welches die Geschäfte der Kommission (abwechselnd) geführt hat, hat zunächst Anspruch auf Ersatz der baren Auslagen. Der restliche Betrag wird auf die drei Mitglieder der Prüfungskommission gleichmäßig verteilt.

7. Die Prüfungsgebühr ist zu einem Drittel dem Prüfling zurückzuzahlen, wenn er nach der Haus- oder der Klausurarbeit zurücktritt; im Falle der Zurückweisung oder des Nichtbestehens der Prüfung erfolgt keine Rückerstattung der Prüfungsgebühren.

Anlage C:

Prüfungsvorschriften
des
Deutschen Industrie- und Handelstages für Buchsachverständige.

1. Wer von einer der beteiligten Kammern als vereidigter Büchersachverständiger öffentlich bestallt werden will,[1]) hat den Nachweis der Befähigung zur Ausübung dieses Berufes durch eine Prüfung zu erbringen.

2. Zu dieser Prüfung wird nur zugelassen, wer
a) den Nachweis erbringt, daß er eine für die Ausübung des Berufes eines Büchersachverständigen genügende schulmäßige oder kaufmännische Ausbildung genossen und daß er sich in mehrjähriger Tätigkeit die erforderlichen Erfahrungen angeeignet hat,
b) mindestens 30 Jahre alt ist,
c) seit mindestens 3 Jahren Reichsangehöriger ist,
d) in geordneten wirtschaftlichen Verhältnissen lebt,
e) einen guten Leumund hat, namentlich als vertrauenswürdig gilt,
f) frei von Leiden ist, die die Berufstätigkeit beeinträchtigen,
g) den Beruf des Büchersachverständigen frei und selbständig ausübt oder auszuüben beabsichtigt.

Die Feststellung, ob die Voraussetzungen für die Zulassung zur Prüfung erfüllt sind, steht einem von derjenigen Kammer einzusetzenden Ausschuß (Zulassungsausschuß) zu, bei der der Bewerber seine Bestallung beantragt hat; in diesem Ausschuß sollen die Büchersachverständigen vertreten sein. Der Ausschuß kann Ausnahmen von den Bestimmungen der Ziffer 2 zulassen.

3. Die Prüfung wird von der Kammer veranlaßt, bei der der Bewerber seine öffentliche Bestallung als vereidigter Büchersachverständiger beantragt hat. Prüfungen werden nur abgehalten, wenn ein Bedürfnis zur öffentlichen Bestallung vereidigter Büchersachverständiger besteht .

4. Dem Antrag auf öffentliche Bestallung und Vereidigung sind beizufügen:
a) ein lückenloser Lebenslauf,
b) ein amtliches Führungszeugnis,
c) Zeugnisse über die bisherige Tätigkeit und über etwa abgelegte Prüfungen,
d) nach Möglichkeit eigene Ausarbeitungen aus dem Gebiete der Büchersachverständigentätigkeit.

In dem Antrage müssen Stellen angegeben sein, bei denen Auskünfte über den Bewerber eingeholt werden können.

5. Die Prüfung ist vor dem Prüfungsausschuß abzulegen, den die beteiligten Kammern eingesetzt haben.

6. Der Prüfungsausschuß wird gebildet aus:
a) einem gemeinsamen Vertreter der beteiligten Kammern als Vorsitzendem,
b) einem Vertreter der Kammer, die die Prüfung veranlaßt hat,
c) in der Regel drei, mindestens aber zwei vereidigten Büchersachverständigen, von denen nach Möglichkeit wenigstens einer aus dem Bezirk der Kammer sein soll, die die Prüfung veranlaßt hat,
d) einem Hochschullehrer der Betriebswirtschaftslehre,
e) einem Rechtskundigen.

7. Die Prüfung besteht aus:
a) einer Hausarbeit in der Gestalt eines Gutachtens oder Berichts, wie sie Büchersachverständige in ihrer Berufstätigkeit anzufertigen haben; die Arbeit ist innerhalb von zwei Wochen nach Empfang der Aufgabe abzuliefern; hin-

---

[1]) Zuständig für die Vereidigung ist die Kammer, in deren Bezirk der Bewerber seinen Wohnsitz oder seine gewerbliche Niederlassung hat. Verzieht ein vereidigter Büchersachverständiger in einen anderen Kammerbezirk, so verliert die Vereidigung ihre Gültigkeit. Wegen der Wiederholung der Prüfung in dem Falle, daß der Büchersachverständige die Vereidigung bei der Kammer seines neuen Niederlassungsortes beantragt, siehe Nr. 8 der Vorschriften.

zuzufügen ist die ehrenwörtliche Versicherung, daß die Arbeit ohne fremde Hilfe angefertigt worden ist;

b) einer oder mehreren unter Aufsicht innerhalb von 4 oder 5 Stunden anzufertigenden Arbeiten, deren Gegenstand Aufgaben aus dem Berufsgebiete sind;

c) einer mündlichen Prüfung, die eine nach Bedarf zu bemessende Zeit dauern und sich auf folgende Gegenstände erstrecken soll:

Buchführung,
Prüfungsverfahren,
Bilanz- und Bewertungsgrundsätze sowie Selbstkostenberechnung,
kaufmännisches Recht (einschlägige Bestimmungen des BGB., Handelsrecht, Aktienrecht, Gesellschafts- und Genossenschaftsrecht, Wechsel- und Scheckrecht, Konkursrecht),
Steuerwesen.

8. Auf Antrag des Zulassungsausschusses kann der Prüfungsausschuß in ganz besonderen Fällen durch einstimmigen Beschluß von der Prüfung ganz oder teilweise befreien, wenn der Prüfling den Besitz genügender Fähigkeiten und Kenntnisse auf andere Weise einwandfrei dargetan hat, insbesondere durch Ablegung gleichwertiger Prüfungen.

9. Bei ungenügendem Ausfall der Hausarbeit kann der Prüfling von der weiteren Prüfung zurückgewiesen werden.

10. Der Prüfungsausschuß entscheidet mit einfacher Stimmenmehrheit, insbesondere darüber, ob der Prüfling bestanden oder nicht bestanden hat. Bei Stimmengleichheit gibt die Stimme des Vorsitzenden den Ausschlag.

11. Wird die Prüfung nicht bestanden, so bestimmt der Prüfungsausschuß die Frist, nach deren Ablauf die Prüfung wiederholt werden kann. In der Regel soll die Frist zwei Jahre nicht übersteigen. Mehrmals kann die Prüfung nicht wiederholt werden.

12. Das Ergebnis der Prüfung ist dem Prüfling sofort mündlich mitzuteilen, der Kammer, die die Prüfung veranlaßt hat, schriftlich, und zwar mit einem Berichte über die Prüfung, wenn ein solcher verlangt wird. Eine Bescheinigung, daß die Prüfung bestanden ist, erhält der Geprüfte erst nach seiner Vereidigung.

13. Die Ablegung der Prüfung berechtigt nicht zur Führung einer Bezeichnung, die auf das Bestehen der Prüfung Bezug nimmt.

14. Das Bestehen der Prüfung gewährt keinen Anspruch auf Vereidigung.

15. Die Prüfungsgebühr beträgt 300 Goldmark. Sie ist vor Beginn der Prüfung einzuzahlen. Wird der Prüfling wegen des ungenügenden Ergebnisses der Hausarbeit zurückgewiesen, so erhält er die Hälfte zurück.

Anlage D:

Entwurf eines Gesetzes

betreffend die öffentlich bestallten und vereidigten Bücherrevisoren.

I. Vereidigung und Eintragung.

§ 1.

Personen, welche Handel, Industrie, Gewerbe und Landwirtschaft als kaufmännische Sachverständige im Hauptberufe selbständig und unabhängig beraten, können von jeder Industrie- und Handelskammer des Deutschen Reiches zu öffentlich bestallten und vereidigten Bücherrevisoren ernannt werden. Die ernannten Revisoren sind in eine Liste einzutragen.

Über Formel und Vornahme der Vereidigung erläßt der Reichsminister der Justiz besondere Bestimmungen.

II. Zulassung und Prüfung.

§ 2.

Die Eintragung ist nur zulässig, wenn der Antragsteller die persönlichen Eigenschaften besitzt, die die Ausübung des Berufes erfordern, und gemäß den Bestimmungen der §§ 4, 5 und 6 die erforderlichen theoretischen und praktischen Kenntnisse auf dem Arbeitsgebiete der öffentlich bestallten und vereidigten Bücherrevisoren nachweist.

Die Zulassung ist zu versagen,

1. wenn ein Bedürfnis nach öffentlicher Bestallung und Vereidigung nicht vorliegt,
2. wenn hinsichtlich der moralischen Eigenschaften des Antragstellers Bedenken bestehen,
3. wenn er in der Verfügung über sein Vermögen durch gerichtliche Anordnung beschränkt ist,
4. wenn er sich eines unwürdigen Verhaltens schuldig gemacht hat.

Kommt die Feststellung des Bedürfnisses in Betracht, so hat sie im Einvernehmen mit der Berufsvertretung zu erfolgen.

Wird die Zulassung gemäß Abs. 2, Ziffer 2 bis 4 versagt, so ist ausschließlich die Beschwerde nach Maßgabe der Bestimmungen der §§ 10 bis 17 gegeben.

§ 3.

Der Antragsteller hat den Nachweis zu erbringen,

1. daß er die deutsche Staatsangehörigkeit besitzt,
2. daß er seinen Wohnsitz im Inlande hat,
3. daß er das 28. Lebensjahr vollendet hat.

§ 4.

Der Besitz der erforderlichen Kenntnisse auf dem Arbeitsgebiete der öffentlich bestallten und vereidigten Bücherrevisoren ist durch die Ablegung einer Prüfung nachzuweisen.

Zu der Prüfung wird nur zugelassen, wer eine für die Ausübung des Berufs genügende theoretische und praktische Vorbildung und eine mindestens dreijährige Tätigkeit als Assistent eines öffentlich bestallten und vereidigten Bücherrevisors oder als Vollrevisor einer Revisionsgesellschaft oder eine fünfjährige berufsähnliche Tätigkeit nachweisen kann.

§ 5.

Die Prüfung wird vor einer Kommission abgelegt, in welche Mitglieder der zuständigen Industrie- und Handelskammer, der nächstgelegenen Universität oder Handelshochschule und des Verbandes Deutscher Bücherrevisoren durch die zuständige Industrie- und Handelskammer zu berufen sind.

Die näheren Bestimmungen über die Zusammensetzung und den Geschäftsgang der Prüfungskommission sowie über das Prüfungsverfahren und die Prüfungsgebühr werden durch einen vom Deutschen Industrie- und Handelstag im Einvernehmen mit dem Verbande Deutscher Bücherrevisoren zu bildenden Ausschuß erlassen.

Die Prüfung ist eine schriftliche und eine mündliche; sie soll sich insbesondere auch darauf richten, ob der Bewerber die Fähigkeit besitzt, seine theoretischen Kenntnisse in der Praxis zu verwenden.

Im Falle des Nichtbestehens kann die Prüfung nach Ablauf einer von der Prüfungskommission festzusetzenden Frist einmal wiederholt werden; die Frist soll mindestens 6 Monate betragen.

§ 6.

Wer im Inlande als ordentlicher Hörer einer Universität, einer Handelshochschule oder einer technischen Hochschule sich dem Studium betriebswirtschaftlicher, volkswirtschaftlicher oder juristischer Fächer gewidmet und eine staatliche oder akademische Fachprüfung bestanden hat, kann auf Beschluß der Prüfungskommission von der Prüfung in denjenigen Fächern, in denen er die akademische Prüfung bestanden hat, befreit werden.

III. Löschung.

§ 7.

Die öffentliche Bestallung und Vereidigung wird von der zuständigen Industrie- und Handelskammer gelöscht,

1. wenn der öffentlich bestallte und vereidigte Bücherrevisor es beantragt,
2. wenn er gestorben ist,
3. bei Wegfall einer der im § 3, Ziffer 1 und 2 aufgestellten Voraussetzungen für die Eintragung,
4. wenn nachträglich Tatsachen bekannt werden, welche nach § 2 Abs. 2 Ziffer 2, 3 und 4 die Versagung der Eintragung begründen.

IV. Bekanntgabe von Eintragung und Löschung.

§ 8.

Eintragungen und Löschungen in die Liste der öffentlich bestallten und vereidigten Bücherrevisoren sind zu veröffentlichen, bei Vorliegen einer der Fälle des § 7 Ziffer 1 und 2 unter Angabe des Grundes.

V. Ehrengerichtsverfahren.

§ 9.

Die Entscheidung in den Fällen des § 2 Abs. 2 Ziffer 2 und 4 und des § 7 Ziffer 4 erfolgt in einem ehrengerichtlichen Verfahren, für das die nachfolgenden Bestimmungen gelten.

§ 10.

Als amtliche Standesvertretung ist am Sitze des Verbandes Deutscher Bücherrevisoren eine Kammer der öffentlich bestallten und vereidigten Bücherrevisoren zu bilden.

Die Kammer besteht aus 20 öffentlich bestallten und vereidigten Bücherrevisoren, die vom Präsidenten des Deutschen Industrie- und Handelstages nach Vorschlag des Vorsitzenden des Verbandes Deutscher Bücherrevisoren ernannt werden.

Der Reichsminister der Justiz ernennt im Einvernehmen mit dem Präsidenten des Deutschen Industrie- und Handelstages den Präsidenten der Kammer.

§ 11.

Bei jeder deutschen Industrie- und Handelskammer wird ein Ehrenrat und am Sitze der Kammer der öffentlich bestallten und vereidigten Bücherrevisoren ein Ehrengericht gebildet.

Der Ehrenrat setzt sich zusammen aus dem Vorsitzenden desjenigen Bezirks des Verbandes Deutscher Bücherrevisoren, welcher die von der betreffenden Industrie- und Handelskammer öffentlich bestallten und vereidigten Bücherrevisoren umfaßt, als Vorsitzendem, einem Mitgliede der betreffenden Industrie- und Handelskammer und einem von ihr öffentlich bestallten und vereidigten Bücherrevisor; dieser ist von der betreffenden Industrie- und Handelskammer im Einvernehmen mit dem Vorsitzenden des zuständigen Bezirks des Verbandes Deutscher Bücherrevisoren für jedes Jahr zu ernennen.

Das Ehrengericht setzt sich zusammen aus dem Präsidenten der Kammer der öffentlich bestallten und vereidigten Bücherrevisoren als Vorsitzendem und je zwei Mitgliedern des Deutschen Industrie- und Handelstages und des Verbandes Deutscher Bücherrevisoren. Der Reichsminister der Justiz ernennt die Mitglieder des Ehrengerichts im Einvernehmen mit dem Präsidenten des Deutschen Industrie- und Handelstages und dem Vorsitzenden des Verbandes Deutscher Bücherrevisoren.

§ 12.

Die Einleitung des Verfahrens wird vom Präsidenten der Kammer der öffentlich bestallten und vereidigten Bücherrevisoren auf Antrag einer deutschen Industrie- und Handelskammer oder der Standesvertretung der öffentlich bestallten und vereidigten Bücherrevisoren verfügt.

Der Vorsitzende des Ehrenrats ernennt, falls er eine besondere Voruntersuchung für erforderlich hält, das untersuchungsführende Mitglied des Ehrenrats. Dieses hat über das Ergebnis seiner Voruntersuchung dem Ehrenrat schriftlich Bericht zu erstatten.

Der Angeschuldigte ist über die ihm zur Last gelegten Verfehlungen zu hören.

In dem Verfahren kann jederzeit die Vernehmung von Zeugen und Sachverständigen angeordnet werden. Die Vorschriften der Strafprozeßordnung über die Beweisaufnahme und die Verteidigung finden entsprechende Anwendung.

§ 13.

Zu der mündlichen Verhandlung der Sache ist der Angeschuldigte unter schriftlicher Mitteilung des Anschuldigungspunktes zu laden.

Die mündliche Verhandlung ist nicht öffentlich. Das Ehrengericht kann die Öffentlichkeit der Verhandlung anordnen; diese Anordnung muß erfolgen, falls der Angeschuldigte sie beantragt.

Die Vorschriften der Strafprozeßordnung über die Ausschließung und Ablehnung von Gerichtspersonen finden entsprechende Anwendung.

§ 14.

Entscheidungen sind mit Gründen zu versehen, schriftlich auszufertigen und dem Angeschuldigten sowie dem Antragsteller von Amts wegen zuzustellen.

Dem Angeschuldigten sind im Falle einer zu seinen Ungunsten ergehenden Entscheidung die Kosten des Verfahrens aufzuerlegen, im anderen Falle derjenigen Stelle, die den Antrag gestellt hat.

§ 15.

Gegen die Entscheidung des Ehrenrats steht dem Angeschuldigten oder dem Antragsteller die Berufung an das Ehrengericht zu.

Die Berufung mit Begründung ist innerhalb eines Monats nach der Zustellung der Entscheidung schriftlich bei dem Vorsitzenden des Ehrengerichts einzureichen.

Die Entscheidung des Ehrengerichts ist endgültig.

§ 16.

Stellt der Angeschuldigte vor rechtskräftiger Entscheidung den Antrag, seinen Namen in der Liste der öffentlich bestallten und vereidigten Bücherrevisoren zu löschen, so ist das Verfahren einzustellen. In diesem Falle hat der Angeschuldigte die Kosten des Verfahrens zu tragen.

§ 17.

Der Ehrenrat kann erkennen auf Freisprechung des Angeschuldigten, auf Verweis und auf Löschung in der Liste der öffentlich bestallten und vereidigten Bücherrevisoren.

Das Ehrengericht kann erkennen auf Zurückverweisung an den Ehrenrat, auf Aufhebung der Entscheidung des Ehrenrats, auf Freisprechung, auf Verweis und auf Löschung.

VI. Assistenten.

§ 18.

Die öffentlich bestallten und vereidigten Bücherrevisoren, welche zur Unterstützung in ihrer Berufsarbeit Personen beschäftigen (Assistenten), können für diese Personen die Eintragung und Löschung in einer Liste der Assistenten beantragen.

Die Liste der Assistenten wird von der zuständigen Industrie- und Handelskammer geführt.

Vor der Eintragung in die Liste ist der Assistent von der Industrie- und Handelskammer daraufhin zu verpflichten, daß er bei allen ihm auf Grund des Dienstverhältnisses von einem öffentlich bestallten und vereidigten Bücherrevisor übertragenen Arbeiten strengste Verschwiegenheit — auch nach seinem Ausscheiden — bewahrt und seine Obliegenheiten pflichtgemäß gewissenhaft ausübt.

Die Eintragung in die Liste der Assistenten berührt die künftige Bestallung und Vereidigung als Bücherrevisor nicht.

Auf die Eintragung in die Liste der Assistenten finden die Bestimmungen der §§ 2 und 3 des Gesetzes sinngemäß Anwendung mit der Maßgabe, daß der einzutragende Assistent das 21. Lebensjahr vollendet und mindestens 1 Jahr bei einem öffentlich bestallten und vereidigten Bücherrevisor oder bei einer Revisionsgesellschaft gearbeitet hat.

VII. Amtssiegel.

§ 19.

Der nach den Vorschriften dieses Gesetzes öffentlich bestallte und vereidigte Bücherrevisor führt ein Amtssiegel, das in der Mitte den Reichsadler und die Amtsbezeichnung „öffentlich bestallter und vereidigter Bücherrevisor" führt. Der Reichsadler und die Amtsbezeichnung werden von einem Kranz umgeben, in dem die zuständige Industrie- und Handelskammer angegeben ist.

VIII. Strafbestimmungen.

§ 20.

Mit Gefängnis bis zu einem Jahr und mit Geldstrafe bis zu Mk. 1000.— oder mit einer dieser Strafen wird bestraft, wer, ohne in die Liste der bestallten und vereidigten Bücherrevisoren eingetragen zu sein, sich als Bücherrevisor bezeichnet oder einen ähnlichen Titel bei Ausübung seiner gewerblichen Tätigkeit führt, durch den in der Öffentlichkeit der Anschein erweckt werden kann, als ob es sich um eine als gleichwertig anzusehende Berufsausübung handele. Von einer Handelshochschule staatlich geprüfte Diplom-Bücherrevisoren werden hiervon nicht berührt.

IX. Übergangsbestimmungen.

§ 21.

Wer zur Zeit des Inkrafttretens dieses Gesetzes als vereidigter Bücherrevisor öffentlich bestallt ist, ist in die Liste der öffentlich bestallten und vereidigten Bücherrevisoren einzutragen.

Wer zur Zeit des Inkrafttretens dieses Gesetzes als Bücherrevisor bzw. als Sachverständiger für kaufmännische Buch- und Geschäftsführung durch ein Gericht allgemein vereidigt ist, ist in die Liste der öffentlich bestallten und vereidigten Bücherrevisoren einzutragen, wenn die gerichtliche Vereidigung nach Anhörung der zuständigen Industrie- und Handelskammer erfolgt war oder von ihr nachträglich anerkannt wird.

§ 22.

§ 36 der Gewerbeordnung wird insoweit außer Kraft gesetzt, als er den Beruf des öffentlich bestallten und vereidigten Bücherrevisors zu den dort genannten gewerblichen Tätigkeiten hinzurechnet.

§ 23.

Dieses Gesetz tritt am   in Kraft.

Der Reichsminister der Justiz ist ermächtigt, die zur Durchführung dieses Gesetzes erforderlichen Rechtsverordnungen und allgemeinen Verwaltungsvorschriften zu erlassen.

Anlage E:

Entwurf eines Gesetzes

betreffend die vereidigten Bücherrevisoren und Treuhänder.

I. Vereidigung und Eintragung.

§ 1.

Personen, die Handel, Industrie, Gewerbe und Landwirtschaft als kaufmännische Sachverständige im freien Hauptberufe selbständig und unabhängig beraten, die Revisions- und Treuhändertätigkeit ausüben wollen, müssen von einer Industrie- und Handelskammer des Deutschen Reiches zum „Vereidigten Bücherrevisor und Treuhänder" ernannt und in eine Liste eingetragen sein.

Die Revisions- und Treuhändertätigkeit kann im Sinne des Abs. 1 von Einzelpersonen, wie auch von Gesellschaften (Treuhand- und Revisionsgesellschaften) ausgeübt werden.

§ 2.

Wer eine Treuhandgesellschaft leiten will, muß in die Liste der vereidigten Bücherrevisoren und Treuhänder eingetragen sein.

Als leitende Personen sind bei Personenvereinigungen die Gesellschafter, bei Kapitalgesellschaften Geschäftsführer oder Vorstandsmitglieder anzusehen.

§ 3.

Es ist einem vereidigten Bücherrevisor und Treuhänder wie einer Treuhandgesellschaft untersagt, Geschäfte mit eigenen Mitteln auf eigenes Risiko oder gewerbsmäßige Kommissionsgeschäfte zu betreiben. Eine Zuwiderhandlung hiergegen zieht die Löschung der betreffenden Person bzw. der leitenden Personen der betreffenden Treuhandgesellschaft aus der Liste der vereidigten Bücherrevisoren und Treuhänder nach sich. (Vgl. § 10.)

§ 4.

Über Vornahme und Formel der Vereidigung erläßt der Reichsminister der Justiz besondere Bestimmungen.

II. Zulassung und Prüfung.

§ 5.

Die Eintragung ist nur zulässig, wenn der Antragsteller die persönlichen Eigenschaften besitzt, die die Ausübung des Berufes erfordert, und gemäß den Bestimmungen der §§ 7, 8 und 9 die erforderlichen theoretischen und praktischen Kenntnisse aus dem Arbeitsgebiete der vereidigten Bücherrevisoren und Treuhänder nachweist.

Die Zulassung ist zu versagen,

1. wenn hinsichtlich der moralischen Eigenschaften des Antragstellers Bedenken bestehen,
2. wenn er in der Verfügung über sein Vermögen durch gerichtliche Anordnung beschränkt ist,
3. wenn er sich eines unwürdigen Verhaltens schuldig gemacht hat.

Wird die Zulassung gemäß Absatz 2 versagt, so ist ausschließlich die Beschwerde nach Maßgabe der Bestimmungen der §§ 13—19 gegeben.

§ 6.

Der Antragsteller hat den Nachweis zu erbringen,

1. daß er die deutsche Staatsangehörigkeit besitzt,
2. daß er seinen Wohnsitz im Inlande hat,
3. daß er das 28. Lebensjahr vollendet hat.

§ 7.

Der Besitz der erforderlichen Kenntnisse auf dem Arbeitsgebiete der vereidigten Bücherrevisoren und Treuhänder ist durch die Ablegung einer Prüfung nachzuweisen.

Zu der Prüfung wird nur zugelassen, wer eine für die Ausübung des Berufes genügende theoretische und praktische Vorbildung durch eine mindestens dreijährige Tätigkeit als Revisions- und Treuhandassistent bei einem vereidigten Bücherrevisor und Treuhänder oder einer Treuhandgesellschaft nachweisen kann.

In Ausnahmefällen können auch solche Personen zur Prüfung zugelassen werden, die auf Grund einer mindestens dreijährigen berufsähnlichen Tätigkeit ihre genügende praktische und theoretische Vorbildung nachzuweisen in der Lage sind. Als berufsähnlich gilt die Tätigkeit als Revisor bei einer Person oder einem Unternehmen, welche nicht im § 1 dieses Gesetzes aufgeführt sind.

§ 8.

Die Prüfung ist vor einer Kommission abzulegen, die von den Berufsvertretungen (vgl. § 12) berufen wird.

Der Kommission gehören an: vereidigte Bücherrevisoren und Treuhänder, Hochschuldozenten und Mitglieder und Syndici der Industrie- und Handelskammer, sowie besonders geeignete Personen.

Die näheren Bestimmungen über die Zusammensetzung und den Geschäftsgang der Prüfungskommission sowie über das Prüfungsverfahren und Prüfungsgebühr werden durch einen Ausschuß erlassen, der von der Berufsvertretung und dem Deutschen Industrie- und Handelstag gleichermaßen zu besetzen ist.

Die Prüfung ist eine schriftliche und eine mündliche; sie soll sich insbesondere auch darauf richten, ob der Bewerber die Fähigkeit besitzt, seine theoretischen Kenntnisse in der Praxis zu verwenden.

Im Fall des Nichtbestehens kann die Prüfung nach Ablauf einer von der Prüfungskommission festzusetzenden Frist einmal wiederholt werden; die Frist soll mindestens sechs Monate betragen.

§ 9.

Wer im Inlande als ordentlicher Hörer einer Universität, einer Handelshochschule oder einer technischen Hochschule sich dem Studium betriebswirtschaftlicher, volkswirtschaftlicher oder juristischer Fächer gewidmet und eine staatliche oder akademische Fachprüfung bestanden hat, kann auf Beschluß der Prüfungskommission in denjenigen Fächern, in denen er die akademische Prüfung bestanden hat, befreit werden.

III. Löschung.

§ 10.

Die Vereidigung wird von der zuständigen Industrie- und Handelskammer gelöscht,

1. wenn der vereidigte Bücherrevisor und Treuhänder es beantragt,
2. wenn er gestorben ist,
3. bei Wegfall einer im § 6 Ziffer 1 und 2 aufgestellten Voraussetzungen für die Eintragung,
4. wenn nachträglich Tatsachen bekannt werden, welche nach § 5 Abs. 2 die Versagung der Eintragung begründen,
5. im Falle des § 3.

IV. Bekanntgabe von Eintragung und Löschung.

§ 11.

Eintragungen und Löschungen in die Liste der vereidigten Bücherrevisoren und Treuhänder sind zu veröffentlichen, bei Vorliegen einer der Fälle des § 10 Ziffer 1 und 2 unter Angabe des Grundes.

Handelt es sich um leitende Personen einer Treuhand- und Revisionsgesellschaft, so ist auch der Name der Gesellschaft in der Veröffentlichung mit anzugeben.

V. Berufsvertretung.

§ 12.

Als amtliche Berufsvertretung ist eine Kammer der vereidigten Bücherrevisoren und Treuhänder zu bilden.

Die Kammer besteht aus 20 vereidigten Bücherrevisoren und Treuhändern, die vom Präsidenten des Deutschen Industrie- und Handelstages nach Vorschlag des Vorsitzenden des Verbandes Deutscher Bücherrevisoren e. V. und des Vorsitzenden des Verbandes Deutscher Treuhand- und Revisionsgesellschaften e. V. zu gleichen Teilen ernannt werden.

Der Präsident der Kammer wird von den Mitgliedern gewählt und zwar auf die Dauer von 3 Jahren. Wiederwahl ist zulässig.

Die näheren Bestimmungen über ihre Geschäftsordnung werden von einem Ausschuß erlassen, der vom Deutschen Industrie- und Handelstag und den beiden beteiligten Verbänden gleichmäßig zu besetzen ist.

VI. Ehrengerichtsverfahren.

§ 13.

Um festzustellen, ob ein vereidigter Bücherrevisor und Treuhänder seine Berufspflichten verletzt oder sich innerhalb oder außerhalb der Ausübung seines Berufes eines unwürdigen Verhaltens schuldig gemacht hat, insbesondere im Falle des § 10 Ziffer 4 und 5, wird ein Ehrengerichtsverfahren festgelegt, für das die nachfolgenden Bestimmungen gelten.

§ 14.

Organe des Ehrengerichtsverfahrens sind Ehrenrat in erster Instanz, Ehrengericht in zweiter Instanz.

Ein Ehrenrat wird nach näherer Bestimmung der Berufsvertretung für größere Bezirke gebildet.

Der Ehrenrat setzt sich zusammen aus einem Vorsitzenden und 2 Beisitzern, die von der Berufsvertretung auf die Dauer von 3 Jahren gewählt werden. Wiederwahl ist zulässig.

Das Ehrengericht wird bei der Kammer der vereidigten Bücherrevisoren und Treuhänder errichtet.

Das Ehrengericht setzt sich zusammen aus dem Präsidenten der Kammer der vereidigten Bücherrevisoren und Treuhänder als Vorsitzenden und vier Mitgliedern der Kammer als Beisitzer. Diese werden auf die Dauer von 3 Jahren von der Kammer ernannt. Wiederwahl ist zulässig.

§ 15.

Die Einleitung des Verfahrens ist bei dem Präsidenten der Kammer der vereidigten Bücherrevisoren und Treuhänder zu beantragen.

§ 16.

Eine Geschäftsordnung des Ehrenrates und des Ehrengerichts erläßt die Berufsvertretung.

§ 17.

Die Entscheidung des Ehrengerichts ist endgültig.

§ 18.

Stellt der Angeschuldigte vor rechtskräftiger Entscheidung den Antrag, seinen Namen in der Liste der vereidigten Bücherrevisoren und Treuhänder zu löschen, so ist das Verfahren einzustellen. In diesem Falle hat der Angeschuldigte die Kosten des Verfahrens zu tragen.

§ 19.

Der Ehrenrat kann erkennen auf Freisprechung des Angeschuldigten, auf Verweis und auf Löschung in der Liste der vereidigten Bücherrevisoren und Treuhänder.

Das Ehrengericht kann erkennen auf Zurückverweisung an den Ehrenrat, auf Aufhebung der Entscheidung des Ehrenrats, auf Freisprechung, auf Verweis und auf Löschung.

VII. Assistenten.

§ 20.

Die vereidigten Bücherrevisoren und Treuhänder, sowie die Treuhandgesellschaften, welche zur Unterstützung in ihrer Berufsarbeit Personen beschäftigen (Revisions- und Treuhand-Assistenten), können für diese Personen die Eintragung und Löschung in einer Liste der Revisions- und Treuhandassistenten beantragen.

Die Liste der Revisions- und Treuhandassistenten wird von der zuständigen Industrie- und Handelskammer geführt.

Vor der Eintragung in die Liste ist der Revisions- und Treuhandassistent von der Industrie- und Handelskammer daraufhin zu verpflichten, daß er bei allen ihm auf Grund des Dienstverhältnisses von einem vereidigten Bücherrevisor und Treuhänder oder einer Treuhandgesellschaft übertragenen Arbeiten strengste Verschwiegenheit — auch nach seinem Ausscheiden — bewahrt und seine Obliegenheiten pflichtgemäß gewissenhaft ausübt.

Die Eintragung in die Liste der Revisions- und Treuhand-Assistenten berührt die Vereidigung als Bücherrevisor und Treuhänder nicht.

Auf die Eintragung in die Liste der Revisions- und Treuhand-Assistenten finden die Bestimmungen der §§ 5 und 6 des Gesetzes sinngemäß Anwendung mit der

Maßgabe, daß der einzutragende Revisions- und Treuhand-Assistent das 21. Lebensjahr vollendet und mindestens 1 Jahr bei einem öffentlich bestallten und vereidigten Bücherrevisor oder bei einer Revisionsgesellschaft gearbeitet hat.

Die näheren Bestimmungen über Vor- und Ausbildung der Assistenten, insbesondere über eine Vor- und Zwischenprüfung, erläßt die Kammer der vereidigten Bücherrevisoren und Treuhänder.

VIII. Amtssiegel.

§ 21.

Die nach den Vorschriften dieses Gesetzes vereidigten Bücherrevisoren und Treuhänder führen ein Amtssiegel, das in der Mitte den Reichsadler und die Amtsbezeichnung „vereidigter Bücherrevisor und Treuhänder" führt. Der Reichsadler und die Amtsbezeichnung werden von einem Kranz umgeben, in dem die zuständige Industrie- und Handelskammer angegeben ist. Bei der Löschung ist das Siegel an die Industrie- und Handelskammer unverzüglich zurückzugeben.

IX. Strafbestimmungen.

§ 22.

Mit Gefängnis bis zu einem Jahr und mit Geldstrafe bis zu 5000 Mk. oder mit einer dieser Strafen wird bestraft, wer, ohne in die Liste der vereidigten Bücherrevisoren und Treuhänder eingetragen zu sein, sich als solcher bezeichnet oder einen ähnlichen Titel bei Ausübung seiner gewerblichen Tätigkeit führt, durch den in der Öffentlichkeit der Anschein erweckt werden kann, als ob es sich um eine als gleichwertig anzusehende Berufsausübung handele.

Im gleichen Maße wird bestraft, wer, ohne in die Liste der vereidigten Bücherrevisoren und Treuhänder eingetragen zu sein, eine Gesellschaft leitet (§ 2 Abs. 2), die sich als Treuhandgesellschaft bezeichnet oder einen ähnlichen Titel führt.

Handelt es sich hierbei um juristische Personen, so wird jeder der betreffenden Gesellschafter mit der Strafe des Abs. 1 belegt.

X. Übergangsbestimmungen.

§ 23.

Wer zur Zeit des Inkrafttretens dieses Gesetzes als beeidigter Bücherrevisor von einer Handelskammer öffentlich bestallt oder von einem Gericht allgemein vereidigt ist, bzw. wer zur selben Zeit Mitinhaber, Geschäftsführer oder Vorstand einer in das Handelsregister eingetragenen Treuhand- und Revisionsgesellschaft ist, ist in die Liste der vereidigten Bücherrevisoren und Treuhänder einzutragen, nach Anhören einer Kommission, die sich zusammensetzt aus einem Vertreter des Deutschen Industrie- und Handelstages als Vorsitzenden und dem Vorsitzenden bzw. dessen Stellvertretern des Verbandes Deutscher Bücherrevisoren e. V., Leipzig, bzw. des Verbandes Deutscher Treuhand- und Revisionsgesellschaften e. V., Berlin, als Beisitzer. Diese Kommission ist gehalten, vor ihrer Stellungnahme die zuständigen Industrie- und Handelskammern, in deren Bezirk solche Persönlichkeiten ihren Wohnsitz haben, zu hören. Gegen die Entscheidung dieser Kommission gibt es keinen Einspruch.

§ 24.

§ 36 der Gewerbeordnung wird insoweit außer Kraft gesetzt, als er den Beruf der vereidigten Bücherrevisoren und Treuhänder zu den dort genannten gewerblichen Tätigkeiten hinzurechnet.

§ 25.

Dieses Gesetz tritt am . . . . in Kraft.

Der Reichsminister der Justiz ist ermächtigt, die zur Durchführung dieses Gesetzes erforderlichen Rechtsverordnungen und allgemeinen Verwaltungsvorschriften zu erlassen.

Literatur-Verzeichnis.

Beigel, R., Lehrbuch der Buchführungs- und Bilanzrevision, 4. Aufl., Dresden 1924.
Derselbe, Treuhand-(Revisions-)Gesellschaften oder beeidigte Bücherrevisoren?, Berlin 1912.
Bernhard, Gg., Der Treuhänder, Plutus 1906, Nr. 12.
Böhm, W., über Aktionärschutz nach deutschem, englischem und französischem Recht, München 1910.
Bünger, Fr., 25 Jahre Verband Deutscher Bücherrevisoren, Leipzig 1921.
Buxbaum, R., Revisionen und Treuhandgesellschaften, „Die Bank" 1910.
Calmes, A., Die Revisionspflicht des Aufsichtsrates, Zeitschrift für Handelswissenschaft und Handelspraxis 1911, H. 1.
Ertel, H. A., Treuhänder und Treuhandgesellschaften in Deutschland, Berlin 1925.
Fischbach, O., Treuhänder und Treuhandgeschäfte, Mannheim-Leipzig 1912.
Gerstner, P., Die deutschen Treuhandinstitute, Internationaler Volkswirt 1911, Nr. 50—52.
Derselbe, Wesen, Ziel und Aufgaben der Treuhandgesellschaften, Zeitschrift für das gesamte Aktienwesen 1921, Nr. 2, 3.
Derselbe, Der Bücherrevisor beim Aufbau der Friedenswirtschaft, Plutus 1919, Nr. 11, 12.
Derselbe, Der Beruf des Bücherrevisors, ein freier Beruf oder ein Gewerbebetrieb, Mitteilungen des Verbands Deutscher Bücherrevisoren 1919, Nr. 4.
Derselbe, Das Zulassungs- und Prüfungsverfahren bei der öffentlichen Anstellung beeidigter Bücherrevisoren, Vortrag auf dem Verbandstag zu Magdeburg, Leipzig 1919.
Derselbe, Revisionstechnik, 4. Auflage, Berlin-Leipzig 1925.
Derselbe, Die deutschen Treuhandgesellschaften, Bankwissenschaft, 1. Jahrgang, H. 20-22.
Gertung, O., Die Bücherprüfung im englischen Aktienrecht, Jenaer Dissertation, Jena 1906.
Goetz, O., Treuhandwesen und Wirtschaft, Berlin u. Leipzig 1925.
Grünschild, J., Die Treuhänderschaft zum Zwecke der Gläubigerbefriedigung, Berlin 1914.
Hagens, W., Organisation und Wirksamkeit der öffentlichen Bücherrevisoren und Rechnungsführer in England, Holdheims Monatsschriften, Berlin 1902, Nr. 7.
Hecht, F., Die Deutsche Treuhandgesellschaft, Schriften des Vereins für Sozialpolitik, Band 111, Leipzig 1903.
Derselbe, Die Störungen im deutschen Wirtschaftsleben während der Jahre 1900 ff., in den Verhandlungen des Vereins für Sozialpolitik von 1903.
Heymann, E., Geschäftsanwälte und Treuhandgesellschaften, in der Festschrift für Dr. Güterbock, Berlin 1910.
Hildebrand, K., Die Revision der eingetragenen Genossenschaften, Landwirtschaftliches Genossenschaftsblatt, 41. Jahrgang Nr. 14 und 15, Neuwied 1919.
Hirsch, J., Revisionsverbände für Mittelstandsgeschäfte, Zeitschrift für handelswissenschaftliche Forschung, 10. Jahrgang.
Jaffé, E., Das englische Bankwesen, Leipzig 1905.
Jörgens, M., Finanzielle Trustgesellschaften, Münchner volkswirtschaftliche Studien, 54. Stück, Stuttgart und Berlin 1902.
Kiep, O. C., Das neue staatliche Treuhänderamt in England, Schmollers Jahrbücher XXXI. 1908.
Knof, E., Die steuerliche Revision der Unternehmungen des Handels und der Industrie, Heidelberger Dissertation, Leipzig 1921.
Landmann, W., Das Recht der Einsichtnahme in Handelsbücher, Heidelberger Dissertation, Leipzig 1916.
Lansburgh, A., Revisionsgesellschaften, „Die Bank" 1908.
Derselbe, Treuhandgesellschaften, „Die Bank" 1912.
Leitner, F., Die Kontrolle in kaufmännischen Unternehmungen, 3. Auflage, Frankfurt 1923.
Liebe, G., Die Entwicklung des Treuhandwesens, Würzburger Dissertation, 1923.

Meier, C., Die deutschen Treuhandgesellschaften, Frankfurter Dissertation, 1921.
Müller, J., Die Nachteile der Bücherrevision durch Revisionsgesellschaften, Vortrag auf dem Verbandstage Deutscher Bücherrevisoren zu Breslau, Berlin 1907.
Nachod, W., Treuhänder und Treuhandgesellschaften, Zeitschrift für die gesamten Staatswissenschaften, Ergänzungsband 28.
Parisius-Crüger, Kommentar zum Genossenschaftsgesetz, Berlin 1924
Penndorf, B., Geschichte der Buchhaltung in Deutschland, Leipzig 1913.
Porzig, C., Die Technik der Bücher- und Bilanzrevision, Stuttgart 1920.
Riesenfeld, C. E., Die Anstellung von Handels- und Schiffahrtssachverständigen, Berlin 1901.
Rießer, J., Zur Aufsichtsratsfrage, Berlin 1903.
Derselbe, Zur Entwicklungsgeschichte der deutschen Großbanken, Jena 1905.
Römer, E., Die Bücherrevisoren-Praxis in Deutschland und England, Berlin 1905.
Derselbe, Deutsches Revisionswesen, Vortrag, gehalten auf dem Verbandstag Deutscher Bücherrevisoren, Frankfurt a. M., Berlin 1910.
Rosendorff, R., Treuhandgesellschaften und ihre Funktionen, Conrads Jahrbücher für Nationalökonomie und Statistik, III. Folge, 31. Band, Jena 1906.
Roth, P., Treuhandgesellschaften, Erlanger Dissertation, Freiburg 1916.
Schirrmeister, G., Die englische Aktiennovelle vom 8. August 1900, Berlin 1901.
Derselbe, Das bürgerliche Recht in England, Berlin 1905—1913.
Schmalenbach, E., Die Überwachungspflicht des Aufsichtsrates, Zeitschrift für handelswissenschaftliche Forschung, 5. Jahrgang.
Derselbe, Finanzierungen, 3. Auflage, Leipzig 1922.
Schmidt, A., Die Bücher- und Bilanz-Revision und das Institut der Bücherrevisoren, 2. Auflage, Leipzig und Wien 1922.
Schreier, J., Kontrolle und Revision, Hamburg 1925.
Schultze, A., Treuhänder im geltenden bürgerlichen Recht, Jena 1901.
Sponheimer, J., Das kaufmännische Revisionswesen in Deutschland, Berlin 1925.
Staub, H., Kommentar zum Handelsgesetzbuch, 11. Auflage, Berlin 1921.
Derselbe, Kommentar zum Gesetz betreffend die G. m. b. H., 4. Aufl., Berlin 1913.
Staudinger, J. v., Kommentar zum Bürgerlichen Gesetzbuch, 2. Auflage, München 1920. (Handausgabe.)
Stein, Br., Die Kontrolle der Rechnungslegung in der Privatwirtschaft, Dissertation, Heidelberg 1914.
Tönbury-Gieré, H., Die Organisation der Rechnungsprüfung bei Aktiengesellschaften, Basel 1912.
Waltershausen, Sartorius v., Das volkswirtschaftliche System der Kapitalanlage im Ausland, Berlin 1907.
Warschauer, O., Die Treuhandgesellschaften und die Aufsichtsratsfrage in Deutschland, Conrads Jahrbücher für Nationalökonomie und Statistik, III. Folge, 35. Band, Jena 1908.
Wolff, S., Das Gründungsgeschäft im deutschen Bankgewerbe, Stuttgart 1915.

Handwörterbuch der Staatswissenschaften:

3. Auflage, Jena 1911: Artikel „Treuhandgesellschaften".
4. „ „ 1923: „ „Aktiengesellschaften".
4. „ „ 1923: „ „Banken".

Zeitschriften: „Der Treuhand-Revisor".
„Zeitschrift des Verbandes Deutscher Bücherrevisoren".

FSC
www.fsc.org
MIX
Papier | Fördert gute Waldnutzung
FSC® C083411

Kolibri 360 GmbH
Ferdinand-Jühlke-Straße 7
99095 Erfurt, Deutschland
produktsicherheit@kolibri360.de